AI 融合创新系列教材

AIGC
网络营销

魏振锋 马天有 张惠莹◎主编　吴静斐 张蒙蒙 徐征 刘建莉◎副主编

人民邮电出版社
北　京

图书在版编目（CIP）数据

AIGC 网络营销 ：慕课版 / 魏振锋，马天有，张惠莹
主编. -- 北京 ：人民邮电出版社，2025. --（AI 融合创
新系列教材）. -- ISBN 978-7-115-67695-5

Ⅰ．F713.365.2-39

中国国家版本馆 CIP 数据核字第 2025Z8J383 号

内 容 提 要

　　在数字化浪潮中，网络营销已成为企业开拓市场、塑造品牌、实现业务增长的核心驱动力，而 AIGC
技术的横空出世无疑为网络营销领域注入了一股强大的创新活力，成为推动行业变革的关键力量。本
书系统地讲解了网络营销的相关策略、方法与技巧，共分为 8 个项目，分别是 AIGC 与网络营销概述、
AIGC 工具的高效应用、AIGC＋网络营销人货场分析、AIGC＋搜索引擎营销与 App 营销、AIGC＋短
视频营销与直播营销、AIGC＋社交媒体营销、AIGC＋网络广告营销、AIGC＋网络营销策划与应用。

　　本书内容新颖、案例丰富，既可作为中、高等职业院校及本科院校网络营销相关课程的教材，也
适合网络营销从业人员阅读学习。

◆ 主　　编　魏振锋　马天有　张惠莹
　　副 主 编　吴静斐　张蒙蒙　徐　征　刘建莉
　　责任编辑　姚雨佳
　　责任印制　王　郁　彭志环

◆ 人民邮电出版社出版发行　　北京市丰台区成寿寺路 11 号
　　邮编　100164　电子邮件　315@ptpress.com.cn
　　网址　https://www.ptpress.com.cn
　　山东华立印务有限公司印刷

◆ 开本：787×1092　1/16
　　印张：13.75　　　　　　　　　2025 年 8 月第 1 版
　　字数：299 千字　　　　　　　　2025 年 8 月山东第 1 次印刷

定价：59.80 元

读者服务热线：(010)81055256　印装质量热线：(010)81055316
反盗版热线：(010)81055315

在数字化浪潮席卷全球的当下，网络营销已成为企业发展和市场竞争中不可或缺的重要环节。随着互联网技术的飞速发展，消费者的购物习惯和消费行为发生了翻天覆地的变化。网络购物的便捷性、社交媒体的广泛传播以及大数据的精准分析使企业能够以前所未有的方式与消费者进行互动和沟通。网络营销不再只是一种辅助手段，而是成为企业开拓市场、提升品牌知名度、增加销售额的核心战略。在这样的时代背景下，如何有效地运用网络营销手段满足消费者的个性化需求，提高营销效果，成为企业和营销人员面临的重要课题。

AIGC 的出现为网络营销带来了一场变革。它凭借强大的语言理解和生成能力，能够高效地生成各种营销内容，如广告文案、产品描述、社交媒体文案等，大大节省了营销人员的时间和精力。同时，AIGC 还可以通过对大量数据的分析和学习，为企业提供精准的市场洞察和营销策略建议，帮助企业更好地了解消费者需求，制定更具针对性的营销方案。此外，AIGC 还能实现营销内容的个性化定制，根据不同消费者的偏好和行为习惯，生成符合其需求的营销信息，从而提升营销的精准度和效果。

党的二十大报告提出，"加快发展数字经济，促进数字经济和实体经济深度融合，打造具有国际竞争力的数字产业集群。"网络营销涉及多个数字产业领域，如互联网广告、社交媒体、电商平台等。通过有效的营销策划，可以整合这些数字产业的资源，实现协同发展。

在这种背景下，我们精心策划并编写了本书，旨在系统性地介绍 AIGC 赋能网络营销的策略、方法与技巧。

本书主要具有以下特色。

● **体系完善，知识新颖**：本书紧跟时代的发展潮流，精心编排，涵盖网络营销的各个关键维度，既有扎实的理论基础，又紧跟网络营销的新兴浪潮，深入浅出地拆解 AIGC

赋能网络营销的策略。本书内容新颖，充分考虑课程要求与教学特点，以必需和实用为准则，在简要、准确地介绍理论知识的基础上，重点传授企业的网络营销策略，培养读者的网络营销能力。

● **模块丰富，延伸学习**：本书通过"案例导入"模块引入课程内容，并在理论和技能讲解的过程中穿插"AI 营销""课堂讨论"模块。"AI 营销"介绍 AIGC 工具赋能网络营销的相关拓展知识，"课堂讨论"促使读者从不同角度思考与分析问题，在强化知识理解的同时提升读者的思维能力和沟通能力。

● **实训练习，学有所用**：本书在每个任务下都设置了"任务实施"板块，在每个项目的最后设置了"综合实训"板块，这两个板块紧扣任务与项目要点，让读者在学习理论知识后可以提升自己的综合技能和素养，实现学有所用的目标。

● **资源丰富，拿来即用**：本书提供了丰富的立体化教学资源，其中包括 PPT 课件、教学大纲、教案、课程标准等，用书老师可以登录人邮教育社区（www.ryjiaoyu.com）下载获取相关资源。另外，本书还配套慕课视频，用书老师可以登录人邮学院（www.rymooc.com）搜索本书，或扫描下方二维码同步学习。

人邮学院

尽管编者在编写过程中力求准确、完善，但书中难免有疏漏与不足之处，恳请广大读者批评指正。

编　者

2025 年 5 月

PART 01

项目一
AIGC 与网络营销概述

学习目标

知识目标
- ➤ 了解网络营销的内容和网络营销方式的演进。
- ➤ 了解网络营销岗位的职责和技能要求。
- ➤ 了解 AIGC 的概念与发展历程。
- ➤ 掌握 AIGC 的主要功能，以及在网络营销中的应用场景。
- ➤ 了解 AIGC 人才的素质和能力要求。

能力目标
- ➤ 能够依据网络营销岗位要求提升自身专业能力。
- ➤ 能够评估 AIGC 在网络营销中的应用场景及效果。

素养目标
- ➤ 培养创新思维，探索 AIGC 在网络营销中的新应用。
- ➤ 培养对 AIGC 技术发展趋势的敏锐洞察力。

项目导图

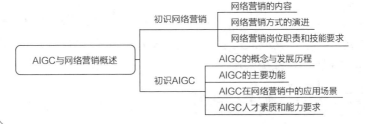

案例导入

"5·27爱妻节"：太太乐以AI藏头情诗，传递浪漫与创新

2024年"5·27爱妻节"期间，太太乐推出了一项创新的营销活动——利用AI技术为消费者定制藏头情诗，让消费者定制专属情话，传递日常烟火气中的温情与浪漫。

在太太乐推出的原味鲜情诗瓶包装的瓶身上，都会有一句打动人心的情话，有古诗词"锦瑟无端五十弦，一弦一柱思华年"，也有从网友处征集的"世间最美的是你的眸"，以及AI根据用户姓名创作的藏头诗。用户扫描瓶身上的二维码，输入名字，便可从4种浪漫模式中选择，如热情似火、细水长流、心有灵犀、相爱相杀，仅需几秒钟就能生成定制款藏头诗，参与活动还有机会赢取大奖。太太乐原味鲜情诗瓶如图1-1所示。

这种个性化的浪漫表达不仅让消费者感受到品牌的用心，还为他们提供了一种独特的情感体验。

图1-1　太太乐原味鲜情诗瓶

如今，"Z世代"（通常是指1995年至2009年出生的一代人，他们一出生就与网络信息时代无缝对接，受数字信息技术、即时通信设备、智能手机产品等影响比较大）人群开始成为消费主力军，他们具有更开放的心态、更强的自我表达和创新能力，消费需求更加多元化和个性化。在这样的市场环境下，太太乐不断强调自己的年轻调性，借助多元化的产品创新和创意互动，更好地和年轻群体建立连接，融入"Z世代"的文化语境，深化品牌在消费者心中独特的地位。

要想真正"俘获"年轻人的心，除了在营销层面的互动，更重要的是让品牌精神和情感内核与"Z世代"特质高度同频。"Z世代"作为数字化时代的"原住民"，对消费有着独特的观念和习惯，他们期待产品不仅能满足功能需求，还能带来情感上的共鸣。

案例导入

在走进消费者内心、达成品牌与消费者的心灵沟通层面，太太乐一直通过品牌价值主张传递品牌温度。"太太乐5·27爱妻节"是太太乐打造的品牌节日IP，也是品牌年轻化的重要举措。通过"创新+营销"，太太乐在年轻化道路上不断突破，成功拉近了自身与年轻消费者之间的距离。

启发思考

1. 本案例体现了AIGC在网络营销中的什么功能，以及对品牌营销有什么影响？

2. 结合本案例，分析AIGC技术在品牌年轻化策略中的作用，探讨AIGC如何帮助品牌更好地与年轻消费者建立连接。

任务一　初识网络营销

知识储备

网络营销是营销者使用互联网及其相关技术来推广产品和服务，提升品牌形象，增强客

户关系，并最终增加销售和市场份额的一种营销方式。随着互联网的普及和信息技术的不断进步，网络营销已成为企业拓展市场、提升品牌影响力的核心手段。

一、网络营销的内容

网络营销是企业利用互联网平台进行产品推广、品牌建设和客户关系管理的重要手段。它涉及的范围比较广，涵盖的内容也比较丰富。具体来说，网络营销的内容主要包括以下几个方面，如表 1-1 所示。

表 1-1　网络营销的内容

网络营销的内容	具体描述
市场调研与分析	包括目标市场研究、竞争对手分析、消费者行为分析、行业趋势洞察等； 目的：为制定有效的网络营销策略提供数据支持
网络营销策略制定	基于市场调研结果，明确产品定位，确定目标受众，选择营销渠道，制定内容营销策略、价格策略、促销策略等； 目的：明确网络营销的方向和目标，确保营销活动有的放矢
营销策略执行与推广	包括内容创作与发布、社交媒体营销、搜索引擎优化（Search Engine Optimization，SEO）、搜索引擎营销（Search Engine Marketing，SEM）、电子邮件营销、合作与联盟营销等； 目的：通过多渠道、多形式的营销活动，提升品牌知名度，吸引潜在客户，促进销售转化
数据监测、评估与优化	利用数据分析工具监测营销活动的效果，包括网站流量、转化率等关键指标，定期评估营销策略的有效性，并根据数据反馈对营销策略进行调整和优化； 目的：确保网络营销活动持续有效，不断提升营销效率和效果

二、网络营销方式的演进

网络营销方式的演进映射了互联网技术的发展脉络。从 20 世纪 90 年代的电子邮件营销到现今的人工智能生成内容（Artificial Intelligence Generated Content，AIGC）技术应用，互联网发展的每个阶段都为品牌与消费者互动提供了新的平台和策略。

1. 互联网早期阶段（20 世纪 90 年代至 21 世纪初）

在互联网早期阶段，网络营销主要依赖电子邮件营销和企业官网信息发布。这一时期的网络营销特点是技术手段相对单一、用户群体有限、营销效果难以精准衡量。例如，"雅虎"早期的门户网站广告在当时的网络营销中占据了重要地位，为企业提供了一个全新的广告平台。这一时期的网络营销主要体现为以广告投放为主的网络宣传推广，消费者仍然扮演"读者"或"听众"的角色，延续着被动的信息接收状态。

互联网早期阶段的主要网络营销方式有电子邮件营销、门户网站营销、搜索引擎营销、BBS（公告板系统）营销、在线黄页和目录营销等。

2. Web 2.0 阶段（21 世纪初至 21 世纪 10 年代初）

随着 Web 2.0 技术的发展，网络营销方式经历了显著的变革。博客、论坛、SNS（社交网络服务）等社交平台的兴起，使网络营销从单向传播向互动传播转变。用户生成内容（User Generated Content，UGC）在网络营销中显示出巨大的价值，如豆瓣读书社区。

这一时期还出现了新的网络营销策略，如口碑营销、病毒式营销等，这些营销策略的传播机制和实施要点都与之前的网络营销有所不同。例如，"老干妈"通过口碑传播在海外市场取得成功，展示了 Web 2.0 时代网络营销的新特点。

Web 2.0 阶段的主要网络营销方式有博客营销、RSS（简易信息聚合）营销、微博营销、知识营销等。

3. 移动互联网阶段（21 世纪 10 年代初至 21 世纪 20 年代初）

移动互联网的普及对网络营销产生了深远的影响，移动广告、移动电商、移动社交媒体等成为新的营销渠道。例如，由微信支付推动的移动支付营销，不仅改变了消费者的支付习惯，还改变了商家的营销模式。此外，短视频营销、直播带货等新兴营销方式的崛起进一步吸引了用户的注意力，促进了产品销售。

移动互联网阶段的主要网络营销方式有社交媒体营销（如微信、微博）、短视频营销（如抖音、快手）、直播营销、移动支付营销与小程序营销等。

4. AIGC 时代（21 世纪 20 年代至今）

AIGC 在网络营销中的应用，标志着网络营销进入了一个新的时代。智能文案生成、智能图像和视频创作、智能客服等技术的应用，显著提高了营销内容的生产效率和质量。例如，一些广告公司利用 AIGC 生成创意文案，在提升工作效率方面显示出明显优势。AIGC 时代的网络营销新趋势包括个性化营销的深化、全渠道营销的融合、营销决策的智能化等，这些趋势预示着 AIGC 技术将推动未来网络营销方式的持续变革和创新。

AIGC 时代的主要网络营销方式有智能文案生成、AI 销售助手、内容营销、智能客户服务与关系管理等。

课堂讨论

> 　　未来，AIGC 在网络营销中的应用会更加广泛和深入，你认为这会对整个网络营销行业的生态产生哪些重大影响？对网络营销专业的学生来说，又面临着怎样的机遇和挑战？

三、网络营销岗位职责和技能要求

随着互联网的普及和网络技术的飞速发展，网络营销岗位以其独特的优势，正改变着传统的营销模式，为企业的数字化转型提供了强大的动力。网络营销岗位不仅需要与潜在客户进行深度交互，还要能够根据用户的搜索行为和浏览习惯进行精准的市场定位和产品推广，提高转化率。

1. 网络营销部门人事设置

网络营销部门人事设置一般包括多个专业团队，以确保营销活动的全面性和高效性，如图 1-2 所示。这种结构化的人事设置旨在通过不同职能人员的协同合作，实现从策略制定到执行监控的全方位网络营销管理。

图 1-2　网络营销部门人事设置示例

2. 网络营销岗位职责和技能要求

网络营销岗位职责和技能要求会根据具体的岗位和企业需求而有所不同。各岗位的基本职责和技能要求如表 1-2 所示。

表 1-2　网络营销岗位职责和技能要求

岗位名称		职责描述	技能要求
网络营销总监		制定网络营销战略和目标； 监督和协调各个小组的工作，确保营销活动有效执行； 分析市场趋势，调整营销策略，以适应市场变化； 管理网络营销预算，确保投资回报最大化	丰富的网络营销经验和管理能力； 出色的战略规划和执行能力； 熟悉网络营销工具和平台； 优秀的数据分析和决策能力
策划与内容组	营销策划岗	制定营销计划和活动方案； 协调资源，确保营销活动的顺利执行； 监控活动效果，及时调整营销策略	创意思维和策划能力； 项目管理和协调能力； 熟悉市场分析和消费者行为分析
	内容运营岗	负责内容的创作、编辑和发布； 管理内容日历，确保内容的定期更新； 优化内容以提升用户参与度和搜索引擎排名	优秀的写作和编辑能力； 熟悉内容管理系统（Content Management System，CMS）； 了解搜索引擎优化和社交媒体趋势
	AIGC运营专员	利用 AIGC 技术生成和优化营销内容； 管理和维护 AIGC 工具和平台； 分析 AIGC 内容的效果，持续改进内容策略	熟悉 AIGC 技术和工具； 创意思维和内容创作能力； 了解数据分析和效果评估方法
推广与渠道组	搜索引擎优化/搜索引擎营销专员	优化网站内容和结构，提高搜索引擎排名； 管理付费搜索广告，提升广告效果； 监控和分析搜索引擎优化和搜索引擎营销数据，调整营销策略	熟悉搜索引擎优化和营销技术； 了解关键词研究和广告投放平台； 优秀的数据分析能力
	社交媒体运营岗	管理企业的社交媒体账户，制定社交媒体营销策略； 创建和发布社交媒体内容，提升品牌知名度； 监控社交媒体上的品牌提及情况，参与互动	熟悉各大社交媒体平台的运营规则； 优秀的沟通和互动能力； 创意思维和内容创作能力
	电商运营岗	管理电商平台，优化产品展示和销售流程； 监控电商数据，提高转化率和销售额； 协调物流和客服，提升客户满意度	熟悉电商平台的运营和管理； 优秀的数据分析和优化能力； 了解电商营销策略和客户服务

（续表）

岗位名称		职责描述	技能要求
数据与技术组	数据分析师	收集和分析网络营销数据，如网站流量、转化率等； 提供数据驱动的洞察，帮助优化营销策略； 制作数据报告，为营销决策提供支持	熟练使用数据分析工具，如 Google Analytics； 优秀的数据解读和报告撰写能力； 了解网络营销指标和分析方法
	数字营销技术专员	提供技术支持，确保网络营销工具和平台的正常运行； 处理技术问题，如网站维护、安全更新等；协调技术资源，支持营销活动的执行	具备网站开发和维护技能； 了解网络安全和系统管理； 优秀的问题解决和协调能力
设计与创意组	视觉设计岗	设计营销材料，如广告、海报等； 优化网站和应用的用户体验设计； 确保设计符合品牌形象和营销目标	优秀的视觉设计能力； 熟悉设计软件，如 Photoshop； 了解用户体验设计原则
	视频制作岗	制作营销视频，如广告片、产品演示等； 优化视频内容，提高用户参与度和转化率； 管理视频制作流程，确保按时交付	熟练掌握视频制作和编辑技能； 了解视频营销趋势和平台； 创意思维和内容创作能力

课堂讨论

　　从互联网早期阶段到 AIGC 时代，网络营销方式发生了巨大变化，这种变化对网络营销岗位职责和技能要求产生了哪些具体影响？

任务实施：了解网络营销岗位任职要求

1．任务目标

　　通过分析网络营销岗位的职责与技能要求，增强对网络营销职业的认识和兴趣，提升对市场动态的敏感度和适应能力。

2．实施步骤

（1）收集岗位信息

　　选择主流招聘网站，如智联招聘、前程无忧、猎聘网等，在网站中使用"网络营销""数字营销"等关键词进行搜索，收集相关岗位的招聘信息。记录招聘信息中的岗位职责、任职要求等关键信息。

（2）分析能力要求

　　对收集到的信息进行整理和分类，从中提取出企业对网络营销岗位的能力要求，如营销策划能力、数据分析能力、内容创作能力等。对能力要求进行分类和统计，找出出现频率较高的能力要求。

（3）总结结果

　　根据分析结果总结市场对网络营销岗位的能力要求，包括熟练掌握各种网络营销手段和方法，熟悉社交媒体平台的运营和推广，以及具有出色的沟通和协调能力，能够与其他部门高效协作。

任务小结

　　本任务主要探讨了网络营销的核心要素。首先，梳理了网络营销的基本内容，包括市场调研、策略制定、执行推广及效果评估等关键环节；其次，追踪了网络营销方式的演进历程，从早期的简单广告投放到 Web 2.0 阶段的互动营销，再到移动互联网和 AIGC 时代的创新实践；最后，明确了网络营销岗位的职责和技能要求，为构建高效的营销团队提供了指导。

任务二　初识 AIGC

知识储备

　　在数字化时代背景下，AIGC 正在成为网络营销和内容创作的重要力量。AIGC 不仅能够自动生成文本、图像、音频和视频等多样化内容，还能通过精准分析和智能交互优化营销策略。下面将简要介绍 AIGC 的概念、发展历程、主要功能、应用场景，以及 AIGC 人才素质和能力要求。

一、AIGC 的概念与发展历程

　　随着科技的飞速发展，AIGC 的诞生标志着人工智能迈出了从理论走向实践的关键一步。它不仅将 AI 的强大能力融入现实世界的各个领域，还为未来产业的发展带来了前所未有的机遇和挑战。AIGC 的发展见证了生产力与创造力的深度融合，推动着各行业不断更新迭代，为人类社会的进步注入了新的活力。

1. AIGC 的概念

　　AIGC 是指利用人工智能技术，特别是机器学习和自然语言处理等技术，自动生成各种类型的内容，包括文本、图像、音频和视频等。AIGC 技术可以根据给定的数据集、模板或指令，创造出全新的内容，而不需要或只需很少的人类干预。

　　从某种程度上来看，AI 是一个宽泛的概念，涵盖了大部分与其相关的技术和应用，而 AIGC 代表了 AI 在自动创作内容方面的专门应用。AIGC 可以说是 AI 在内容生成领域的一个重要分支或重点发展方向。

　　一直以来，内容创作被视为人类的独有领域，然而，AIGC 的崛起正在改变这一传统观念，推动内容生产方式的创新和变革。图 1-3 为运用即梦 AI 生成的《千里江山图》。

图 1-3　运用即梦 AI 生成的《千里江山图》

由此可见，AIGC 的内容创作水平已经非常先进，不仅在绘画领域展现出卓越的创造力，在文本、音频、视频等多个领域也展现出巨大的潜力，预示着未来 AIGC 技术将在更多领域发挥重要作用，推动内容创作的革新与进步。

2. AIGC 的发展历程

随着人工智能技术的快速发展，内容生成领域经历了翻天覆地的变化。从早期的算法探索到如今在多个领域的广泛应用，AIGC 的发展历程展示了人工智能技术从理论到实践的巨大飞跃。

AIGC 的发展历程可以分为 3 个阶段，如表 1-3 所示。

表 1-3　AIGC 的发展历程

发展阶段	特点	代表性事件
萌芽阶段（20 世纪 50 年代至 20 世纪 90 年代中期）	AIGC 的概念和技术开始形成，但由于当时的科技水平限制，AIGC 主要局限于小范围的实验； 这一时期的 AIGC 应用主要集中在艺术领域，如音乐和文本创作，但效果有限	1957 年，出现首支由计算机创作的音乐作品，展现了 AI 在艺术领域的初步应用，是 AIGC 技术发展的重要里程碑； 1966 年，世界上第一款能进行人机对话的机器人诞生； 20 世纪 80 年代，Prolog 和 Lisp 等编程语言流行，用于解决特定领域的问题
积淀阶段（20 世纪 90 年代后期至 21 世纪 10 年代中期）	随着计算机技术的发展，AIGC 的性能得到显著提升，逐渐从实验性应用向实用性应用发展； 这一时期的 AIGC 开始尝试解决更复杂的任务，如语言翻译和图像生成，但受限于算法能力，应用效果有待提升	2007 年，世界上第一部由 AI 创作的小说诞生，尽管存在逻辑性和可读性问题，但标志着 AIGC 在文本创作上的进步； 2012 年，微软推出了能够将英文语音转化为中文语音的全自动同声传译系统； 2012 年，深度神经网络（Deep Neural Networks，DNN）的出现推动了图像识别技术的发展； 2014 年，生成式对抗网络（Generative Adversarial Networks，GAN）被广泛应用于图像生成、语言生成等领域
迅速发展阶段（21 世纪 10 年代后期至今）	深度学习技术的发展使 AIGC 能够处理更加复杂、抽象的问题，同时，大数据、云计算等技术的发展为 AIGC 提供了更强的计算和存储能力支持； 这一时期的 AIGC 开始出现众多大规模预训练模型，如 GPT 系列、DeepSeek 等，这些模型在文本生成、图像生成等方面展现出强大的能力	2017 年，Transformer 模型的提出为后续大模型的发展打下基础； 2020 年，GPT-3 的发布展示了大规模语言模型的强大能力； 2021 年，CLIP 模型的提出实现了从文本到图像的跨模态生成； 2022 年，DALL-E 2 的发布进一步推动了 AI 绘画技术的发展； 2023 年 11 月 2 日，DeepSeek 发布了首个开源代码大模型 DeepSeek Coder，支持多种编程语言的代码生成、调试和数据分析任务； 2024 年 12 月 26 日，DeepSeek 发布了第三代大模型 DeepSeek-V3，并同步开源； 2025 年 1 月 20 日，DeepSeek 发布了开源推理模型 DeepSeek-R1，性能超越 OpenAI 的 o1 模型，并迅速登顶中美应用商店下载榜

二、AIGC 的主要功能

在 2021 年之前，AIGC 主要专注于文本内容的生成。然而，随着新一代模型的出现，AIGC 的能力得到了显著扩展，现在能够处理包括文本、语音、代码、图像和视频在内的多种格式的内容。这表明 AIGC 技术正朝着更加多元化和智能化的方向发展，预示着未来在内容创作和多媒体应用方面的巨大潜力。

AIGC 具有强大的内容生成能力，其主要功能与应用场景如表 1-4 所示。

表 1-4　AIGC 的主要功能与应用场景

功能	描述	应用场景
文本生成	自动生成文章、新闻报道、故事、诗歌等文本内容	撰写新闻报道，生成个性化的产品推荐文案，创作社交媒体帖子和博客文章
图像生成	根据文本描述生成相应的图像	生成产品展示图，创作广告和营销材料中的插图，设计个性化的 Logo 和品牌视觉元素
音频生成	用文本生成不同音色的语音，支持多种语言	个性化语音助手，为视频、游戏和电影制作配音，制作音乐
视频生成	根据文本或图像生成视频	社交媒体短视频创作，在线课程视频创作、数字人直播
代码生成	自动生成或优化软件代码，提高开发效率	辅助开发者编写软件代码，自动生成代码片段和修复潜在错误
游戏内容生成	自动生成游戏关卡、故事线和非玩家角色（Non-Player Character，NPC）行为	游戏开发，游戏模具制作
个性化推荐	根据用户行为和偏好生成个性化的内容推荐	为用户推荐个性化的电影和音乐，电商平台推荐商品
教育和培训	自动生成教育材料、练习题和模拟考试	在线教育平台练习题生成，企业培训课程定制，互动式学习材料生成
客户服务	自动生成客户服务对话和回答常见问题	24/7 自动化客户支持，聊天机器人交互，常见问题解答
数据增强	通过生成合成数据来增强训练数据集，提升机器学习模型的性能	机器学习模型训练数据增强，自动驾驶模拟环境测试，金融风险模拟

 课堂讨论

在日常生活中，你是否遇到过 AIGC 生成的内容（如新闻、广告、文案等）？请分享一个你认为最成功的 AIGC 应用案例，并谈谈它给你带来的感受。

三、AIGC 在网络营销中的应用场景

当下，AIGC 在网络营销中的应用场景越来越广泛，为商品推广和品牌营销带来了革命性的创新机遇和显著的效率提升。

AIGC 在网络营销中的主要应用场景如下。

1．内容自动生成

AIGC 凭借强大的智能算法，能够紧密贴合品牌的营销策略与目标受众特点，自动生成极具吸引力的广告文案、社交媒体帖子、营销邮件等文本内容。以运动品牌为例，AIGC 可依据其新品推广需求，快速产出不同风格的文案，或活力动感，或专业严谨。

在视觉内容创作上，AIGC 能按照品牌要求生成高质量图片、视频和动画。例如，美妆品牌可以借助 AIGC 制作精美的产品试用视频，用于广告宣传和社交媒体推广，直观展示产品效果，吸引消费者的目光，有效满足营销需求。

2．个性化营销

AIGC 通过深度剖析消费者的在线行为、购买历史和偏好，能精准生成个性化的产品推荐和营销信息。以电商平台为例，若消费者经常浏览运动装备，AIGC 会为其推送专业跑鞋、运动服装等相关产品，并附上专属优惠。这种个性化推荐如同为每位消费者配备了专属购物顾问，提供量身定制的营销信息，能极大地提高营销活动转化率，增强消费者的满意度与忠诚度，让购物体验更愉悦。

3．用户互动与服务

AIGC 技术以智能聊天机器人和虚拟客服为载体，极大地提高了企业的服务能力，增强了企业与用户之间的互动。在金融行业，当客户咨询理财产品时，智能客服能迅速分析产品特性和客户的风险承受水平，提供专业的投资建议。

此外，智能客服还能识别并理解客户的情绪状态，进行有效的情绪安抚和引导。例如，当客户因操作失误而感到焦虑时，智能客服会耐心地指导他们解决问题。通过提供全天候（7天×24 小时）的服务，不仅减轻了人工客服的工作负担，还显著提升了服务的效率和质量，确保客户获得及时的关怀和支持。

4．市场分析与预测

AIGC 技术对大量市场数据进行深度挖掘与分析后，能够生成精确的市场趋势报告和预测。以餐饮业为例，AIGC 可以分析社交媒体上用户对各种美食的讨论热度和评价，结合历史销售记录，预测在不同季节和节日期间可能流行的菜品。这样，餐饮企业就可以据此提前调整菜单，准备相应的食材，并制定相应的营销策略。这不仅有助于降低经营风险，还能让企业精准地抓住市场机遇，在激烈的市场竞争中获得优势。

5．创意广告制作

AIGC 正在彻底改变创意广告的制作过程，打破了传统广告的限制。例如，在汽车广告领域，AIGC 能够将汽车置于如星际穿越般的奇幻场景中，以此展示车辆的卓越性能和未来科技感。此外，AIGC 还能迅速产出多种创意方案供广告团队挑选和完善。与传统的广告制作方法相比，AIGC 不仅显著缩短了广告制作周期，降低了成本，还为消费者带来了耳目一新的视觉效果，增强了广告的传播力和观众的记忆点。

6．虚拟活动与体验

AIGC 在虚拟活动与体验的创建中发挥着关键作用，为用户带来了前所未有的互动方式。例如，时尚品牌可以利用 AIGC 举办虚拟时装秀，模特可在数字化的舞台上展示最新系列的时装，而观众则能够从多个视角观看并与之互动。

同样，家居品牌也可以通过虚拟展览，让消费者在不同风格的虚拟房间中自由探索，亲身体验产品在实际环境中的应用效果。这种沉浸式体验不仅吸引了消费者的积极参与，还提升了品牌的知名度和产品的吸引力，加强了品牌与消费者之间的联系。

7. 定制化营销

AIGC 使定制化营销成为可能，让消费者能够更加积极地参与到创意广告的制作中。例如，旅游平台可以根据用户选定的旅游目的地和活动偏好，利用 AIGC 自动生成个性化的旅游广告，展示独特的旅游路线和体验。如果用户选择了海边度假，AIGC 就会在广告中呈现迷人的海滩景色和多样的水上运动。这种高度互动的方式不仅提高了用户的参与感，还使广告内容更加精准和吸引人，有效提升了营销的成效，并让消费者感受到品牌的个性化关怀。

AI 营销：智能聊天机器人在网络营销客户服务中的应用

智能聊天机器人在网络营销客户服务中有着广泛且深入的应用，主要体现在以下几个方面。

（1）常见问题解答

智能聊天机器人能快速、准确地回答客户关于产品或服务的常见问题，如产品的功能、特性、使用方法、价格、售后服务政策等。例如，在电子产品销售中，客户询问某款手机的电池续航能力、存储容量等，智能聊天机器人可以直接根据预设的知识库给出详细的解答。

（2）订单处理与查询

智能聊天机器人可以帮助客户处理订单的相关事宜，包括订单的创建、修改、取消，以及订单状态的查询等。例如，客户想了解自己购买的商品是否已经发货，智能聊天机器人可以通过与订单系统的对接，实时获取订单物流信息并反馈给客户。

（3）客户引导与分流

智能聊天机器人可以根据客户的问题和需求，将客户引导至合适的部门或人工客服。对于一些复杂问题，智能聊天机器人可以判断问题的性质，将客户转接给专业的人工客服，同时将前期与客户的对话内容同步给人工客服，以便其更好地了解情况。

（4）投诉处理与反馈

智能聊天机器人可以倾听客户的投诉和不满，记录相关信息，并及时将投诉内容转交给相关部门处理，然后向客户反馈投诉的处理进度和结果，保持与客户的沟通，缓解客户的不良情绪。

（5）服务预约与安排

如果企业提供需要预约的服务，如线下门店的维修服务、美容服务等，智能聊天机器人可以帮助客户进行预约，记录预约时间、服务项目等信息，并与后台的预约系统进行同步。

（6）多渠道沟通

在不同的网络营销渠道，如企业官网、社交媒体平台、电商平台等，智能聊天机器人可以为客户提供统一的服务体验。无论客户通过哪种渠道发起咨询，智能聊天机器人都能及时响应，确保客户在各个渠道都能得到及时、有效的帮助。

（7）客户关怀与回访

智能聊天机器人能主动与客户进行沟通，发送节日祝福、生日问候等关怀信息，增加客户的好感度和忠诚度。在客户购买产品或服务后的一段时间内，智能聊天机器人还会进行回访，了解客户的使用感受、意见和建议，为企业改进产品和服务提供依据。

四、AIGC 人才素质和能力要求

AIGC 作为新兴技术领域，对人才素质和能力的要求呈现多维化、复合化特征，具体体现在技术、伦理、实践等多方面。基于现有研究，其核心要求如下。

1. 技术能力与跨学科素养

在 AIGC 领域，掌握基础的技术能力和具备一定的跨学科素养，不仅能够提升内容生成的效率和质量，还能促进多领域知识的融合与应用。

（1）AIGC 基础知识

AIGC 人才必须熟悉 AIGC 领域的基本概念、重要的模型算法和产品工具，了解主流的开源模型的基本特点，以及 AIGC 模型的训练方法和数据处理流程。这些知识能够帮助他们根据业务需求选择合适的模型，并对其进行有效的训练和调整。

（2）多模态内容处理能力

AIGC 人才应具备文本、图像、音频和视频等多模态内容的生成与融合能力，对不同形式的数据进行整合和转换，以创造出丰富多样的内容。这种能力对于开发多模态交互系统尤为重要。

（3）技术工具应用与优化

AIGC 人才应熟练应用各种技术工具，如 DeepSeek、即梦 AI 等，并能对这些工具进行优化以提高效率，了解如何使用这些工具来构建、训练和部署 AIGC 模型，以及如何通过参数调整和模型架构改进来提升性能。

2. 数字素养与高阶思维能力

数字素养与高阶思维能力要求 AIGC 人才能够在创造新颖内容的同时，保持批判性思维，不断明晰技术和应用的边界。

（1）高意识生成能力

AIGC 人才需要具备"提问—追问—迭代"的交互式生成思维，通过控制生成内容的字数、要点数等参数优化输出质量，并能在教育等场景中设计有效提问策略，以激发 AI 潜力。

（2）批判性思维与创新意识

批判性思维是指 AIGC 人才需要保持对 AIGC 生成内容的审辨能力，避免技术依赖导致的思维惰性。例如，在翻译领域需要结合人类创造力对 AI 输出的内容进行二次优化，在教育领域需要明晰 AI 辅助与自主学习的边界。

（3）跨学科知识整合

AIGC 人才要能整合计算机科学、心理学、社会学等多个领域的知识来解决复杂的实际问题。这样的整合能力不仅使其能够开发出全面且有效的 AIGC 解决方案，还要求其在技术、伦理、社会等多维度认知下进行创新。设计类人才尤其需要打破传统思维模式，将 AIGC 技术融入跨学科项目中，实现内容生成的创新和效率提升。

3. 伦理与法律意识

AIGC 人才要具有伦理与法律意识，在开发和部署技术时，必须严格遵守相关法律法规，确保数据隐私和版权得到妥善管理，同时评估和处理技术可能带来的伦理问题。

（1）数据隐私与版权管理

AIGC 人才需要了解相关的法律法规，确保在数据收集、处理和使用过程中遵守隐私保护条例和版权规定，避免法律风险。

（2）技术伦理评估能力

AIGC 人才应具备评估技术伦理的能力，能够识别和处理 AIGC 可能带来的伦理问题，如算法偏见、内容真实性等。这种能力有助于他们开发出更公正、更透明的 AIGC 系统。

4. 行业适配与实践能力

AIGC 人才不仅要精通技术，还要深刻理解各行业的具体需求，通过有效的沟通和协作，快速适应技术迭代，推动 AIGC 在各行业的广泛应用。

（1）场景化应用能力

AIGC 人才需要具备将技术应用到具体行业场景中的能力，要能根据行业特点和需求设计和实施 AIGC 解决方案，以提高行业的效率和创新能力。

（2）协作与沟通能力

在 AIGC 项目中，跨团队协作和有效沟通是成功的关键。AIGC 人才需要具备良好的团队合作精神和沟通技巧，能够与不同背景的团队成员协作，共同推动项目进展。

（3）快速适应技术迭代

AIGC 技术发展迅速，AIGC 人才需要具备快速学习和适应新技术的能力，能够及时掌握最新的 AIGC 技术和工具，以保持在行业中的竞争力。

任务实施：了解 AIGC 人才岗位需求和能力要求

1. 任务目标

通过分析企业招聘要求，了解市场对 AIGC 人才的岗位需求和能力要求，增强对 AIGC 人才岗位的认识和兴趣，掌握当前行业的人才需求趋势。

2. 实施步骤

（1）收集岗位信息

浏览主流招聘网站，如智联招聘、猎聘网、BOSS 直聘等，在网站中使用"AIGC""人工智能"等关键词进行搜索，收集相关岗位的招聘信息。记录招聘信息中的岗位职责、任职要求等关键信息。

（2）分析能力要求

对收集到的信息进行整理和分类，从中提取出企业对 AIGC 人才的能力要求，如技术知识、跨学科知识整合等。对能力要求进行分类和统计，找出出现频率较高的能力要求。

（3）总结结果

根据分析结果，总结市场对 AIGC 人才的岗位需求和能力要求。

任务小结

本任务深入探讨了 AIGC 的基本概念、发展历程、多样化功能，以及其在网络营销中的广泛应用场景。同时，详细阐述了 AIGC 人才应具备的素质和能力。通过本任务的学习，我们不仅对 AIGC 技术有了全面认识，而且了解了如何利用 AIGC 推动营销创新和提升内容创作效率，为在网络营销领域的进一步探索和职业成长提供了有力的支持。

综合实训：AIGC 营销案例解析

一、实训目标

通过解析 AIGC 在网络营销中的实际应用案例，理解 AIGC 对品牌营销的价值，以及 AIGC 在网络营销中的应用场景。

二、实训思路

1. 选择案例品牌

选择一个具有代表性的品牌作为案例分析对象，如伊利品牌。2024 年春季，伊利优酸乳在"国际小狗日"借助 AI 技术发布广告短片《粉上春天》，如图 1-4 所示。

图 1-4　伊利 AI 宣传短片《粉上春天》

2. 分析 AIGC 对品牌营销的价值

结合所学知识，分析 AIGC 对伊利品牌营销的价值，体现了 AIGC 的什么功能。

3. 分析 AIGC 在网络营销中的应用场景

分析 AIGC 在伊利品牌营销中的应用场景，并指出该活动获得成功的原因。

三、实训总结与反思

撰写实训报告，总结本次实训的成果，包括 AIGC 在品牌营销中的核心价值与应用场景，AIGC 在提升品牌传播效率、降低创意成本、增强用户互动方面的显著优势，以及该案例获得成功的关键。

四、实训评估

过程评价：根据在实训过程中的发言质量，是否主动提出问题或观点，以及协作过程中的沟通效率与分工合理性来评价。

成果评价：评价报告的结构是否完整、逻辑是否清晰，对 AIGC 功能和应用场景的分析是否深入，是否能够准确指出 AIGC 在案例中的具体应用，及其对营销活动成功的影响。

自我评价：反思自身在技术理解、数据分析等方面的不足，以及在团队协作中能否与团队成员有效沟通、分工合作。

思考题

1. 结合网络营销的实际应用场景，说明 AIGC 如何帮助提升营销效率。
2. 随着 AIGC 的发展，网络营销对人才素质和能力要求有了新变化。假设你是一名即将毕业的大学生，请列举你认为自己需要提升的与 AIGC 相关的能力，并说明提升途径。

PART 02

项目二
AIGC 工具的高效应用

学习目标

知识目标

➤ 了解网络营销领域常用 AIGC 工具的功能与特点。

➤ 掌握 AIGC 提示词的作用、关键要素及设计原则。

➤ 掌握高效地向 AIGC 工具提问的方法与策略。

➤ 了解智能体的概念与功能，以及在网络营销中的应用。

➤ 掌握创建网络营销智能体的步骤与方法。

能力目标

➤ 能够运用 AIGC 工具进行文本、图片、视频及图文排版创作。

➤ 能够高效地向 AIGC 工具提问，并优化生成结果。

素养目标

➤ 培养对 AIGC 工具的创新应用意识与跨平台整合能力。

➤ 培养对 AIGC 生成内容的批判性评估能力。

项目导图

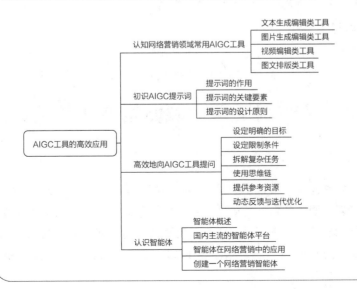

⚙ 案例导入

统一青梅绿茶：用 AI 解锁"青梅竹马"的国风新玩法

2024 年"五一"期间，统一青梅绿茶携手美图秀秀，以美图公司自研的奇想大模型（MiracleVision）技术激发大众创意，发起了一场以"青梅竹马，友 AI 同框"为主题的 AI 灵感共创大赛，创意演绎千人千面的"青梅竹马"情谊，如图 2-1 所示。

在此次活动中，统一青梅绿茶以"青梅竹马"为核心元素，主打唐朝国风艺术风格，联合美图秀秀邀请头部艺术家、新生代 AI 创作者，以及海量兴趣用户共同搭建金字塔创作矩阵，进行作品创作。用户可以通过登录美图秀秀 App 或美图WHEE，使用文生图、图生图工具轻松生成具有国风特色的"青梅竹马"主题照片。由于使用 AI 技术，该活动降低了参与门槛，激发了全民的创作热情。

图 2-1　统一"青梅竹马，友 AI 同框"AI 灵感共创大赛

此次活动利用 AI 技术赋能创意，探索煮梅、采梅、饮梅、赏梅等多元场景，涵盖插画、水墨、卡通、线描等多种画风，产出34 幅高质量的"青梅竹马"佳作，赋予产品新的故事，也实现了和年轻人的链接。

这场 AI 国风营销创新活动总曝光超 2 亿，社交媒体上的提及率大幅增加，AI 共创大赛作品数高达 1091 幅，统一青梅绿茶定制 AI 配方使用量超 355.4 万，真正实现了品牌与年轻消费群体的交流互动。

案例导入

统一青梅绿茶通过这场 AI 国风营销创新活动，不仅展现了品牌对于国风文化的深刻理解与传承，还体现了其在营销策略上的创新与突破。借助 AIGC 工具，统一青梅绿茶成功地将科技与传统文化相结合，为品牌注入了新的活力。

启发思考

1. 统一青梅绿茶是如何通过 AI 技术实现用户与品牌的深度互动，并促进品牌文化传播的？
2. 在 AIGC 应用日益广泛的今天，企业如何选择合适的工具进行网络营销策划与执行？

任务一　认知网络营销领域常用 AIGC 工具

知识储备

在数字化营销时代，AIGC 工具已成为网络营销领域不可或缺的重要助手。文本生成编辑类工具能够快速生成高质量文案，图片生成编辑类工具可以轻松创作出吸引人的视觉素材，视频编辑类工具可以打造生动的视频内容，图文排版类工具则能让信息的呈现更加精美。这些工具基于先进的 AI 技术，通过学习海量数据，能为营销人员提供高效、智能的内容创作支持，极大地提升了网络营销的效率和效果，成为推动网络营销创新发展的关键力量。

一、文本生成编辑类工具

目前常用的文本生成编辑类 AIGC 工具有以下几种。

1. DeepSeek

DeepSeek 是一款由国内团队开发的先进人工智能工具，专注于提供高效、易用的 AI 模型训练与推理能力。它基于大语言模型（Large Language Model，LLM）技术，具备强大的文本理解、生成和处理能力，其首页如图 2-2 所示。

图 2-2　DeepSeek 首页

DeepSeek 的核心功能有智能问答、内容创作、数据分析、代码辅助、语言翻译、知识检索、学术写作等。用户可以通过官方网站或应用程序直接使用，开发者可以通过应用程序接口（Application Programming Interface，API）将 DeepSeek 集成到自己的应用中。

DeepSeek 以其强大的功能、高效的性能和灵活的使用方式，为用户提供了全面的 AI 辅助解决方案，适用于个人学习、办公、研究等多个场景。

2. 文心一言

文心一言是百度推出的人工智能大语言模型，旨在满足用户对中文文本生成的需求，同时应对大数据时代信息处理的挑战，其首页如图 2-3 所示。

文心一言具备对话互动、回答问题、协助创作、文案撰写、创意激发、多语言翻译等功能，适用于文学创作、商业文案写作、梳理推算、中文解释、多模态生成等多个场景。

3. 豆包

豆包是字节跳动公司基于云雀模型开发的 AI 工具，涵盖问答、搜索、写作、阅读、编程、翻译、图像生成、数据分析、音乐创作等多个领域，如"帮我写作"支持联网搜索资料、参考本地文件，"AI 阅读"可对多种文档进行翻译、总结等，"AI 编程"支持代码运行与预览等。

豆包上线了深度思考模式，用户开启深度思考模式后，豆包在思考过程中可基于推理多次调用工具、搜索信息，提供更全面、丰富、准确的结果。其首页如图 2-4 所示。

图 2-3　文心一言首页

图 2-4　豆包首页

4. Effidit 文涌编辑器

Effidit 文涌编辑器由腾讯 AI Lab 倾力打造，是一款功能丰富的写作辅助工具。它集纠错、文本补全、改写及扩写等多种智能功能于一体，致力于提升写作者的工作效率与写作体验。Effidit 文涌编辑器的应用场景广泛，适用于个人写作、媒体编辑、企业宣传、教育学习等场景，能帮助学生、教师、作家、记者、博主等不同人群提升写作效率和质量。

5. 通义

通义，由通义千问更名而来，是阿里云推出的语言模型，于 2023 年 9 月正式向公众开放。通义意为"通情，达义"，具备全副 AI 能力，致力于成为人们的工作、学习、生活助手，其功能包括多轮对话、文案创作、逻辑推理、多模态理解、多语言支持，能够跟人类进行多轮的交互，也融入了多模态的知识理解，且有文案创作能力。

二、图片生成编辑类工具

当今时代，AIGC 技术发展迅速，其中图片生成领域涌现出了众多优秀的平台。常见的图片生成编辑类工具如下。

1. 即梦 AI

即梦 AI 是由字节跳动公司开发的 AI 创作平台，旨在激发艺术创意，提升用户的绘画和视频创作体验，其首页如图 2-5 所示。它具备文字绘图、图片生成、视频生成、智能画布、故事创作等功能，操作界面简洁明了，易于上手。

即梦 AI 适用于专业设计师、营销人员、内容创作者等不同人群，能提供丰富的创作灵感和学习资源，支持多种格式输出，无须设计专业背景，普通用户也能创作出高质量的作品。

图 2-5　即梦 AI 首页

2. 文心一格

文心一格是百度基于文心大模型推出的 AI 艺术和创意辅助平台，具备领先的 AI 绘画能力，其首页如图 2-6 所示。用户在官网输入画作主题和风格，即可生成高清画作，支持多种风格和画面尺寸。它能为专业创作者提供创意灵感，辅助设计和艺术创作，也能为非专业用户提供零门槛的绘画体验，被广泛应用于广告设计、艺术创作等领域。

3. 吐司 TusiArt

吐司 TusiArt 是一款基于先进 AI 技术的艺术创作平台，是国内最大的 Stable Diffusion 社区，支持模型微调和 Lora 训练。用户只需输入相关关键词，即可快速生成风格多样的艺术画作，涵盖写实、抽象、动漫等多种风格。平台界面简洁，容易操作，无论是专业艺术家，还是艺术爱好者，都能轻松上手，实现创意的自由表达。

吐司 TusiArt 不仅提升了创作效率，还为用户提供了广阔的创意空间，被广泛应用于数字艺术、设计、教育等多个领域。

图 2-6　文心一格首页

4. 美图 WHEE

美图 WHEE 是美图公司基于视觉大模型 MiracleVision 推出的 AI 视觉创作平台，具备 AI 绘画、图片生成等功能。它能将文字描述转化为图像，支持多种风格，还能对上传的图片进行风格转换或优化。

此外，用户可上传多张图片训练专属 AI 模型，平台还提供线稿上色、涂鸦生图、高清修复等辅助设计工具。美图 WHEE 界面简洁，操作便捷，适合从专业设计师到业余爱好者的广泛用户群体，其丰富的功能和精准的控制模式为用户提供了高效、多样化的视觉创作体验。

你认为 AIGC 工具在图片生成方面有哪些优势和不足？结合实际案例进行讨论。

三、视频编辑类工具

随着人工智能技术的迅猛发展，AIGC 在视频编辑领域掀起了一场革新，极大地改变了传统视频创作模式。它不仅降低了视频制作的门槛，让没有专业技能的普通创作者也能轻松上手，还提升了创作效率，为专业人士节省大量时间与精力。

常用的视频编辑类工具如表 2-1 所示。

表 2-1　常用视频编辑类 AIGC 工具

工具名称	功能	特点	应用场景
腾讯智影	视频剪辑、文本配音、数字人播报、智能横转竖等，有专业易用的剪辑器，支持素材上传存储	AI 能力强，剪辑功能专业且易用	新闻播报、教学课件制作等

（续表）

工具名称	功能	特点	应用场景
绘影字幕	自动识别视频人声转字幕，支持 14 种语言识别及互译，可在线或通过 App 编辑，网站提供 API 服务	识别语言多，能制作双语字幕	批量短视频制作、在线教育课程系统等
快剪辑	集云端素材管理、视频剪辑创作、内容分发于一体，有视频裁剪、合成、截取等功能，支持添加文字、音乐、特效等；具备 AI 成片、数字人、智能添加字幕、去水印、抠像等 AI 功能	功能齐全，操作简便，云端剪辑，处理速度快，有丰富的素材库和模板库	电商营销、内容营销、短视频创作、个人视频记录等
剪映 AI	AI 功能强大，能自动识别字幕、智能抠像、文本朗读，并支持 AI 自动踩点、数字人口播和图文成片等创新功能	智能化，模板和功能丰富，操作便捷，支持直接分享到社交平台	日常分享、品牌宣传、教育培训、娱乐创作等
可灵 AI	支持文生视频、图生视频、视频续写，用户可自主训练人脸模型	技术先进，画面质量高，功能丰富，操作简便，支持多种宽高比和高级功能	艺术创作、广告制作、影视制作、教育培训等
度加	有 AI 成片、AI 笔记、数字人功能，支持智能抠图、绿幕抠图、字幕识别、文本朗读等视频编辑与特效功能；能将图文或文字转换为视频，对文案进行润色、提炼、改写	依托百度飞桨和文心大模型技术，一站式聚合多种 AI 创作功能，能自动优化内容质量，界面友好	自媒体创作、企业营销推广、普通用户日常分享等

四、图文排版类工具

图文排版类 AIGC 工具不仅能快速生成高质量的图像和文本，还能对图文内容进行智能排版，让没有设计专业背景的用户也能轻松打造出令人眼前一亮的视觉作品。

常用的图文排版类工具如下。

1. 135 编辑器

135 编辑器是一款在线图文排版工具。它拥有海量的预设样式和模板，用户可以根据行业或风格筛选模板，支持整套模板应用或局部样式拆分使用。它还支持图片处理，可从正版图库调用素材或上传本地素材，并使用 SVG 编辑器添加动态效果，提升文章的互动性。

135 编辑器的 AI 助手可以实现以下功能：热点追踪，自动抓取平台流行版式；智能纠偏，检测段落设置、配色不合理等问题，并提供优化建议；一键分发，排版后直接同步至微信公众号等平台，且保留格式的完整性。

2. 96 编辑器

96 编辑器是一款简单易用的在线图文排版工具，特别适合自媒体运营者和公众号编辑人员。它拥有海量的原创版权样式和模板，涵盖医疗、教育、商务、电商等多个行业，能满足不同用户的需求。

在"AI 排版"界面中，输入主题可生成相应的大纲，确认无误后点击"一键生成"按钮，就能得到 AI 生成并排版的文章。用户也可用自己的图文进行 AI 一键排版，根据内容匹配不同类型的模板，提升文章的吸引力和版式的美观度。此外，还可单击"AI 改写""AI 续写""AI 扩充"按钮修改文字内容。

3. Canva 可画

Canva 可画提供了海量的设计模板和素材，涵盖海报、社交媒体图片、演示文稿等多种设计场景。Canva 可画拥有丰富的字体、图片、图标等设计元素，用户可以根据自己的需求自由组合，轻松创建出个性化的图文作品。其智能设计功能可根据用户输入的内容自动推荐合适的排版和设计风格，即使是设计新手也能快速上手，制作出专业水准的设计作品。

在图像创作方面，AI 生图能根据文字描述生成不同风格的图片，如水墨画、漫画等，提高创意创作的效率。它还具备 AI 抠图、AI 修图、AI 扩图等功能，可轻松处理图片背景，去除干扰元素，延伸照片边界。AI 材质特效和 AI 动效则能为文字和设计添加独特纹理与动画效果。

4. 稿定设计

稿定设计是一款集 AI 绘图、AI 设计、AI 文案于一体的智能设计工具。它能根据用户输入的关键词或描述快速生成高质量的设计作品，包括公众号封面图、正文配图等，满足不同场景下的图文排版需求。其 AI 功能可以智能识别用户的输入内容，并结合丰富的设计模板和素材库，为用户提供多样化的设计选择。稿定设计还支持一键替换图片、文字等元素，方便用户根据自己的需求对作品进行个性化调整。

AI 营销：国内常见的多模态 AIGC 工具

目前，国内有不少多模态 AIGC 工具，下面简要介绍这些工具及其在网络营销中的作用。

（1）智象未来

智象未来专注于构建视觉多模态基础模型及应用，其自主研发的"智象视觉大模型"是国内首批通过模型和算法双备案的多模态生成式大模型，能实现文本、图片、视频等多模态内容的生成。智象未来推出千象、E象等应用平台，千象是 AIGC 通用图像视频创作工具及内容社区，E象是专为电商商家打造的 AI 商拍工具。

智象未来的"秩象品牌营销推广平台"可生成品牌营销图片与视频素材。例如，通过快速生成商品图片，为电商商家提供爆款产品迅速上架服务，提升商品图展示效果和电商运营效率；生成多风格模特服装展示产品图，节省拍摄及版权费用，更好地实现服装本地化展示；还能为电商大 V 提供专属个人 IP 形象管理服务，缩短选品时间，增强粉丝黏性。另外，一键翻译功能可助力海外电商产品宣传，规避地区文化禁忌。

（2）文山 AI

文山 AI 是一站式图文生成 AI 营销平台，将文生文和文生图集于一体，场景多、生成快、操作简单、可自定义，采用表单式即填即出的形态，还有"AI 帮你填""调整 AI 推理参数"等功能，拥有十大类模板库，覆盖 99% 营销人的使用场景。

文山 AI 能帮助营销人员快速生成各种营销文案和创意图片，从头脑风暴广告灵感，到生成可供参考的产品视觉效果图，两步即可丝滑完成；可激发企业的营销热情，帮助组织与个人完成工作重构，让营销真正成为一项全员工程，使营销人员能将精力专注于高价值的创意思考和策略规划，为企业降本增效的同时提升自身营销能力。

（3）擎舵

擎舵是百度营销旗下的多模态 AIGC 创意生产平台。擎舵 2.0 版本基于百度大模型技术，对底层技术能力进行了升级，特别是在数字人方面进行重点升级，具备一键生成视频、图片、文字等能力，还能自动识别视频素材内容，实现一键成片，并且为教育、汽车等多个行业提供定制化解决方案。

使用擎舵，通过简单的提示词就能生成营销脚本、视频素材、数字人、配音和音乐等，能快速完成混剪视频的制作并直接投放，降低了视频制作的成本和门槛。一键生成营销图功能可通过提示词生成优质主体或底图画面，添加模板后可快速生成可投放的营销图，且支持一键修改模板图，以实现品牌个性化表达。其丰富的数字人资源及相关能力可满足不同行业、场景的需求，如使用绿幕数字人灵活替换背景，或者一键启用实景数字人，使场景更真实、人物更逼真，让营销内容更具吸引力和说服力。

（4）华为云盘古大模型

华为云盘古大模型以其强大的多模态能力展现了广阔的应用前景。通过多模态的感知，模型能够更好地理解世界，更高效、更准确地创作和审核内容。它具备多尺度视觉表征提取和高分辨率编码器，支持图像、视频、语音等多模态内容的生成和处理，提供零代码模型开发全流程工具，使用便捷。

在企业营销领域，华为云盘古大模型中的媒体大模型支持多语种宣讲和 AI 原声同传功能，极大地提升了品牌信息传递的效率和准确性，解决了在全球营销中面临的成本高、效率低、语言障碍等问题。通过音频大模型训练，数字人的语音生成能力显著提升，可支持多种语言、多种情感的语音输出；同时，2D 与 3D 技术融合可快速生成高写实数字人，为数字化营销带来新可能；还可辅助企业进行内容创作，生成高质量的文本、图片和视频内容，提升营销内容的生产效率和质量。

任务实施：认知常用 AIGC 工具及其功能

1. 任务目标

深入了解网络营销领域常用的 AIGC 工具的功能特点、应用场景及优势，掌握文本生成、图片生成、视频编辑和图文排版四类工具的核心能力，为后续的网络营销实践和内容创作打下坚实的基础。

2. 实施步骤

（1）资料收集

通过相关网站、图书、行业报告等途径，收集不同类型 AIGC 工具的资料，重点关注各个工具的功能、特点和应用场景。

（2）对比分析

将收集到的不同工具的资料进行对比分析，可以从流畅性、专业性、操作便捷性、功能丰富性等多个角度进行对比分析，了解不同工具在不同需求下的适用性。

（3）实际体验

结合自己的实际需求，注册并使用本任务所学的 AIGC 工具，亲自体验其功能，通过实际操作熟悉工具的基本界面和操作流程，具体步骤如下：

①注册账号：在各工具的官方网站上注册账号，获取使用权限。

②熟悉界面：登录后，浏览工具的界面布局，了解各个功能模块的位置和作用。

③操作练习：通过简单的操作练习熟悉工具的基本功能，如文本输入、图片上传、参数调整等。

（4）总结归纳

根据收集到的资料、对比分析和实际体验的结果，总结各个 AIGC 工具的特点和优势。

任务小结

本任务深入探索了网络营销领域常用的 AIGC 工具，涵盖文本生成、图片生成、视频编辑及图文排版四大类。文本生成编辑类工具，如 DeepSeek、文心一言等，能够快速生成精准且富有创意的文案，为内容创作提供强大支持；图片生成编辑类工具，如即梦 AI、文心一格等，可依据需求生成高质量的视觉素材，丰富视觉表达；视频编辑类工具，如腾讯智影、可灵 AI 等，有助于打造生动且富有感染力的视频内容，提升传播效果；图文排版类工具，如 135 编辑器、96 编辑器等，让信息呈现更加专业、美观，提升用户阅读体验。

任务二　初识 AIGC 提示词

知识储备

AIGC 提示词不仅是用户与 AIGC 工具沟通的桥梁，还是精准引导内容生成的核心要素。通过合理运用提示词，用户能够明确创作意图，高效激发 AIGC 工具的生成能力，从而产出贴合需求的优质内容。无论是文本创作、图像设计还是视频制作，掌握提示词的作用、关键要素及设计原则，都将极大地提升内容创作的效率与质量，拓展创作边界。

一、提示词的作用

提示词在 AIGC 工具生成内容的过程中发挥着重要作用，主要体现在以下几个方面。

1. 精准定位创作需求

提示词能够精准地向 AIGC 工具传达创作的具体需求。这些提示词涵盖了创作内容的核心主题、期望的风格、情感基调等关键要素，从而为 AIGC 工具指明创作的方向。例如，当用户需要生成一张海报时，通过输入"极简主义、淡雅、治愈"等提示词，即可引导 AIGC 工具生成一篇符合特定要求的海报。

2. 优化生成内容品质

用户可以在 AIGC 提示词中明确指定生成内容的长度、语言风格、细节程度等，使 AIGC 工具能够按照这些要求生成更高质量的内容。例如，在创作一篇产品介绍文案时，用户输入"500 字左右、通俗易懂、适合普通消费者、突出产品优势"等提示词，AIGC 工具生成的文案不仅符合字数要求，还能以通俗易懂的语言突出产品的优势，满足用户对文案品质的期望。

3. 提升创作效率

有效的 AIGC 提示词能够减少模型训练时间和资源消耗，提高创作效率。用户通过精准、明确的提示词可以快速生成符合期望的内容，这不仅能够降低创作成本，还可以节省大量时间和精力。

4. 激发创作灵感

用户通过输入不同的提示词，可以获得多种生成结果，从而获得更多创意和灵感。例如，在创作一个品牌广告视频脚本时，用户输入"创意新颖、适合年轻人、关于时尚品牌"等提示词，AIGC 工具生成的脚本可能会包含一些独特的创意元素和情节，启发用户进一步完善自己的创作思路，拓展创作的边界。

5. 提升交互体验

AIGC 提示词是用户与 AIGC 工具交互的关键要素。通过精心设计提示词，用户能更有效地与 AIGC 工具沟通，从而获得更贴合需求的结果。这不仅提升了交互体验，还使 AIGC 工具生成的内容更契合用户的个人风格，进而提升用户对生成结果的满意度。

二、提示词的关键要素

一个好的提示词通常由 4 个关键要素组成。

1. 指令

指令是提示词的核心部分，它直接告诉 AIGC 工具需要完成的具体任务。因此，指令必须清晰、明确，避免模糊和存在歧义，以便 AIGC 工具能够准确理解并执行。

例如，"写一篇 1000 字左右的人工智能在医疗领域应用的文章，适合专业人士阅读。"明确的指令能够帮助 AIGC 工具快速定位任务的重点，减少生成不符合要求内容的可能性，从而提高生成效率和质量。

2. 上下文

上下文为 AIGC 工具提供了任务的背景信息，帮助其更好地理解指令的具体含义和应用场景。上下文可以包括任务的背景、目标受众、使用场景等。

例如，"我正在写一篇适合小学教师阅读的教学类文章，这是我的初稿，请你帮我修改完善，并补充完后半部分。"通过提供上下文，用户可以帮助 AIGC 工具生成更符合实际需求的内容，避免生成结果过于宽泛或不切实际。

3. 输出格式

输出格式指定了生成内容的具体形式和结构。明确输出格式能够帮助 AIGC 工具生成符合用户需求的内容，减少后续的调整和修改。

常见的输出格式包括文本长度、语言风格、图像分辨率、视频时长等。通过明确输出格式，用户可以确保生成的内容直接可用，提高工作效率。例如，"生成一段 200 字左右的广告文案，用于推广一款智能手表，语言风格简洁明了。"

4. 角色

角色是指 AIGC 工具在生成内容时所扮演的身份或采用的视角。通过指定角色，可以引导 AIGC 工具以特定的风格或语气生成内容，使生成结果更具个性化和针对性。

角色可以是专业人士、普通用户、特定人物等。通过指定角色，可以让 AIGC 工具生成的内容更符合特定的语境和受众需求，提升内容的吸引力和说服力。例如，"以一位营养师的身份，生成一篇关于健康饮食的文章，适合青少年阅读，语言要通俗易懂、简洁明了。"

AI 营销：利用提示词生成一篇广告文案

在了解提示词的关键要素后，我们可以在撰写提示词时填充这些要素。以撰写广告文案为例，使用 DeepSeek 撰写广告文案的方法如下。

（1）明确推广目标和目标受众

营销人员首先要确定广告文案的推广目标，如推广产品、服务或品牌形象等，同时明确目标受众的特征，包括年龄、性别、兴趣爱好、消费习惯等，以便生成符合受众需求的内容。

（2）输入提示词

以撰写旅行社的广告文案为例，广告文案的推广目标是推广服务和品牌形象，目标受众主要是 25~45 岁的女性，她们热爱旅行，喜欢新鲜事物，消费能力强。

开启 DeepSeek "深度思考"模式，按照"角色+上下文+指令+输出格式"的结构输入提示词"你是一位旅行社的营销推广负责人，现在旅行社新开了一条跟团游旅行路线，价格实惠，服务周到，可以带游客逛遍目的地的所有人文景观和自然景点，参观期间还免费提供饮料和遮阳帽，有专业的解说员，配套服务齐全。请你根据以上信息撰写一篇广告文案，发布平台是微信公众平台，语言风格简洁明了，通俗易懂，文本长度不要超过 500 字。"然后单击生成按钮↑，如图 2-7 所示。

DeepSeek 进行深度思考，生成广告文案，如图 2-8 所示。

图 2-7　输入提示词

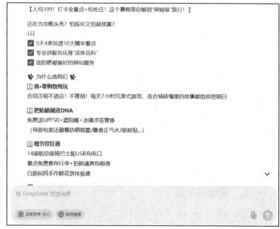

图 2-8　DeepSeek 生成的旅行社广告文案

（3）调整优化

虽然 DeepSeek 生成的广告文案质量尚可，但可能还需要根据实际情况调整和优化。例如，检查文案中是否存在语法错误、错别字，对表述不够清晰或准确的地方进行修改。同时，可以结合产品的独特卖点、优惠活动等信息对文案进行补充和完善，增强文案的说服力和吸引力。对于上述广告文案的调整优化，输入提示词"以上广告文案的风格更适合发布在小红书平台，建议调整为适合发布在微信公众平台的风格，不用添加表情符号。另外，文案中对于解说员的介绍不多，建议增加解说员介绍景点的内容。"单击生成按钮⬆，生成如图 2-9 所示的 DeepSeek 优化调整后的广告文案。

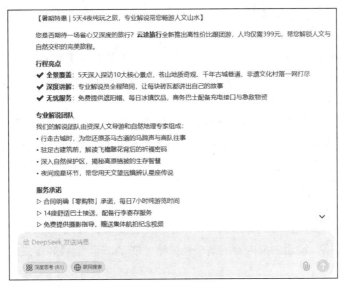

图 2-9　DeepSeek 优化调整后的广告文案

三、提示词的设计原则

为了使 AIGC 工具的回答获得最佳效果，在设计提示词时应遵循以下原则。

1. 清晰性

清晰性是提示词设计的基础原则，确保 AIGC 工具能够准确理解用户的需求。注意力机制是现代 AI 最重要、最核心的算法机制之一。如果用户给出的提示词不明确、存在歧义，AI 模型就会分散注意力，被迫猜测用户的真实意图。这种情况下，AIGC 工具容易生成泛泛而谈、不符合预期的内容，从而增加用户的时间成本和调整难度。因此，提示词给出的目标越明确，生成的回答效果就越好。

2. 结构化

结构化的提示词能够帮助 AIGC 工具更高效地处理和生成内容，合理组织提示词的结构可以提高生成内容的质量和一致性。

（1）分层次表达

分层次的提示词能够触发 AIGC 工具的序列标记感知，从而提升计算速度。因此，用户需将提示词分为多个层次，先说明主要任务，再逐步细化具体要求。

（2）逻辑顺序

按照逻辑顺序组织提示词内容，能够激发 AIGC 工具的层级推理模块，从而直接进入流程分析模式，进而更顺畅地理解任务的流程。

例如：我是一名产品经理，请你帮我写一份 AI 编程产品的需求文档。

　　1. 用户痛点调研

　　2. 市场竞品调研

3. 结合竞品信息至少提出 3 个核心需求

4. 根据核心需求进行产品功能设计

该例子清晰展示了按逻辑顺序组织提示词的方法，这种方法可以引导 AIGC 工具聚焦流程分析，输出更符合用户预期的内容。

3. 细节化

细节化的提示词能够帮助 AIGC 工具生成更符合用户期望的内容。增加细节可以让 AIGC 工具更准确地知道用户的需求，缩小其搜索和思考的范围，更有针对性地处理用户需求，从而提高回答的效率和准确性。

AI 模型在训练过程中会学习大量的具体实例和相关知识，这些可以看作是它的"记忆库"。当输入的细节与模型记忆库中的某些实例相匹配或相关时，就有可能激活相关的记忆，使 AIGC 工具能借鉴这些已有的经验和知识来生成回答，从而提升回答与用户问题的相关性。

提示词的细节化主要表现在以下几个方面。

- 具体参数：明确指出生成内容的具体参数，如文本字数、语言风格、视频时长等。
- 背景信息：提供任务的背景信息，帮助 AIGC 工具更好地理解任务的上下文。
- 情感和风格：设定生成内容的情感和风格，使 AIGC 工具能够生成符合特定氛围的内容。

例如，"请你生成一张以端午为主题的海报，画面中心是一个巨大的粽子，粽叶翠绿光滑，粽子从侧面切开，露出金黄的糯米，透出暖黄色灯光。Q 版小人围坐吃粽子，表情生动，桌上还有雄黄酒和咸鸭蛋。整体 3D 渲染，光线柔和，展现端午团圆氛围，比例为 3∶4。"

4. 引导性

具有引导性的提示词通过提供明确的指导和方向，引导 AIGC 工具生成更符合特定风格或方向的内容。提示词的引导性体现在以下两个方面。

- 指定角色：明确 AIGC 工具在生成内容时所扮演的角色，能生成更符合特定语境的内容。
- 提供方向：帮助 AIGC 工具理解生成内容的背景和用途，引导其生成更符合实际需求的内容。

例如，"请你以一位自媒体博主的身份，写一篇适合在小红书分享的短文，主题为环保。"

 课堂讨论

假设你在 AIGC 工具中输入提示词"帮我写一篇关于环保购物袋的推广文章"，但生成的内容过于笼统。你会如何调整提示词，使输出的内容更符合你的需求？

任务实施：分析 AIGC 工具的示例提示词

1. 任务目标

通过分析 AIGC 工具的示例提示词，了解提示词的作用、关键要素及设计原则，掌握如何通过合理的提示词设计引导 AIGC 工具生成高质量的内容，提升对 AIGC 工具的使用效率和效果，增强对 AIGC 技术在网络营销等领域应用的认识和实践能力。

2. 实施步骤

（1）收集 AIGC 工具示例提示词

选择几款主流的 AIGC 工具，如 DeepSeek、文心一言、豆包、即梦 AI 等，访问这些工具的官方网站、社交媒体群组或专业教程，收集各类成功引导 AIGC 工具生成高质量内容的提示词示例。注意记录提示词的具体内容、应用场景及生成效果。

（2）分析提示词的结构和特点

对收集到的提示词进行结构分析，识别其包含的要素，如主题描述、风格要求、细节补充等。总结有效提示词的共同特点，如包含的关键要素及设计原则等。

（3）实践设计与优化提示词

基于分析结果，尝试模仿并设计自己的提示词，可以针对特定的内容进行创作，如设计一张节日促销海报，根据需求设计相应的提示词。观察生成的内容是否符合预期，根据生成结果调整提示词，以优化生成效果。

（4）总结与分享

根据实践过程中的观察与体会，总结设计有效提示词的关键要素和技巧，并将自己的体会形成报告或文章，在班级内进行分享，共同提升 AIGC 工具的应用水平。

任务小结

本任务深入探讨了 AIGC 提示词的相关知识，旨在帮助读者更好地掌握与 AIGC 工具沟通的技巧。提示词的作用在于精准传达用户的创作意图，引导 AIGC 工具生成符合用户需求的内容，从而提升创作效率与质量，其关键要素包括清晰的指令、丰富的上下文、明确的输出格式，以及特定的角色设定，这些要素共同确保 AIGC 工具能够准确理解并执行任务。在设计提示词时，应遵循清晰性、结构化、细节化和引导性的原则，以优化生成结果。

任务三　高效地向 AIGC 工具提问

知识储备

在 AI 时代，高效提问是激发 AIGC 创造力的关键。高效提问不仅能提升内容质量，还能推动营销策划的创新与突破。明确目标、设定限制、拆解任务、运用思维链、提供参考资源，以及动态反馈与优化，这些策略将帮助用户更好地引导 AIGC 工具，使其生成的内容更贴合需求，为网络营销带来高效与精准的解决方案。

一、设定明确的目标

设定明确的目标是高效提问的基础，能引导 AIGC 工具精准输出符合需求的内容。用户通过以下方法可以显著提升问题的清晰度，减少 AIGC 工具的"猜测成本"，从而输出更符合预期的结果。

1. 聚焦核心需求

在设计提示词时，要清晰定义任务的本质，避免泛泛而谈，精准的指令能够显著提升 AIGC 工具生成内容的效率。用户可以通过"动词+核心对象"的方式，如以"撰写""设计"

"优化""分析"等动词开头，明确动作类型，聚焦核心需求。

例如，要写一篇科普文章，不能只说"写一篇计算机科普文章"，而应该精准表达，如"撰写一篇关于量子计算机原理的科普文章，需包含基础概念和应用场景"。

2. 结果导向描述

在提示词中要明确表述输出形式，如文本、代码、表格，还要说明最终用途，如商业推广、学术研究，确保内容与应用场景适配。例如，写一份报告时可以这样写提示词："撰写一份面向投资者的新能源汽车行业分析报告，以 PPT 形式呈现。"

对于特定格式或者语言风格的文案，要明确描述对输出结果的要求。例如，"请总结《纳瓦尔宝典》的核心内容，要制作成思维导图，以 markdown 的格式呈现给我。"这样能够防止 AIGC 工具输出"通用型"内容，提升回答的实用性。

3. 量化指标

在设置提示词时，要通过具体数值或规则限制输出范围，避免结果失控。量化指标可以通过设定硬性限制来实现，如字数、条目数、时间范围等，也可以补充软性要求，如风格倾向（如语言简洁、逻辑严密等）、情感基调（如积极乐观、客观中立等）。这不仅有利于提升输出质量，还能提高工作效率，确保结果符合预期。例如，"创作 10 条针对年轻女性的护肤品广告语，每条不超过 15 字，要突出'天然成分'的卖点。"

4. 避免模糊表达

模糊表达会导致 AIGC 工具不能理解用户的真实需求，增加输出偏差。因此，要将抽象、主观的表述转化为具体、可执行的指令，避免使用"随便""大概""差不多"这样的模糊指令。此外，还可以通过添加背景信息，如目标用户、使用场景、核心诉求等，降低 AIGC 工具的"理解成本"，确保输出结果符合预期。

例如，"撰写一篇面向小学生的环保主题故事，需包含垃圾分类知识，语言生动活泼，字数控制在 600 字以内。"

二、设定限制条件

设定限制条件是引导 AIGC 工具精准输出的核心策略，通过明确角色、风格、思维路径及排除项，可避免输出内容泛化或偏离目标。

1. 角色身份

在设置提示词时，可以指定 AIGC 工具扮演特定角色，如律师、营养师、科技博主等，让 AIGC 工具以专业视角输出内容，能够确保输出结果符合专业标准或场景需求。如果要求 AIGC 工具以"心理咨询师"的身份撰写情绪管理建议，输出结果则能自动融入专业术语和心理疏导技巧；如果设定 AIGC 工具为"小红书家居博主"，它则会倾向使用口语化表达，并结合生活化案例输出结果。例如，"以注册营养师的身份，针对高血压患者设计一周低钠食谱，需标注每餐营养成分。"

另外，在赋予 AIGC 工具特定身份时，要注意角色与任务的一致性。例如，要避免以"历史学家"的身份分析科技趋势这样的逻辑冲突。

2. 风格限定

风格限定直接影响内容的感染力与传播效果。我们可以根据目标受众与平台特性选择不同的文体风格和语言风格，如幽默风趣、严谨学术、温情治愈等。明确风格可避免 AIGC 工具输出"四不像"内容，使输出结果符合特定场景需求。

可以通过关键词，如"用东北话""模仿鲁迅文风""逻辑严谨""数据支撑"等引导 AIGC 工具输出更精准的文本。例如，"以文艺青年风格撰写一篇大理旅游攻略，语言诗意化，包含小众景点和深度体验建议。"

3. 思维模式

思维模式可以约束 AIGC 工具的思考路径，确保内容结构清晰或富有创新性。通过指定分析框架（如"SWOT""5W1H"）或创新方法（如"逆向思维""类比法"），可提升输出的系统性与独特性。这种方式尤其适用于复杂问题，能避免 AIGC 工具陷入表面化讨论。例如，"用'蓝海战略'思维分析一款智能手表的差异化卖点，需对比竞品并提出创新方向。"

4. 排除范围

设定排除范围能过滤不符合需求的内容，降低 AIGC 工具的"试错成本"。例如，在提示词中明确禁止项（"不要使用比喻""避免政治敏感话题"）或设定格式限制（如"不分点""无表格"），可确保输出结果聚焦核心目标。例如，"提供 5 条提升职场沟通能力的实用建议，需基于心理学原理，避免鸡汤文，每条建议附带一个具体案例。"这种方法能降低内容风险，如指定"不引用未公开数据"可避免侵权问题。

三、拆解复杂任务

拆解复杂任务是通过将大任务分解为可管理的子任务，并明确优先级与示例，以降低 AIGC 工具的理解难度与执行偏差。

1. 模块化分解

模块化分解是将复杂任务拆解为逻辑清晰的子任务，使 AIGC 工具能分阶段完成。具体分解方法如下。

- 逻辑分层：按任务内在结构划分模块，如"市场调研"可拆解为"收集数据→分析趋势→撰写报告"。
- 独立性原则：确保子任务相对独立，减少任务之间的依赖关系。例如，在"设计 App"时，"UI 设计"与"后端开发"可并行。
- 颗粒度控制：子任务要足够具体，避免模糊不清。例如，"优化用户体验"可细化为"缩短加载时间至 1 秒内""增加操作引导提示"。

例如，将"策划一场营销活动"分解为："第一步：确定活动目标（如拉新 1000 人）。第二步：设计活动形式（如裂变抽奖）。第三步：制订执行计划（时间、预算、分工）。第四步：撰写宣传文案。"

2. 优先级排序

优先级排序是根据子任务的重要性与依赖关系确定执行顺序，避免逻辑混乱或资源浪费。可以通过以下方法进行优先级排序。

- 依赖关系识别：明确子任务的前置条件。例如，"制作宣传视频"需先"完成脚本撰写"，然后"拍摄素材"，再"进行视频剪辑"。

- 关键路径法：聚焦影响最终结果的核心任务。例如，"开发产品"的关键路径是"原型设计→用户测试→迭代优化"。
- 紧急一重要矩阵：区分"紧急且重要"，如"修复系统漏洞"，"重要不紧急"，如"长期战略规划"等任务类型。

例如，项目管理这种复杂任务的提示词可以这样写："第一阶段：需求调研（3天）。第二阶段：原型开发（5天）。第三阶段：用户测试与上线（2天）。"

内容创作的提示词可以这样写："先撰写文章大纲，再填充案例与数据，最后润色语言。"

3. 示例引导

示例引导是通过具体案例说明子任务的要求，帮助 AIGC 工具快速掌握执行标准，具体操作方法如下。

- 结构化模板：使用固定格式描述子任务。例如，"按以下结构输出：（1）问题描述；（2）解决方案；（3）实施步骤。"
- 量化标准：明确输出数量、格式或质量要求。例如，"设计5条符合品牌调性的短视频脚本，每条时长 15~30 秒，需包含产品亮点与用户痛点。"
- 对比示例：通过正反案例说明要求。例如，"广告语需简洁有力（如'怕上火，喝王老吉'），避免冗长（如'本产品具有清热降火的功效，适合夏季饮用'）。"

例如，如果提示词的目的是"优化产品介绍"，可以这样提供示例引导："第一步：提取产品核心功能（如'快速充电''防水设计'）；第二步：使用用户场景描述功能（如'通勤路上10分钟充满电'）；第三步：对比竞品突出优势（如'比同类产品充电速度快30%'）。"

课堂讨论

如果让你借助 AIGC 工具策划一场"6·18 电商大促"活动，但需求较为复杂（包括活动主题、促销方案、广告文案、海报设计等）。你会如何拆解任务，以便更高效地向 AIGC 工具提问？

四、使用思维链

思维链（Chain of Thought，CoT）是提升 AIGC 工具输出质量的关键策略，通过模拟人类逐步推理的过程，帮助模型拆解复杂问题，整合多维度信息。

1. 展示思考过程

展示思考过程是将 AIGC 工具的推理步骤显性化，使用户或开发者能追踪其决策路径。展示思考过程的方法如下。

- 问题拆解和分步推导：要将复杂问题分解为多个逻辑步骤，让 AIGC 工具按顺序逐步分析。例如，解答"如何优化城市交通拥堵"时，可引导 AIGC 工具先分析拥堵原因（如车辆增加、道路规划不足等），再推导解决方案（如优化公共交通、实施限行政策等），最后评估方案的可行性，避免笼统回答。
- 引入中间推理步骤：要在问题与答案间插入思考过程，例如，求解数学题时，不仅要给出最终答案，还要呈现公式推导、条件分析等中间步骤，帮助模型理解逻辑关联，增强推理的连贯性。

2．引导深入思考

引导深入思考是通过提问、假设或反例推动 AIGC 工具超越表面分析，触及问题核心，具体方法如下。

- 批判性提问：质疑初始假设，例如，"现有方案是否忽略了长期影响？"
- 多维度分析：从不同视角审视问题（如用户、企业、行业）。
- 反例验证：通过极端案例测试结论的普适性，例如，"若用户完全流失，现有策略是否有效？"

例如，输入提示词"增加广告投放可提升品牌知名度"，在引导 AIGC 工具深度思考时可以这样提问："（1）广告投放的投资回报率（Return on Investment，ROI）如何？是否会导致成本过高？（2）是否有替代方案［如口碑营销、KOL（Key Opinion Leader，关键意见领袖）合作］？（3）长期依赖广告是否会影响品牌形象？"

3．调整思维方向

调整思维方向是当 AIGC 工具陷入固定模式或错误路径时，通过干预引导其探索新方向，具体方法如下。

- 打破常规：引入非常规思路，如"逆向思维""类比迁移"。
- 反馈修正：根据输出结果调整提示词，例如，"避免重复已有方案，尝试全新切入点。"
- 多方案对比：要求 AIGC 工具生成多个对立方案，如"保守型 vs 激进型"，再综合评估。

例如，若 AIGC 工具在"设计新产品"时始终围绕现有功能迭代，可提示"考虑跨界融合（如'智能穿戴+健康监测'）或颠覆性创新（如'从工具型转为服务型'）"。

五、提供参考资源

在撰写 AIGC 提示词时，用户提供的参考资源能够帮助 AIGC 工具更准确地理解用户的意图，从而生成更贴合用户期望的内容。

在提供参考资源时，可以参考以下方法。

1．引用示例

在向 AIGC 工具提问时，引用实际的文本片段能够帮助 AIGC 工具更精准地把握问题的背景和需求。例如，"请你写一句护肤品的推广文案，可以参考下面这个示例：'这款精华液富含多种植物萃取成分，能深层滋养肌肤，让干燥肌肤重焕水润光泽，使用后肌肤触感细腻柔滑，仿佛喝饱了水，焕发自然透亮光彩。'"

通过学习引用示例，AIGC 工具可以更准确地理解文案的风格和核心信息，从而生成更符合需求的优化版本。

2．阐述示例的结构与特点

在向 AIGC 工具提供示例时，要明确示例的结构和特点，这有助于 AIGC 工具更高效地理解和应用这些资源。例如，在生成旅游目的地宣传文案时，可以提出以下要求，"请以景点特色罗列+旅行体验描绘+行动号召的结构生成文案，示例如下：漫步在丽江古城的青石板路上，听潺潺流水，赏纳西风情建筑；登上玉龙雪山，感受云海翻涌！这个假期，来丽江邂逅诗与远方！"这种结构化的示例可以帮助 AIGC 工具更好地理解文案的各个组成部分，从而生成更完整、更有逻辑性的文案。

还可以使用 AIGC 工具总结示例的内容结构、特点、语言风格等，根据这些特征生成特定的文案。例如，"以下是我给你的 3 个小红书爆款笔记标题，请你总结标题的共同点，然后生成 3 个类似的标题：（1）打卡欧洲童话小镇，浪漫拉满。（2）完全沦陷，想把每一个字每一句话都摘抄下来。（3）太自卑太敏感，请你一定逼自己读完这本书。"

3．对比不同示例

通过对比不同示例，可以更清晰地展示 AIGC 工具生成的内容效果和优化方向。例如，"'超极本系列'轻薄便携且拥有长效电池续航，非常适合经常出差的商务人士；而'游戏本系列'则以其强劲的配置和优秀的散热系统，成为游戏玩家的不二之选。"这种对比能更清晰地展示不同笔记本电脑的定位和目标用户，帮助 AIGC 工具生成更符合特定需求的推广文案。

4．结合具体场景说明示例

在不同的网络营销场景中，提供与场景相关的示例能帮助 AIGC 工具生成更贴合实际需求的内容。

- 电商促销：侧重竞品价格对比、历史销量数据，如"比'6·18'的价格还要优惠 10%"。
- 品牌"种草"：依赖用户生成内容、KOL 合作案例，如"参考'@×××'直播间的话术结构"。
- 事件营销：需结合热点事件关联数据，如世界杯期间引用"球迷熬夜观赛场景"。

六、动态反馈与迭代优化

动态反馈与迭代优化是提升 AIGC 工具生成内容质量的关键环节，通过及时的反馈和持续的优化，可以确保 AIGC 工具生成的内容更贴合用户需求，从而提高工作效率和内容质量。

1．反馈类型

反馈类型一般有结果反馈和过程反馈两种。

（1）结果反馈

结果反馈是直接指出 AIGC 工具生成内容的具体问题。这种方式可以帮助 AIGC 工具快速定位问题，从而进行针对性的调整。例如，如果 AIGC 工具生成的营销文案缺乏行动号召力，用户可以直接指出："文案缺乏行动号召力，需要增加引导用户采取行动的内容。"

假设 AIGC 工具生成了一段产品介绍文案："我们的智能手表具备多种运动监测功能，可以实时记录您的运动数据。"用户可以给出结果反馈："文案缺乏情感连接和行动号召，用户可能会觉得冷漠。请增加一些鼓励用户购买的内容。"

接受反馈后，AIGC 工具可能会生成优化后的文案："我们的智能手表不仅具备多种运动监测功能，还能实时记录您的运动数据，帮助您更好地管理健康。现在下单即可享受优惠，开启您的健康生活！"

（2）过程反馈

过程反馈是指用户根据 AIGC 工具的初步输出调整提问策略或提供更多信息，以引导 AIGC 工具生成更符合用户需求的内容。这种方式能帮助 AIGC 工具更好地理解用户的需求背景和具体要求。例如，可以指出"增加用户画像细节后重新生成"。

假设 AIGC 工具生成了一段针对年轻女性的护肤品文案："我们的护肤品可以改善肌肤状况，让您的皮肤更加健康。"用户认为生成的内容较为普通，可以给出过程反馈："增加用户画像细节，如目标受众是 25~35 岁的年轻女性，注重天然成分和环保理念，请在此基础上重新生成文案。"

接受反馈后，AIGC 工具可能会生成更贴合目标受众的文案："亲爱的女性朋友们，我们的天然护肤品专为 25~35 岁的你设计，采用 100%天然植物成分，温和呵护你的每一寸肌肤。从忙碌的日常中抽离，给自己自然的呵护，让肌肤回归纯净与活力。现在购买，还可以获得大礼包！"

2. 迭代优化技巧

常见的迭代优化技巧有分布优化和 A/B 测试两种。

（1）分步优化

分步优化是一种系统性的迭代方法，先解决核心问题，再逐步优化细节，确保生成内容的质量逐步提升。这种方法能帮助 AIGC 工具在有限的迭代次数内生成更高质量的内容。

假设用户需要生成一段产品推广文案，AIGC 工具初步生成的内容存在逻辑问题："我们的智能手表可以监测心率，帮助您更好地管理健康。同时，它还具备多种运动模式，适合各种运动场景。"

用户可以先指出核心问题："文案的逻辑不够清晰，没有突出产品的核心卖点和用户痛点，需要重新梳理逻辑。"经过调整后，AIGC 工具生成优化后的文案："想要更好地管理健康？我们的智能手表通过精准的心率监测，实时掌握您的身体状态。无论是跑步、游泳还是瑜伽，多种运动模式都能满足您的需求，让运动更科学、更高效。"

接下来，用户可以进一步优化细节："语言风格可以更活泼一些，增加一些互动性。"最终生成的文案如下："嘿，健身达人！想要更好地管理健康？我们的智能手表通过精准的心率监测，实时掌握您的身体状态。无论是跑步、游泳还是瑜伽，多种运动模式都能满足您的需求，让运动更科学、更高效。现在下单，开启您的智能健康生活！"

（2）A/B 测试

A/B 测试是一种常见的优化方法，先生成多个版本的方案，然后通过数据对比来选择最优解。这种方法可以帮助用户在多个选项中找到最适合目标受众的内容，提高内容的吸引力和转化率。

假设用户需要生成一段社交媒体广告文案，AIGC 工具生成了两个版本。

版本 A："想要健康生活？我们的智能手表通过精准的心率监测，实时掌握您的身体状态。现在下单，享受折扣优惠！"

版本 B："健身达人必备！我们的智能手表具备多种运动模式，精准监测心率，让运动更科学。立即购买，开启智能健康生活！"

用户可以将这两个版本分别发布在社交媒体平台上，通过数据分析（如点赞数、评论数、点击率等）来评估哪个版本更受欢迎。假设版本 B 的点击率更高，那么用户可以将版本 B 作为最终文案进行大规模推广。

任务实施：分析使用不同提示词生成的结果

1. 任务目标

通过分析不同提示词生成的结果，理解提示词设计对 AIGC 工具生成内容的影响，掌握如何优化提示词以提升生成效果，增强 AIGC 工具的使用效率和效果，提升在网络营销等领域的 AIGC 应用能力。

2. 实施步骤

（1）构建提示词库

围绕特定主题（如"夏季户外活动策划方案"）设计一系列具有差异性的提示词，涵盖不同侧重点（如活动类型、目标受众、预算限制等），形成提示词库。注意记录每个提示词的具体表述、设计意图及预期目标。

（2）执行生成任务

使用同一 AIGC 工具（如 DeepSeek），依次输入提示词库中的提示词，执行生成任务。记录每次生成的内容，包括生成内容的主题、风格、细节丰富度等，并对比不同提示词生成结果的差异。

（3）分析生成结果

对生成的每个结果进行详细分析，评估其与提示词的契合度，内容的创新性、实用性及逻辑性。总结不同提示词在引导 AIGC 工具生成内容时的优势与不足，识别影响生成结果质量的关键因素。

（4）优化提示词设计

基于分析结果，对提示词设计进行迭代优化，尝试结合所学的提示词的技巧（如设定明确目标、设定限制条件、拆解复杂任务等）设计更加精准、高效的提示词。重新执行生成任务，观察优化后的提示词对生成结果的提升效果。

（5）总结与分享

根据实践过程中的观察与体会，总结设计有效提示词的关键策略与技巧，形成分析报告。在团队或班级内进行分享，讨论不同的提示词设计思路对生成结果的影响，共同提升 AIGC 工具的应用水平与内容创作能力。

任务小结

本任务系统地学习了多种向 AIGC 工具提问的实用技巧。先明确设定目标，聚焦核心需求并量化结果，避免模糊表达；再合理设定限制条件，从角色身份到思维模式全方位界定。同时，通过拆解复杂任务、运用思维链，引导 AIGC 工具精准理解问题。同时，提供参考资源，帮助用户获得更符合需求的内容，最后利用动态反馈不断迭代优化。本任务旨在帮助用户提升与 AIGC 工具的交互效率，以获得更优质的内容。

任务四　认识智能体

知识储备

在数字化浪潮席卷网络营销领域的今天，企业面临着用户需求多变、内容生产效率低、营销精准度不足等诸多挑战。AIGC 技术的兴起为网络营销行业带来了全新的解决方案，而智能体作为 AIGC 领域的关键要素，正逐渐成为网络营销创新与变革的核心驱动力。它凭借强大的智能处理能力与灵活的交互特性，为网络营销带来了无限可能。

一、智能体概述

智能体是指能自主执行任务的 AI。传统的 AI 主要依靠用户输入指令，而智能体可以自主思考、决策，并执行复杂的任务，可以独立完成多步操作。智能体和传统 AI 的区别如表 2-2 所示。

表 2-2　智能体和传统 AI 的区别

对比维度	智能体	传统 AI
工作方式	自主分析问题，执行多步任务	需要人类逐步引导，单轮对话
目标设定	只需提供目标，智能体可自行拆解任务	需要手动输入每个步骤
执行能力	可调用工具，访问互联网，处理复杂任务	只能回答问题，无法自主执行任务
主要功能	任务规划、自动化办公、代码编写	信息查询、文本生成

智能体在各类场景中发挥重要作用，成为数字化时代的得力助手，主要依靠以下关键能力。

1. 自主规划

自主规划是智能体将用户输入的复杂需求依据内在算法和逻辑拆解为可执行的多个步骤，并有序推进的能力。例如，当用户提出"策划一场以环保为主题的校园活动"时，智能体可先将其拆解为确定活动目标与主题细节、制定活动流程、规划宣传方案、预算规划、人员分工等步骤。

接着，智能体自动进行各步骤的细化，例如，在确定活动目标时，明确"吸引 80% 以上的学生参与""普及环保知识"等具体指标；制定活动流程时，安排活动开场、主题演讲、互动游戏、环保倡议签名等环节，从而高效地完成从需求到执行计划的转化。

2. 记忆与上下文管理

记忆与上下文管理赋予智能体记住过往交互信息和任务进度，实现连贯、长期交互的能力。在一个长期的产品研发需求沟通中，用户先提出产品的基本功能需求，智能体记录后进行初步方案规划。后续在用户补充对产品外观风格、目标用户群体的要求时，智能体能够基于之前的记忆，将新需求融入方案，而不是重新开始生成方案。并且在整个研发过程中，智能体能够持续记录每次沟通的要点、任务完成进度，当用户询问时可准确回顾和反馈，保证沟通和任务推进的流畅性。

3. 工具调用

工具调用能力让智能体可连接外部搜索引擎、数据库、API 等工具，整合多方资源完成复杂任务。例如，在市场调研场景中，智能体接到"分析某新能源汽车品牌市场竞争力"的任务，它能自动调用搜索引擎获取行业新闻、竞争对手动态等公开信息；调用专业数据库获取销售数据、用户评价数据；通过 API 接入统计分析工具，对收集到的数据进行清洗、整理和可视化分析，最终形成全面的市场调研报告，展现该品牌在技术、价格、用户口碑等方面的竞争力情况。

4. 自动执行

自动执行意味着智能体可在特定领域无需人工干预，自主完成从任务启动到结束的全流程操作。以网络营销领域为例，当用户向智能体下达"针对新品蓝牙耳机制定并执行全网营销推广方案，提升产品曝光度与销量"的指令后，智能体首先自动调用大数据分析工具，调研当前蓝牙耳机市场趋势、消费者偏好及竞品营销策略，确定目标受众和核心卖点。

接着，智能体自主规划多渠道推广策略，在社交媒体平台自动生成图文、短视频等创意内容，结合热门话题标签发布，并根据平台算法规律选择最佳发布时间；在搜索引擎营销方面，智能体自动优化关键词，投放广告并实时监测点击率和转化率，动态调整出价策略。

在推广过程中，智能体持续收集各渠道数据，分析用户反馈和营销效果，若发现某个平台的转化率较低，立即自主调整该平台的投放内容和策略。最终，智能体完成从方案制定、执行到效果优化的全流程操作，直至达成提升产品曝光度与销量的营销目标。

二、国内主流的智能体平台

目前，国内主流的智能体平台主要有以下几个。

1．百度文心智能体平台

百度文心智能体平台依托百度深厚的人工智能技术积累，提供多样化的开发模式，如零基础自然语言创建功能和数字形象一键配置；依托百度庞大的知识图谱实现知识增强，具备强大的知识与数据处理能力，还汇聚了各类专业工具插件，打通了多场景、多设备分发渠道，是"开发+分发+运营+变现"一体化的赋能平台。该平台内的知名智能体有文心一言、化小易等。

2．阿里巴巴魔塔智能体平台

阿里巴巴魔塔智能体平台深度扎根于电商、物流等核心业务场景，并稳步向其他行业拓展，与淘宝、天猫、阿里云等产品深度融合，对电商业务全流程提供智能客服、商品推荐、营销活动策划等全方位智能服务，在智能体设计与运行中融入严格的安全机制，确保电商交易安全。该平台内的知名智能体包括淘宝智能客服、天猫商品推荐智能体、菜鸟物流智能调度体等。

3．腾讯元器智能体开放平台

腾讯元器智能体开放平台秉持开放合作理念，依托腾讯在社交领域的显著优势，推动智能体在多领域的应用创新发展，尤其与腾讯社交产品（如微信）的整合成果斐然。该平台支持文本、语音、图像等多模态交互方式，借助腾讯社交平台的庞大用户基数与完善生态实现社交化传播。该平台内的知名智能体有微信智能聊天机器人、腾讯游戏智能助手、腾讯广告智能推荐体等。

4．字节跳动扣子 AI 平台

字节跳动扣子 AI 平台依托字节跳动在算法、数据等方面的突出优势，致力于构建通用、高效的智能体开发平台，主要在字节跳动自身产品生态（如今日头条、抖音等）内探索应用场景。该平台的智能体在内容创作领域表现卓越，提供零代码可视化开发功能，搭配多种智能插件一键调用，支持跨平台部署并集成顶尖大模型，应用工作流引擎可实现复杂任务自动编排。该平台内的知名智能体有新闻助手、英语陪练、虚拟助教等。

三、智能体在网络营销中的应用

智能体在网络营销中有着广泛而深入的应用，在不同环节有以下具体体现。

1. 市场调研与分析

智能体可自动访问各类数据源，包括社交媒体平台、行业报告网站、电商平台等，收集市场趋势、消费者行为、竞争对手动态等信息。例如，通过监测社交媒体上的热门话题和用户讨论，智能体可以及时了解消费者对特定产品或服务的兴趣点和需求变化。

利用机器学习和自然语言处理技术，智能体能够对收集到的大量数据进行分析和挖掘。它可以识别数据中的模式、趋势和关联，提取有价值的信息，如消费者的偏好、购买意愿、市场细分等。例如，智能体可以分析消费者的评论和反馈，判断他们对产品的满意度和改进建议，为营销决策提供依据。

2. 目标用户定位

智能体根据收集到的用户数据为不同的目标用户构建详细的用户画像，包括用户的年龄、性别、兴趣爱好、消费习惯、地理位置等信息。通过对用户画像的分析，营销人员可以更好地了解目标用户的特点和需求，从而制定更精准的营销策略。

基于用户画像，智能体可以帮助企业实现精准营销。它可以根据用户的兴趣和行为将合适的产品或服务推荐给目标用户。例如，在社交媒体平台上，智能体可以根据用户的关注列表和浏览历史向他们推送相关的广告和内容，提升营销效果和转化率。

3. 营销内容创作

智能体能够生成各种类型的营销文案，如产品描述、广告文案、社交媒体文案等。它可以根据品牌的风格以及目标用户的特点，生成具有吸引力的文案内容。例如，智能体可以分析竞品的广告文案，结合自身产品的优势，生成更具竞争力的宣传语。

除了文案生成外，智能体还可以参与营销内容的创意设计。它可以生成图片、视频、海报等视觉内容，或者为设计师提供创意灵感和建议。例如，智能体可以根据产品的特点和目标用户的喜好推荐合适的色彩搭配、图像风格和视频脚本。

4. 营销渠道选择与管理

智能体可以评估不同营销渠道的效果和潜力，帮助企业选择最适合的渠道进行推广。它可以分析各个渠道的用户流量、转化率、成本等指标，为企业提供决策参考。例如，智能体可以通过分析社交媒体平台的用户数据，判断哪个平台更适合推广某类产品。

在营销活动执行过程中，智能体可以帮助企业管理不同的营销渠道。它可以自动发布内容，监测渠道效果，及时调整策略。例如，智能体可以根据社交媒体平台的算法变化自动调整帖子的发布时间和内容形式，以提高曝光率和互动率。

5. 营销活动策划与执行

智能体可以协助企业策划各种营销活动，如线上促销活动、线下体验活动、社交媒体互动活动等。它可以根据目标用户的特点和市场趋势提供活动创意和方案，并制订详细的执行计划。例如，智能体可以根据节日和热点话题策划与之相关的营销活动，吸引用户参与。

在营销活动执行过程中，智能体可以实时监控活动的进展情况，收集用户反馈和数据，及时发现问题并进行调整。例如，智能体可以监测线上促销活动的参与人数、销售额等指标，当发现活动效果不理想时，自动调整促销策略或优化活动页面。

6. 客户服务与关系管理

智能体可以作为智能客服，及时回答客户的咨询和问题。它可以理解客户的问题意图，提供准确的答案和有效的解决方案。智能客服还可以自动转接复杂问题给人工客服，提高客户服务效率和质量。

通过分析客户的历史数据和行为，智能体可以帮助企业维护客户关系。它可以定期向客户发送个性化的问候、优惠信息和产品推荐，保持与客户的互动和联系，提升客户的满意度和忠诚度。

课堂讨论

你认为智能体在网络营销中的广泛应用，是否会取代部分人工岗位？请结合你的观察谈谈自己的看法。

四、创建一个网络营销智能体

智能体将成为 AI 场景落地的最基本的应用，随着各平台对智能体功能的不断迭代，现阶段智能体具有门槛低、天花板高的特点，既能让人人都上手，又能通过复杂的操作做出强大的应用。

创建一个网络营销智能体

按照属性划分，智能体大致覆盖了角色、工具、行业、职场、情感、娱乐等各类场景，但其实底层搭建方法是一致的。下面一起学习如何搭建属于自己的智能体，以文心智能体平台来举例。

1. 进入文心智能体平台

进入文心智能体平台 AgentBuilder，单击"创建智能体"按钮，如图 2-10 所示。

图 2-10　进入文心智能体平台

2. 快速创建智能体

进入"快速创建智能体"页面，在当前页面中输入智能体名称和设定，单击"立即创建"按钮，如图 2-11 所示。

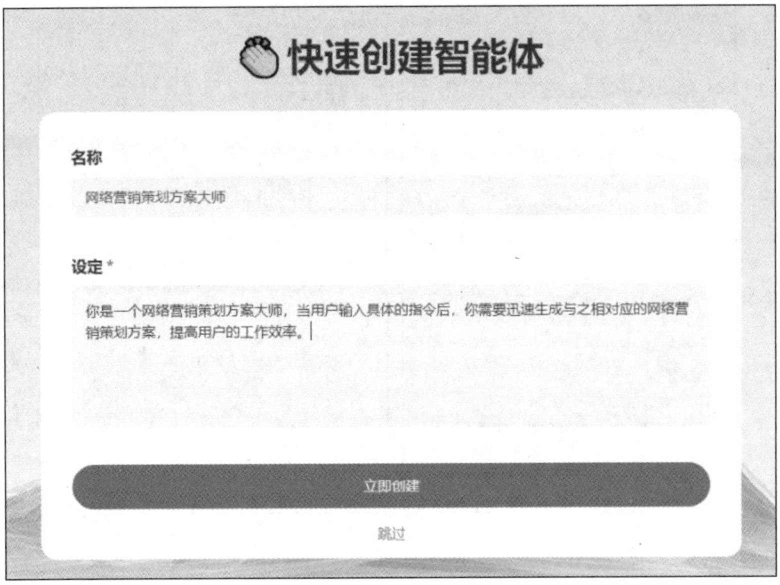

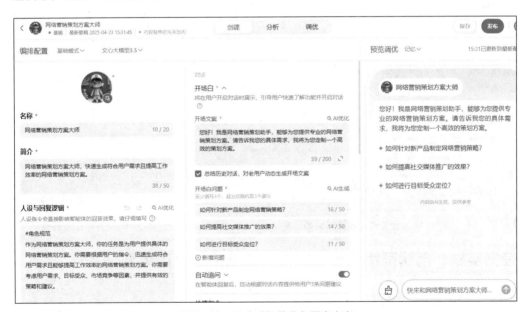

图 2-11　快速创建智能体

3．AI 生成智能体各要素内容

AI 会根据智能体的名称和设定生成其他要素的内容，包括头像、开场白、人设与回复逻辑等，如图 2-12 所示。

图 2-12　AI 生成智能体各要素内容

4．预览调优

在与智能体进行对话或编辑表单时，右侧的预览页面会根据配置的更新实时进行调整。用户可以随时通过右侧模拟对话来测试效果（见图 2-13），若发现测试效果不能满足要求，可继续调整相关设置。

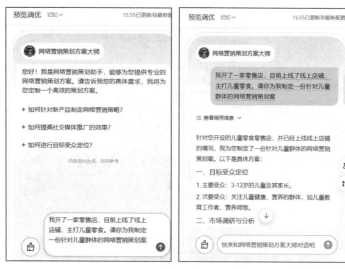

图 2-13　预览调优

5. 设置访问权限和选择部署平台

确认没有问题后，即可单击"发布"按钮，然后设置智能体的访问权限，选中"公开访问与配置"单选按钮，并选择部署平台（见图 2-14），通过点击授权后，填入开发者 ID，使用微信扫描二维码完成授权。

6. 发布智能体

最后，再次单击"发布"按钮，页面显示"发布成功"，如图 2-15 所示。

图 2-14　设置访问权限和选择部署平台

图 2-15　智能体发布成功

任务实施：创建网络营销智能体，辅助网络营销策划

1. 任务目标

通过实施本任务，能够阐述智能体的核心概念、基本特征及运行机制，区分不同类型的智能体在功能和应用场景上的差异。熟练掌握至少两个国内主流智能体平台的操作方法，独立完成一个网络营销智能体的创建，并将其应用于实际营销场景。

2. 实施步骤

（1）准备阶段

回顾智能体概述部分的内容，为实践操作奠定理论基础。根据国内主流智能体平台的介绍，选择 2~3 个感兴趣的平台，在计算机或移动设备上完成注册和账号登录。同时，检查网络环境，确保平台访问和操作的流畅性。

针对网络营销中的常见需求（如产品推广、品牌宣传、用户互动等），收集相关的背景资料，包括产品信息、目标用户画像、营销目标等，为后续智能体的创建和应用提供素材。

（2）智能体平台操作实践

进入所选的智能体平台，熟悉平台的功能模块和操作界面。尝试使用基础功能，如文本生成、数据分析、图像创作等，观察智能体的响应状况和输出结果。

根据收集的营销资料，利用智能体平台完成具体任务。例如，使用智能体生成产品推广文案，设计社交媒体海报，分析用户反馈数据等。在操作过程中，记录遇到的问题和解决方案，加深对智能体功能的理解和掌握。

（3）创建网络营销智能体

明确网络营销智能体的具体应用场景和目标，如提高产品销量、增加品牌曝光度、提升用户参与度等，根据目标确定智能体需要具备的功能和能力，制订详细的创建计划。

结合所学知识和所选平台的特点完成网络营销智能体的创建，然后对创建的智能体进行全面测试，模拟不同的营销场景和用户需求，检查智能体的响应速度、输出内容质量、功能完整性等。根据测试结果对智能体进行优化和调整，解决存在的问题，确保其能稳定、高效地运行。

（4）成果展示与评价

以小组为单位（也可个人展示），通过 PPT 演示、实际操作等方式，展示创建的网络营销智能体及其应用成果，详细介绍智能体的功能、特点和应用场景。

其他小组或同学对展示成果进行提问、评价和建议，共同探讨智能体在网络营销中的应用优势、存在问题及改进方向。

教师根据学生的任务完成情况、实践操作能力、创新表现等方面进行综合评价，肯定优点，指出不足，并对整个任务实施过程进行总结，强调重点知识和技能，为后续学习和实践提供指导。

任务小结

本任务深入探讨了智能体在网络营销与策划中的应用。首先，对智能体的概念、特点及发展现状进行了阐述，帮助读者建立初步的认知。接着，介绍了国内主流智能体平台，包括其特色功能与应用场景，为后续实践提供参考。随后，深入探讨了智能体在网络营销中的多维度应用，如精准营销、客户服务等，展示了其巨大的潜力。最后，通过指导创建一个网络营销智能体，使读者亲身体验智能体的创建与应用过程，并加深理解。

综合实训：使用 AIGC 工具生成丽江古城旅游宣传语

一、实训目标

掌握 AIGC 工具的文本生成功能及其应用方法，理解设计 AIGC 提示词的重要性，以及 AIGC 工具在网络营销中的实际应用价值，提升对 AIGC 工具的熟练运用能力，培养创新思维。

二、实训思路

1. 选择 AIGC 工具

选择一个适合文本生成的 AIGC 工具，如 DeepSeek、文心一言等，生成丽江古城的旅游宣传语。

2. 设计提示词

根据丽江古城的特色和旅游宣传的需求，参考提示词的关键要素"指令+上下文+输出格式+角色"来设计提示词。

3. 生成宣传语

将设计好的提示词输入 AIGC 工具中，生成多个与丽江古城相关的旅游宣传语，从生成结果中筛选出最具有创意和吸引力的宣传语。

4. 优化调整

进一步优化生成的宣传语，可以继续调整提示词，重新生成宣传语，直至达到满意的效果。

三、实训总结与反思

总结本次实训的成果，包括最终生成的宣传语是否符合预期要求，AIGC 工具在文本生成中的优势，分享实训过程中遇到的问题及解决方法，以及使用 AIGC 工具的经验和技巧。

四、实训评估

过程评价：通过观察学生设计提示词的过程，检查其是否遵循提示词设计原则，是否能够根据反馈进行调整。

成果评价：评价生成的旅游宣传语的质量、创意性和吸引力。

自我评价：反思自身在技术运用、创意构思等方面的不足，以及在团队协作中能否与团队成员有效沟通、分工合作。

思考题

1. 选择一款文本生成编辑类 AIGC 工具（如 DeepSeek），设计一组用于撰写电商产品详情页的提示词，要求包含产品特点、使用场景、用户评价等关键信息。

2. 用 AIGC 工具生成一张"国潮风中秋礼盒"海报时，如何设计提示词才能让 AIGC 工具准确理解"国潮风"的视觉元素（如传统纹样、色彩搭配）？请写出至少 3 个关键提示词。

3. 结合智能体在网络营销中的应用，设计一个用于目标用户定位的智能体，要求明确目标用户特征、行为习惯、偏好等信息。

PART 03

项目三
AIGC＋网络营销人货场分析

学习目标

知识目标

➢ 了解网络消费者购买行为过程及影响网络消费者购买决策的因素。

➢ 掌握 AIGC 工具在撰写网络消费者分析报告中的应用。

➢ 了解商品信息呈现的内容与提炼商品卖点的方法。

➢ 掌握 AIGC 工具辅助提炼商品卖点的方法。

➢ 掌握网络市场调研的步骤、内容和方法。

➢ 掌握使用 AIGC 工具撰写网络市场调研报告的方法。

能力目标

➢ 能够运用 AIGC 工具撰写网络消费者分析报告、提炼商品卖点。

➢ 能够利用 AIGC 工具撰写网络市场调研报告。

素养目标

➢ 不篡改数据，不伪造调研结果，保持客观、公正、诚实的态度。

➢ 以消费者为中心，学会站在消费者的角度考虑问题。

项目导图

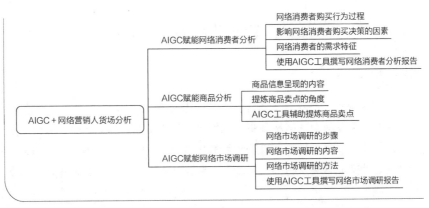

案例导入

从传统到智能：雷士照明在 AIGC 驱动下的营销蝶变

雷士照明是中国知名的照明品牌，一直致力于通过创新营销策略提升品牌的影响力和市场竞争力。在数字化营销时代，雷士照明积极拥抱新技术，通过直接面向消费者（Direct to Consumer，DTC）模式重构人货场，实现品牌与消费者的直接对话和深度互动。

案例导入

2024 年"6·18"大促期间，雷士照明与阿里妈妈营销研究中心展开深度合作，引入 AI 智能投放技术，双方共同打造 MAP 全局敏捷竞争解决方案，通过数字化手段打通全链路营销流程。这一创新合作模式聚焦于精准洞察市场需求、高效触达目标消费者、优化营销资源配置，不仅为雷士照明的营销战略升级注入新动能，还为行业商家提供了数字化转型的新范本，成为当下营销领域备受关注的焦点。

雷士照明借助 AI 算法精准定位核心目标消费者，达成人货匹配的精细化运营。从消费者购买行为的全流程来看，从最初的认识需求阶段，到广泛收集信息、审慎评估选择、果断做出购买决策，再到购后反馈与分享，雷士照明借助 AI 工具深入洞察每个环节，精准把握消费者个性化、便捷性、体验性、社交性等需求特征，以及价格敏感度等消费心理。

在商品分析方面，AIGC 工具让雷士照明的商品信息呈现更加生动形象、精准无误，能够迅速抓住消费者的眼球。同时，AIGC 工具还能有效提炼商品卖点，无论是照明产品的节能效果、使用寿命，还是外观设计、智能功能等核心优势，都能以极具吸引力的方式展现给消费者，大大增强商品的市场竞争力。

雷士照明在淘宝站内开展全渠道精细化运营，联动内容创作与直播带货，结合海量数据分析，基于算法对核心商品与竞品进行全面洞察诊断，进而制定精准的人群调优策略，优化营销资源配置。

经过一系列的营销策略优化与精细化运营操作，雷士"未来光"系列产品交易总额实现了数倍的增长，展现出强劲的销售势头。与此同时，全店新客数量较去年同期大幅增加，搜索流量也呈现出可观的增长态势，品牌市场影响力与产品吸引力进一步增强。

雷士照明的实践充分展示了 AIGC 技术在品牌营销中的潜力。它不仅实现了精准的消费者分析、优质的商品呈现和高效的市场调研，还显著提升了雷士照明的品牌竞争力和市场影响力。

启发思考

1. 雷士照明通过 AIGC 技术实现了哪些营销环节的优化？请结合案例具体说明。
2. 从雷士照明的成功实践来看，你认为 AIGC 技术会给未来的网络营销带来哪些变革？

任务一　AIGC 赋能网络消费者分析

知识储备

在网络营销的数字化变革中，网络消费者的行为模式和需求特征变得愈发复杂且多样化。通过智能追踪消费者从产生需求到购后评价的全过程，AIGC 能精准解析消费者在各决策阶段的行为特征，并量化内外部因素对消费决策的影响程度。针对网络消费者日益凸显的个性化、社交化等需求特征，AIGC 工具可自动化完成从数据采集、清洗到分析报告生成的全流程工作，显著提升消费者洞察的效率和精准度。掌握 AIGC 赋能网络消费者分析的能力，已成为数字化营销人才理解市场动态、制定精准策略的核心竞争力。

一、网络消费者购买行为过程

网络消费者购买行为过程可分为以下 5 个阶段。

1. 产生需求阶段

网络消费者产生需求往往是内外因素共同作用的结果。内在需求是消费者主动寻求产品或服务的内在驱动力。例如，消费者可能因为想要提升生活品质而产生对高端电子产品的需求。外在刺激则包括广告、社交媒体推荐、朋友分享等，如用户在浏览社交媒体时被产品的功能或外观吸引，从而产生购买欲望。

2. 信息收集阶段

当需求被唤起后，消费者会通过多种渠道收集信息，以便更好地满足需求。信息来源主要包括内部渠道（如个人经验、记忆等）和外部渠道（如搜索引擎、电商平台、社交媒体、产品测评网站等）。消费者在收集信息时会根据自己的需求和偏好选择不同的渠道，并对获取的信息进行筛选和评估。例如，消费者可能会先通过搜索引擎查找产品测评，再参考电商平台上的用户评价，最后在社交媒体上询问网友的意见。

3. 评估选择阶段

消费者在收集到足够的信息后，会根据多种因素对产品或服务进行评估和选择。这些因素包括品牌声誉、价格、功能、用户体验等。消费者会对不同品牌或产品进行比较和权衡，以确定最符合自己需求的选项。例如，消费者在购买智能手机时，可能会比较不同品牌的性能、价格、拍照效果等，最终选择性价比最高的产品。

4. 购买决策阶段

在评估选择后，消费者进入购买决策阶段。在这一阶段，消费者的购买决策可能受到多种因素的影响，如促销活动、用户评价等。例如，一款产品正好有折扣优惠活动，消费者可能会因为价格优势而立即下单。消费者可能会冲动购买，也可能经过深思熟虑后做出购买的决定。

5. 购后行为阶段

购买行为完成后，消费者会对产品或服务进行使用和评价。他们的满意度取决于产品实际性能与预期效果的匹配程度。如果产品符合或超出预期，消费者可能会再次购买，并向他人推荐；反之，消费者可能会产生不满情绪，甚至做出负面评价。

二、影响网络消费者购买决策的因素

网络消费者的购买决策是一个复杂的过程，受到多种因素的综合影响，包括内部因素、外部因素和技术驱动因素。

1. 内部因素

影响网络消费者购买决策的内部因素如下。

（1）个人特征

个人特征涵盖消费者自身多方面的属性和特点，如年龄、性别、收入、所在地域等。这些属性和特点共同构成了消费者独特的消费偏好和行为模式，从而在很大程度上决定了他们在网络购物时的选择和决策过程。例如，年轻消费者可能更倾向于追求时尚和科技产品，而中老年消费者则更注重产品的实用性和品质。

（2）心理动机

心理动机是消费者内心深处推动其做出购买决策的内在驱动力，它反映了消费者购买行为背后的各种心理需求和期望。情感需求驱使消费者购买能够带来愉悦、安慰或满足感的产品，如购买礼物以表达爱意或购买健身器材以保持身材；身份认同则促使消费者选择能够彰显其社会地位和个性的产品；社交归属感也是重要的心理动机，消费者往往会购买与自己所属群体或社群相契合的产品，以获得认同感和归属感。

（3）认知偏差

认知偏差也是影响网络消费者购买决策的重要因素，主要表现在以下3个方面。

- 锚定效应：消费者在决策过程中过度依赖第一印象或初始信息。例如，消费者看到产品的原价和折扣价后，会以原价为锚点，认为折扣价非常划算，从而做出购买行为。
- 从众心理：消费者倾向于跟随大众的选择，认为多数人的选择是正确的。例如，消费者在购买产品时会参考其他用户的评价和购买行为。
- 稀缺性感知：当消费者感知到资源稀缺时，便会产生强烈的占有欲，这种心理在购物场景中尤为常见。例如，当商品标注"库存仅剩×件""特惠仅限今天，22:00 后即将结束"等信息时，消费者会因担心错失良机而产生紧迫感，进而加速购买决策，力求避免因犹豫而与心仪产品失之交臂。

2. 外部因素

外部因素对消费者购买决策的影响主要体现在以下3个方面。

（1）营销刺激

营销刺激主要指商家通过广告创意、促销策略、内容"种草"的方式对消费者产生的影响。充满创意的视频广告或引人入胜的图片广告能够有效提升产品的曝光度，进而吸引消费者的注意力并激发其购买兴趣；促销策略则包括打折、满减、送赠品等方式，直接刺激消费者的购买欲望，促使他们采取行动；内容"种草"则通过推荐、测评和使用体验分享，影响消费者的购买决策。

（2）社交环境

社交环境对消费者购买决策的影响主要体现在以下几个方面。

- 社群氛围：社群氛围指的是由社群成员间的互动模式、情感连接以及共同价值观等要素交织而成的整体环境。在这种环境中，成员间频繁的交流分享、温暖的情感共鸣，以及对同一价值理念的认同，能潜移默化地影响消费者的偏好，进而显著改变其购买行为，成为驱动消费决策的重要力量。
- 口碑传播：口碑传播是消费者基于自身对产品、服务或品牌的亲身体验，通过线上社交平台、线下口耳相传等途径，自发地将评价、感受分享给他人的过程。这种传播方式往往建立在信任的基础上，以人际互动为载体，能对他人的消费决策产生潜移默化的影响，助力品牌在市场中形成良好声誉，实现影响力的扩散。
- 平台算法推荐：电商平台通过分析用户的浏览和购买历史、兴趣偏好等数据，利用算法为用户精准推荐相关产品或服务。

（3）情境因素

情境因素是指消费者在网络购物过程中所处的外部环境和情境状态，这些因素能对消费者的感知、情绪和行为产生即时影响，从而改变其购买决策。合适的消费场景能增强产品的吸引力，促使消费者完成购买。例如，在库存紧张时，消费者可能会在短时间内迅速下单，因为时间压力容易导致消费者做出冲动购买决策。

3. 技术驱动因素

AIGC通过深度学习和数据分析，能精准地预测消费者需求，提供个性化推荐，从而在消费者决策的各个阶段发挥作用。

通过生成个性化推荐、模拟使用场景和优化交互体验，AIGC降低了决策的不确定性，提升了消费效率与满意度。例如，虚拟试穿技术让消费者能在购买前看到产品在自己身上的穿着效果，从而减少购买后的退换风险；AI客服则通过实时解答问题和提供个性化建议，引导消费者完成购买。

三、网络消费者的需求特征

网络消费者的需求特征主要有以下几点。

1. 个性化需求

网络消费者对个性化产品和服务的需求日益增长，他们渴望获得符合自身独特需求和偏好的产品。个性化需求不仅体现在定制化产品上，还体现在个性化推荐服务中。例如，电商平台通过大数据分析用户的浏览历史、购买行为和偏好，实现精准的个性化推荐。这种个性化推荐不仅提升了用户体验，还增强了用户对平台的忠诚度。

2. 便捷性需求

网络消费者对购物便捷性的追求越来越高，他们希望购物过程尽可能简单、快速。便捷性需求体现在多个方面，包括快速下单、一键支付、即时查看物流配送进度等。AIGC技术通过智能搜索推荐、自动化客服和智能物流优化等手段大幅缩短了消费者的决策和等待时间，提升了消费者的购物体验。

3. 体验性需求

在数字化时代，网络消费者不仅关注产品的功能和价格，还注重购物过程中的情感连接和价值感知，因此，体验性需求成为影响其购买决策的关键因素。良好的购物体验能够显著提升消费者的满意度和忠诚度。例如，虚拟现实（Virtual Reality，VR）和增强现实（Augmented Reality，AR）技术的应用为消费者提供了全新的购物体验。通过VR技术，消费者可以在虚拟环境中查看家具的摆放效果；通过AR技术，消费者可以将虚拟产品叠加到现实场景中，提前感受产品的实际效果。

4. 社交性需求

社交性需求是网络消费者在满足基本的生理需求和安全需求后，对情感连接、归属感和群体认同的追求，这种需求在网络购物中表现为通过分享、互动和参与群体活动来增强购物体验和满足心理需求。例如，一些消费者热衷于向好友"种草"自己喜爱的品牌，或者在社交媒体平台上分享自己的购物体验，以获得社交认同感。这种社交性购物行为不仅满足了消费者的购物需求，还增强了他们的社交联系。

5. 消费者需求的差异性

网络消费者因来自不同的地域，有不同的文化背景，或者处于不同的社会阶层，而拥有着各自独特的生活方式和消费偏好。这种差异性在消费需求上表现得尤为明显，不同的消费者对商品的功能、品质、外观、价格等诸多方面有着不同的期望和需求。因此，网络营销者必须深入洞察这种消费需求的差异性，根据不同消费者群体的特征制定出具有针对性的营销策略，精准地满足其个性化需求，从而提升产品的市场竞争力和消费者的满意度。

6. 消费者选择商品的理性化

网络消费者在选择商品时越来越理性，他们会综合考虑产品的质量、价格、品牌声誉、用户评价等多方面因素。例如，在购买电子产品时，消费者不仅会关注产品的性能和功能，还会参考其他用户的评价和专业测评。他们会通过比较不同品牌和型号的产品，选择性价比最高的产品。消费者还会关注售后服务和保修政策，以确保购买后能够获得保障。这种理性化的消费行为要求营销人员提供更多的信息和数据支持，帮助消费者做出更明智的决策。

7. 价格敏感度高

价格不仅影响消费者的购买决策，还会影响他们对产品的感知价值。例如，消费者在购买同类产品时，往往会优先选择价格较低的产品，尤其是当产品质量和功能差异不大时。

消费者也意识到低价可能意味着低质量，因此在选择低价商品时会更加谨慎。营销人员可以通过合理定价和灵活的促销策略吸引消费者购买，同时保持品牌形象并保证产品质量。

AI 营销： 使用 AIGC 工具确定网络消费者画像

使用 AIGC 工具确定网络消费者画像涉及以下步骤。

（1）数据收集

AIGC 工具可以监测社交媒体上与产品或品牌相关的话题、群组和讨论。例如，通过分析微博话题、抖音短视频、小红书笔记等，了解消费者在公开场合表达的观点、需求和兴趣爱好；还可以收集消费者在社交平台上的好友关系、关注列表等信息，以推断其社交圈子和可能受到的影响。

AIGC 工具可以分析消费者在电商平台、品牌官网、在线论坛等网站上的行为数据，如浏览历史、停留时间、点击流数据等，通过这些数据了解消费者对不同产品页面、内容板块的关注度，以及他们在购买决策过程中的行为路径。

（2）数据分析与特征提取

AIGC 工具可以利用自然语言处理技术对消费者的评论、留言、反馈等文本内容进行情感分析，判断消费者对产品、品牌或相关话题的情感倾向是积极、消极还是中立。同时，提取出消费者表达情感的关键原因和关注点，例如，对产品功能的满意程度、对服务质量的评价等。

AIGC 工具可以根据消费者的浏览历史、搜索关键词、收藏内容等建立消费者的兴趣模型，识别出消费者对不同产品类别、主题、风格等方面的兴趣偏好，并为其分配相应的兴趣标签，如"科技爱好者""时尚达人""美食爱好者"等。

（3）构建消费者画像

基于消费者的行为数据和兴趣偏好，AIGC 工具可以构建不同场景下的消费者画像。例如，分析消费者在不同季节、节假日、特殊事件等场景下的购买行为和需求变化，为其制定相应的营销策略。例如，针对春节期间的消费者的营销策略可能会突出礼品购买需求、家庭团聚场景等特点。

消费者的行为和偏好是随时间变化的，AIGC 工具能够实时或定期更新消费者画像，以反映这些变化。通过持续监测消费者的最新行为数据，及时调整画像中的标签和特征值，AIGC 工具使企业能够始终掌握消费者的最新动态，保持营销策略的时效性和针对性。

（4）画像验证与优化

设计在线问卷或开展用户访谈，将使用 AIGC 工具生成的消费者画像与实际消费者进行对比验证，可以针对画像中的关键特征和假设向消费者提出相关问题，收集他们的反馈和意见，以评估画像的准确性和合理性。

将基于消费者画像制定的营销策略在小范围内进行市场测试，观察消费者的实际反应和市场效果。根据测试结果分析画像是否准确地反映了目标消费者的需求和行为，如有偏差，及时调整和优化画像内容。

（5）持续更新与动态监测

AIGC 工具可以监测行业新闻、市场研究报告、社交媒体趋势等信息，及时了解消费者行为和市场环境的变化趋势。例如，当新的技术产品出现、消费潮流发生转变或社会热点事件引发消费者关注时，及时将这些信息纳入消费者画像的更新中，以便企业提前调整策略，适应市场变化。

将 AIGC 工具确定的消费者画像与企业的客户关系管理系统、营销自动化系统、推荐系统等进行集成。通过数据共享和交互实现对消费者的全方位管理和个性化营销，同时也能从这些系统中获取更多的消费者反馈和行为数据，进一步优化消费者画像。

课堂讨论

你认为 AIGC 工具在帮助商家分析消费者需求特征时，最大的优势是什么？结合实际购物体验，讨论 AIGC 工具如何更好地满足这些需求特征。

四、使用 AIGC 工具撰写网络消费者分析报告

随着 AI 技术的不断发展，其在网络营销中的应用日益广泛。AIGC 工具能通过分析大量的消费者数据，快速生成精准的消费者分析报告，帮助企业更好地了解目标客户群体，从而制定更有针对性的营销策略。

利用 AIGC 工具撰写网络消费者分析报告的流程如下。

1. 数据采集

企业需要收集与网络消费者相关的各类数据。这些数据来源广泛，既包括电商平台的交易记录、用户评价等结构化数据，也涵盖社交媒体上的用户互动、评论等非结构化数据。

2. 数据预处理

在进行分析之前，企业需要对采集到的数据进行预处理，如数据格式统一化、异常值检

测等。进行数据预处理时，可以借助 AIGC 工具的自动化功能来提高效率。

3. 明确报告需求

在撰写报告之前，企业需要明确报告的具体需求，如报告的主题（如消费者行为分析、市场细分等）、报告中需要包含的关键信息、报告的呈现格式及报告的语言风格和表述形式等。

4. 选择 AIGC 工具或模型

企业根据报告需求和数据特点选择合适的 AIGC 工具。不同的 AIGC 工具有不同的功能和优势，例如，Kimi 擅长生成长文本内容，能够撰写详细的分析报告；酷表 ChatExcel 则可以生成图表或可视化内容，能更直观地展示数据。

5. 生成报告内容

将经过预处理的数据输入选定的 AIGC 工具中，生成报告的核心内容。在这一阶段，AIGC 工具会自动提取数据中的关键信息，生成易于理解的文本描述。例如，分析消费者的购买行为趋势，生成关于消费者偏好的详细描述，以及某时间段与其他时间段的对比分析。

6. 校对与优化

尽管 AIGC 工具能自动生成报告内容，但人工校对与优化仍然是必不可少的环节。企业需要仔细检查报告内容，确保信息的准确性、逻辑的连贯性，以及表达的专业性。

7. 报告输出与分发

企业要根据不同的受众需求，以合适的格式输出报告。例如，对于管理层，报告可以采用 PPT 格式呈现，突出关键结论和建议；而对于数据分析团队，报告可以采用 Excel 格式呈现，便于进一步的数据挖掘和分析。

任务实施：使用 AIGC 工具分析"Z 世代"消费者

1. 任务目标

使用 AIGC 工具，对"Z 世代"消费者的购买行为和需求特征进行深入分析，掌握如何利用 AIGC 工具进行数据采集、数据处理、数据分析和报告撰写，提升对"Z 世代"消费者行为的理解和分析能力。

2. 实施步骤

（1）明确分析方向

了解"Z 世代"消费者的购买行为过程、需求特征及影响其购买决策的因素，使用 AIGC 工具生成分析框架。例如，在 DeepSeek 中输入提示词"请列出分析'Z 世代'消费者的 5 个关键维度（如消费动机、触媒习惯、品牌偏好、价格敏感度、社交属性）"，确定重点分析方向。

（2）数据收集

选择合适的网络数据来源，如社交媒体平台、电商平台用户评论、在线调查问卷等。使用 AIGC 工具收集与"Z 世代"相关的数据，包括购买行为、评价、偏好等。

（3）数据处理

去除无效数据，将数据按照购买行为阶段、影响因素、需求特征等分类整理。使用 AIGC

工具对电商平台用户评论进行情感分析（好评、中评、差评），或者提取高频关键词。

（4）AI分析

选择合适的 AIGC 工具，输入数据与提示词，如"基于以下数据，生成'Z 世代'美妆消费者画像"，引导 AIGC 工具生成各部分的内容。

（5）优化完善

检查生成内容的准确性、逻辑性和语句通顺程度，确保数据支持结论，并对报告内容进行调整和优化，确保报告质量。

（6）报告输出

将报告调整为合适的格式，如 PPT，分发给团队成员或教师，用于进一步讨论和决策。

任务小结

本任务系统地梳理了网络消费者购买行为的全过程，涵盖从产生需求到购后行为的 5 个关键阶段，并深入剖析了影响购买决策的内部、外部及技术驱动因素。同时，还深入探讨了网络消费者的需求特征，包括个性化、便捷性、体验性、社交性等心理特点。在 AIGC 工具应用方面，明确了从数据采集、数据预处理到生成报告内容、校对与优化、报告输出与分发的全流程，强调了 AIGC 工具在提升分析效率和精准度方面的关键作用，为营销人员提供了更高效、精准的消费者洞察工具。

任务二　AIGC 赋能商品分析

知识储备

在网络营销的精细化运营中，商品信息的呈现与卖点的提炼直接决定了消费者对商品的第一印象和购买意愿。AIGC 工具通过智能生成商品基础信息、外观描述、功能特点及使用场景，高效完成商品信息的多维度呈现。同时，借助数据分析和内容生成能力，AIGC 工具能精准提炼商品的核心卖点，从用户需求、场景适配、差异化优势等角度强化营销说服力。掌握 AIGC 工具的应用逻辑，包括数据输入、内容生成与优化等关键环节，是提升商品分析效率、打造精准营销内容的重要能力。

一、商品信息呈现的内容

准确、全面且有吸引力的商品信息不仅能帮助消费者快速了解产品，还能激发他们的购买欲望。商品信息呈现的基本内容如下。

1. 基础信息

基础信息可以使消费者对商品产生第一印象，准确且全面地呈现这些信息是与消费者建立信任的第一步，并能帮助他们快速筛选出符合需求的产品。

（1）商品名称

商品名称必须准确且突出核心关键词。例如，一款智能手表可以命名为"HUAWEI WATCH 5 Pro"，其中"HUAWEI"是品牌名，"WATCH"突出了产品的类别，"Pro"代表高端系列，让消费者一眼就能明白这是一款高端智能手表。

（2）品牌信息

品牌是商品的灵魂，它不仅代表了商品的质量和信誉，还传递了品牌的文化和价值观。以国内知名品牌李宁为例，在全球可持续发展浪潮中，它将绿色发展理念融入品牌内核，构建起环保产品的全链路体系，其品牌故事强调对自然的保护和对环境的尊重，这种品牌文化能够吸引那些注重环保的消费者。

（3）规格参数

规格参数是消费者选择商品的重要依据。例如，笔记本电脑的重量、屏幕尺寸、分辨率、处理器型号、内存容量、存储空间等关键参数。这些参数不仅方便消费者对比，还能帮助他们更好地了解商品的性能和适用性。

（4）价格信息

明确标注商品的市场售价，有助于消费者根据自己的需求和预算选择商品。另外，促销活动、不同配置或套餐的价格信息也是商品信息呈现的重要内容。

2. 外观描述

商品外观描述直接影响消费者的视觉感受和购买决策。商品外观描述方面的商品信息如下。

（1）整体造型

营销者在描述商品外观时，可以结合流行趋势，强调其如何与现代家居或办公环境完美融合，提升整体的审美体验。例如，"这款蓝牙音响，外观轮廓呈椭圆形，设计风格简约而现代，符合当下流行的极简主义设计风格。其外壳采用磨砂材质，触感舒适，给人一种高端、精致的感觉。"

（2）细节设计

细节设计往往决定了商品的品质感和用户体验，有助于提升产品的美观度。例如，"这款智能手机采用了精致的金属边框，经过多次打磨和抛光，呈现出镜面般的光泽。独特的材质拼接，如玻璃背板与金属边框的无缝衔接，不仅美观，还增强了手机的耐用性。人性化的按键布局，如音量键和电源键的位置设计，方便用户单手操作，提升了使用的便利性。"

（3）色彩搭配

色彩搭配能够直接影响消费者的情感和购买决策。在描述商品时，营销者可以分析色彩搭配如何与产品定位相匹配。例如，"这款运动鞋的主色调为活力四射的亮橙色，搭配黑色和白色的辅助色调，形成鲜明的对比，给人带来活力和动感的视觉效果。"

3. 功能特点

功能是商品的核心价值所在，特点则是其独特竞争力的体现。商品的功能特点应包含以下信息。

（1）核心功能

核心功能是商品最突出的卖点，也是消费者选择商品的主要原因。例如，"这款空气净化器的核心功能是高效净化空气中的污染物，如 PM2.5、甲醛、花粉等。其工作原理是通过多层滤网系统，包括初效滤网、HEPA 滤网和活性炭滤网，分别过滤大颗粒灰尘、细小颗粒物和有害气体，尤其适合有老人、儿童和宠物的家庭使用。"

（2）附加功能

附加功能可以提升商品的性价比和实用性。以一款多功能电饭煲为例，除了基本的煮饭功能外，它还具备蒸、炖、煲等多种附加功能。这些功能不仅满足了消费者多样化的烹饪需求，还提升了产品的使用频率和价值。

（3）技术参数

技术参数是衡量商品性能的重要指标。通过详细的技术参数说明，消费者可以更好地了解产品的性能优势，如高清投影仪的分辨率、亮度、对比度等。

4. 使用场景展示

商品的价值不仅在于其功能，还在于它如何融入消费者的日常生活。展示商品在不同场景下的应用，可以帮助消费者更好地想象产品如何满足实际需求，从而增强购买意愿。

（1）日常场景

描述商品在日常生活中的常见应用场景，可以使消费者直观地感受到商品的实用性和便利性，从而产生共鸣。例如，"使用这款蓝牙耳机，用户在通勤路上可以听音乐，享受个人空间；在运动时，轻巧的耳机设计不会对运动造成干扰，让用户可以专注于锻炼；在办公环境中，降噪功能可以有效隔绝外界噪声，使用户更专注地工作。"

（2）特殊场景

提及商品在特殊环境或需求下的适用性，能够突出其独特价值。以一款专业的登山背包为例，"这款背包不仅适用于日常的户外徒步，还能在极端天气和复杂地形下提供可靠的保护。背包采用防水面料，能有效防止雨水渗透，保护背包内的物品；其背负系统设计合理，能分散重量，减轻长时间背负的疲劳感；背包还配备了多个功能性口袋，方便用户存放和取用各种登山装备。"这些特殊场景的描述能吸引那些对户外探险有特殊需求的消费者。

（3）场景搭配

说明商品与其他相关产品或服务的搭配使用效果，能为消费者提供更全面的问题解决方案。例如，"这款智能扫地机器人不仅可以单独使用，还能与智能拖地机器人搭配，实现先扫地后拖地的自动化清洁流程。此外，通过连接智能家居系统，用户可以通过语音指令控制扫地机器人，实现更加便捷的操作，满足他们对智能化生活的追求。"

二、提炼商品卖点的角度

在竞争激烈的市场中，商品卖点的提炼是吸引消费者的关键。因此，要想让商品脱颖而出，卖点一定要好。现代营销学之父菲利普·科特勒在《营销管理》中说，一个真正有效的卖点必须具备差异化和优势两个核心要素，如图3-1所示。

图 3-1 商品卖点的核心要素

商品卖点就是能够吸引消费者、激发消费者购买欲望的特点或优势。例如，茶颜悦色主打中式茶饮，将中国风元素融入品牌的各个方面，区别于其他时尚简约或以西式风格为主的茶饮品牌，这就是差异化。茶颜悦色采用优质的茶叶原料和独特的配方，制作出口感丰富、茶香浓郁的茶饮，同时提供具有中式特色的点心，为消费者带来独特的味觉体验，这就是优势。

1. 塑造商品核心卖点

核心卖点不仅是商品的独特之处，还是能够触动消费者内心、激发购买欲望的关键因素。因此，塑造商品核心卖点不仅是对商品特征的简单罗列和包装，还需要精准地找到那个能够触动消费者内心的平衡点——既能满足消费者的显性需求，又能挖掘和激发其隐性需求。这涉及以下 3 个核心要素。

（1）品牌认知

在消费者心中建立良好的品牌认知，有助于品牌在众多竞争者中脱颖而出，获得消费者的初步信任和偏好，这是塑造商品核心卖点的基石。

（2）品牌价值

通过传递品牌价值，与消费者建立更深层次的情感连接，增强消费者对品牌的认同感和忠诚度，使核心卖点更加具有说服力和吸引力。

（3）消费者策略

有效的消费者策略能够帮助品牌精准了解市场需求和消费者偏好，从而制定更加贴近消费者的卖点和营销策略，提升销售效果和市场份额。

2. 提炼商品卖点的角度

为了有效提炼商品卖点，营销者需要在理解消费者需求和市场趋势的基础上，结合表 3-1 中所列的角度进行分析和筛选。这些角度代表了消费者在购买决策中可能关注的不同方面，通过综合分析这些角度，可以全面而深入地挖掘出商品的独特优势。

表 3-1　提炼商品卖点的角度

角度	说明
价格	当商品在保证一定质量的前提下，价格相对较低，或者能提供性价比高的套餐、优惠活动等，就会吸引价格敏感型消费者
服务	专业的售前咨询、便捷的购买流程、及时高效的物流配送以及贴心的售后服务等
效能	商品在使用过程中所展现出的效率、速度、效果等方面的优势
品质	高品质的商品通常采用优质的材料、精湛的工艺制作而成，能够经受住时间的考验，为消费者提供良好的使用体验
稀缺性	强调商品具有独特、稀缺的属性，这些属性可能是原材料的稀有性、生产工艺的独特性，或者是商品数量的有限性等
便捷性	商品在使用过程中的方便性和易用性能够让消费者节省时间和精力，提高生活效率
多样选择	商品丰富的款式、规格、颜色、功能等选择能够满足不同消费者的个性化需求
重塑认知	通过商品的设计、功能、宣传等方面，改变消费者对某一类商品的传统认知，创造新的消费需求
情感满足	商品能够满足消费者的情感需求，如带来快乐、安慰、归属感等
社交性	商品在社交场合中能够发挥一定的作用，帮助消费者展示自己的个性、品位或身份地位，促进社交互动
价值共鸣	商品所传达的价值观与消费者的价值观相契合，让消费者在购买和使用商品的过程中感受到一种认同感和归属感
实力	企业在行业内的地位、规模、技术实力、品牌影响力、研发能力、生产能力、供应链管理能力等多方面的优势
附加值	商品除了基本功能之外，还能为消费者带来的额外价值，如附加的赠品、增值服务、积分奖励、会员权益等

三、AIGC 工具辅助提炼商品卖点

AIGC 工具的出现为高效、精准地提炼卖点提供了新的可能，有利于营销者借助工具优势，充分展现商品特色，从而吸引消费者的目光，提升商品竞争力。

1. 选择工具

营销者可以根据商品特性与需求挑选 AIGC 工具，如销售时尚服饰，可以选择有图像生成功能的 AIGC 工具，且需综合考量工具的适用场景与功能匹配度。同时，营销者要深入研究 AIGC 工具的各项功能，掌握其优势，还要了解其局限性，如生成内容可能缺乏深度等。

2. 收集数据

在收集数据时，营销者可通过官方资料、行业报告等渠道获取商品的基础信息、外观描述、功能特点、使用场景等，结合电商平台、社交媒体等渠道收集消费者的评价和建议，分析消费者的需求和痛点。

然后，根据商品特点和提炼目标编写清晰、准确的提示词。例如，"请结合以下资料，生成一段关于××智能运动手表的宣传文案，突出其24小时心率监测、精准定位的功能，强调适合热爱户外运动、追求健康生活方式的年轻人群，语言风格要充满活力且具有感染力。"

3. 内容生成与筛选

在使用 AIGC 工具提炼商品卖点后，营销者要检查生成内容的准确性、相关性、独特性，看是否与实际商品相符，是否围绕商品核心卖点介绍，卖点是否区别于竞争对手，然后从生成的内容中挑选出高质量、有价值的卖点，去除重复、无关或低质量的内容。

4. 优化与完善

完成商品卖点的筛选后，营销者需要优化卖点语言，使其更生动、简洁、易懂；为增强说服力，还可以补充相关案例、数据和用户评价。还可以与团队成员讨论，了解专业意见，或者进行市场调研，验证卖点是否符合市场需求，也可咨询行业专家，确保卖点的准确性和有效性。

> **课堂讨论**
>
> 假如你要为校园文创店设计一款保温杯，应如何用 AIGC 工具快速生成 10 个潜在卖点？哪些卖点可能最吸引学生群体？

任务实施：使用 AIGC 工具提炼黔阳冰糖橙卖点

1. 任务目标

通过使用 AIGC 工具提炼黔阳冰糖橙卖点，掌握利用 AIGC 工具呈现商品信息和提炼卖点的方法，提升使用 AIGC 工具完成商品信息采集与分析的能力。

2. 实施步骤

（1）收集商品信息

使用 AIGC 工具收集黔阳冰糖橙的资料，如产地认证、品种、种植标准、质检报告等基

础信息；整理用户评价信息，形成"口感""甜度""包装"等高频关键词库；搜集竞品（如褚橙）的卖点描述，建立对比分析表格。

（2）选择 AIGC 工具

选择合适的文本生成编辑类工具，如 DeepSeek、豆包等，熟悉所选工具的操作方法，包括输入提示词、优化生成内容等。

（3）提炼核心卖点

在 AIGC 工具中输入提示词，例如，"请基于以下数据，列出黔阳冰糖橙的 5 个核心卖点。"

（4）优化与完善

优化生成的卖点内容，确保语言流畅、表达准确。结合市场调研结果，进一步完善卖点内容，也可以通过调整提示词逐步迭代生成结果，使其更符合目标消费者的需求。

（5）撰写商品详情页文案

使用提炼的卖点，结合 AIGC 工具制作图片或视频，确保文案具有吸引力，能够激发消费者的购买欲望。

任务小结

本任务系统地介绍了商品信息呈现与卖点提炼的关键技能。借助 AIGC 工具，我们可以高效整理商品的基础信息、外观描述、功能特点及使用场景，全方位地展现商品价值。同时，从多个角度塑造和提炼商品核心卖点，为提升商品转化率、增强市场竞争力提供有力的支持。

任务三 AIGC 赋能网络市场调研

知识储备

AIGC 技术为网络市场调研带来了新的机遇和变革。运用 AIGC 工具，企业能够更高效地完成从确定调研目的到撰写调研报告的全流程操作，精准把握市场容量，以及可控与不可控因素。同时，AIGC 技术在数据收集、处理与分析等环节的广泛应用进一步提升了调研的效率和准确性，为企业制定科学合理的市场策略提供了有力的支持。

一、网络市场调研的步骤

网络市场调研是企业获取市场洞察、指导战略决策的重要工具，具体步骤如下。

1. 确定调研问题与目的

在网络市场调研的起始阶段，调研者首先需要明确调研的核心问题和目标。这一步骤至关重要，因为它决定了调研的方向和深度。明确调研问题意味着要清楚地了解需要解决的具体市场疑问，如消费者行为、竞争对手分析或产品定位等。确定调研目标则是设定希望通过调研达成的具体成果，如提升市场份额、优化产品特性或增强品牌知名度等。在这一阶段，调研者需要与团队和决策者进行充分沟通，确保调研目标与企业战略一致，为后续步骤打下坚实基础。

2. 制订调研计划

制订调研计划是将调研目标转化为具体行动的步骤。这包括选择合适的调研方法（如问卷调查、深度访谈、焦点小组等）、确定样本大小和调研对象、规划时间表和预算。制订调研计划时还应考虑到数据收集和分析的工具和技术，以及如何确保数据的准确性和可靠性。此外，计划中还应包括对可能遇到的挑战和风险的评估，以及相应的策略。

3. 数据收集

数据收集是网络市场调研中的关键环节，涉及从各种在线资源中获取相关数据。在线资源包括社交媒体、论坛、新闻网站、行业报告等。在这一阶段，调研者需要运用各种网络工具和技术，如网络爬虫、在线问卷平台、数据分析软件等，以高效地收集数据。同时，调研者还要注意保护受访者的隐私，确保信息收集过程符合伦理原则和法律规定。

4. 数据处理与分析

数据处理与分析是将收集到的数据转化为有效洞察的过程，包括数据的清洗、分类、整理和解释。调研者需要运用统计分析、内容分析、趋势分析等方法，从数据中提取有价值的信息。此外，分析过程还可能涉及数据可视化，如表格、图形等，以更直观地展示分析结果。这一步骤的目的是识别市场趋势、消费者需求、竞争对手策略等关键因素，为企业决策提供支持。

5. 汇报调研结果

汇报调研结果是将调研结果呈现给决策者的最后步骤。调研结果以调研报告的形式呈现，报告应包括调研目的、方法、过程、主要发现、分析结果和建议。报告内容需要清晰、准确、客观，以便决策者快速理解调研报告的核心信息。报告还应包含对调研局限性的讨论，以及对未来研究的建议。

二、网络市场调研的内容

网络市场调研依托大数据、人工智能等技术，可以快速收集并分析海量用户行为数据，精准洞察市场趋势、竞品动态及潜在风险，为企业战略制定、产品优化提供科学依据，降低决策风险。

网络市场调研的内容如下。

1. 市场容量调研

市场容量调研旨在评估某一产品或服务在市场上的潜在需求量。这包括分析目标市场的规模、消费者的数量，以及他们对特定产品或服务的感兴趣程度。调研方法包括在线问卷调查、消费者行为分析和市场趋势研究。通过调研，企业可以了解市场是否有足够的空间来容纳新产品或服务，以及潜在的市场增长机会。

2. 可控因素调研

可控因素调研关注企业可以直接影响或管理的市场因素。可控因素包括产品定价、促销活动、分销渠道和客户服务等。通过调研这些可控因素，企业可以优化其营销策略，提升产品的市场竞争力。例如，企业可以通过调整价格策略来吸引更多消费者，或者通过改善客户服务来提高客户满意度和忠诚度。

3. 不可控因素调研

不可控因素调研是指企业无法直接影响的市场因素，如经济环境、法律法规、社会文化趋势和竞争对手的行为。尽管这些因素超出了企业的直接控制范围，但它们对企业的市场表现有着重要的影响。例如，经济下行可能会使消费者的购买力降低，而新的法律法规可能会改变市场规则。通过调研这些不可控因素，企业可以更好地预测市场变化，制定应对策略，以减轻潜在风险。

三、网络市场调研的方法

网络市场调研的方法一般有直接调研法和间接调研法。

1. 直接调研法

直接调研法是指通过直接与目标受众互动来收集信息的方法。这种方法的优势在于可以获得一手资料，数据的可靠性和准确性较高。直接调研可以通过问卷调查、电话访谈、面对面访谈或在线调查等方式进行。例如，企业可以通过设计在线问卷，直接向消费者询问，了解他们对产品的看法和需求。

此外，直接调研还允许调研者根据受访者的回答进行深入提问，从而获取更详细的信息。这种方法适用于需要深入了解消费者行为和态度的情况。

直接调研的方法如表 3-2 所示。

表 3-2　直接调研的方法

方法	定义	优势	挑战
问卷调查	通过问卷平台（如问卷星、腾讯问卷）发布问卷，受访者在线填写	覆盖面广、成本低、数据回收快	需合理设计问卷以避免受访者疲劳，并防范无效数据
电话访谈	通过电话与受访者进行沟通，按照预先设计好的访谈提纲提出问题，并记录受访者的回答，以获取信息	能较快地与受访者取得联系并获取信息，节省时间和交通等成本；可以根据受访者的回答进行追问和澄清，确保信息的准确性	受通话时间限制，难以深入探讨复杂问题；可能会遇到拒接电话或中途挂断的情况；无法观察受访者的非语言信号，可能会遗漏一些重要信息
面对面访谈	调研人员与受访者进行面对面的交流，通过直接观察和询问，获取第一手资料	可以观察受访者的表情、语气、肢体语言等非语言信息，更全面地了解其态度和想法，有助于深入挖掘问题；可以建立更好的沟通氛围	需要投入较多的人力、时间和费用；访谈结果容易受到调研人员主观因素的影响，如提问方式、语气、个人偏见等，可能会导致受访者的回答出现偏差
专题讨论	利用新闻组或在线论坛，组织用户就特定主题展开讨论	可深入挖掘用户观点，获取真实反馈	需专业引导以避免讨论偏题，并需投入时间进行整理分析
网上观察	通过软件工具采集数据或人工记录，分析用户在网站、社交媒体等平台的行为数据	数据客观真实，反映用户真实行为	需有技术手段支持，且需排除干扰数据
网上实验	设计不同版本的广告、网页或营销策略，通过 A/B 测试等方式对比效果	科学验证策略的有效性，优化决策依据	需控制变量以确保结果准确

2. 间接调研法

间接调研法是指利用已有的资料和信息来分析市场情况的方法。这种方法的优势在于成本较低、效率高，适合初步了解市场或验证假设。间接调研能够通过多种渠道开展，如查阅行业报告、检索市场研究数据库、研读新闻文章，以及运用专业工具进行社交媒体分析等。

例如，企业可以通过分析竞争对手的公开财务报告，了解其市场策略和业绩表现；通过监测社交媒体上的讨论和评论，了解消费者对某一产品或服务的普遍看法。这种方法适用于资源有限或需要快速获取市场概览的情况。

间接调研的方法如表 3-3 所示。

表 3-3　间接调研的方法

方法	定义	优势	挑战
搜索引擎检索	利用搜索引擎，通过关键词搜索获取行业报告、市场数据、政策法规等信息	信息丰富，覆盖面广	需筛选有效信息，避免信息过载
访问专业网站	查阅行业门户网站、政府统计网站、专业数据库等，获取权威数据和深度分析	数据权威，分析专业	部分资源需付费，需具备解读权威数据的专业能力
网上数据库	通过商业数据库或学术数据库，获取行业研究报告、市场趋势分析等	数据系统全面，分析深入	需订阅权限，成本较高
社交媒体内容分析	抓取电商平台、社交媒体上的用户评价，分析用户的情感倾向与需求痛点	实时反馈，精准识别需求痛点，可辅助竞品监控	有情感偏差，需结合多源数据验证；平台限制，需打造定制化解决方案
网络足迹追踪	通过技术手段抓取用户在互联网上留下的行为痕迹（如搜索记录、浏览时长等），以分析用户行为模式与偏好	数据客观，覆盖面广，低成本	需注意隐私合规性；需筛选有效信息；技术门槛较高

AI 营销：使用 AIGC 工具辅助网络市场调研

AIGC 工具可以从以下几个方面辅助网络市场调研。

（1）设计调研问卷

AIGC 工具能依据调研目的和主题快速生成问卷初稿。例如，若要调研某类电子产品的市场情况，AIGC 可生成涵盖产品功能、外观、价格接受度、购买渠道等方面的问题。运用自然语言处理技术，AIGC 工具可以检查问卷问题的表述是否清晰、准确，有无歧义或引导性语言，还能对问题的顺序进行优化，使问卷逻辑更合理，提升问卷的质量和有效性。

（2）收集调研数据

AIGC 工具可实时监测社交媒体平台上的相关话题、讨论和用户生成内容。例如，监测微博上关于某品牌化妆品的话题热度、用户评价，以及抖音上相关产品的视频评论区，从中收集消费者对产品的看法、需求、使用体验等信息，为市场调研提供丰富的一手数据。

AIGC 工具对各类在线论坛、社区进行分析，识别出与调研主题相关的讨论板块和热门话题，提取出有价值的信息和观点。

（3）分析调研数据

对于收集到的大量文本数据，如消费者的评论、反馈等，AIGC 工具可以通过自然语言处理技术进行情感分析，判断消费者的情感倾向是积极、消极还是中立；还能提取关键词，进行主题模型分析等，挖掘出消费者关注的重点问题和主要需求。

AIGC 工具可以将分析后的数据以直观的图表等形式展示出来，例如，生成柱状图，对比不同品牌产品的市场份额；绘制折线图，展示某产品在一段时间内的口碑变化趋势，帮助调研人员更清晰地理解数据，发现数据背后的规律。

（4）挖掘潜在信息

AIGC 工具通过对海量网络数据的分析，能够发现市场的潜在趋势和新兴需求。例如，AIGC 工具分析家居设计网站、装修论坛和短视频平台的内容数据，能发现消费者对智能家居、模块化家具的偏好转变。当可折叠、多功能家具的 DIY 教程在短视频平台的播放量和互动量激增时，AIGC 工具可对这些数据进行深度分析，预测出小型居住空间的多功能家具需求将显著上升，为家居企业的产品开发和市场定位提供参考。

AIGC 工具对网络用户的行为数据、兴趣爱好、消费习惯等进行分析，可以帮助企业精准识别出目标用户群体的特征和画像。例如，通过分析电商平台上的用户购买记录和浏览行为，确定某高端护肤品的目标用户群体主要为年龄在 25~45 岁、具有一定消费能力且关注美容护肤的女性。

（5）提供决策支持

AIGC 工具可以根据调研目的和分析结果生成详细的调研报告，包括市场现状、竞争态势、消费者需求分析、趋势预测等内容，为企业决策提供全面、系统的信息支持。基于对市场和消费者的深入理解，AIGC 工具能够为企业提供针对性的营销策略建议，如产品定位、定价策略、渠道选择、促销活动等方面的建议，帮助企业制定更有效的市场策略，提高市场竞争力。

四、使用 AIGC 工具撰写网络市场调研报告

在传统网络市场调研中，数据收集耗时费力，分析维度单一，撰写报告效率低，难以满足快速变化的市场需求。AIGC 工具的出现突破了这一困境。它能智能整合多源数据，快速生成全面的分析框架，并以可视化方式呈现关键结论，大大提升了调研效率和质量。

利用 AIGC 工具撰写网络市场调研报告的方法如下。

1. 选择工具

选择合适的 AIGC 工具（如 DeepSeek、Kimi 等），可基于用户需求快速生成结构化报告框架与内容，显著提升文本产出效率。同时，需要搭配专业的数据收集工具，如问卷星、腾讯问卷等在线问卷调查平台，以及艾瑞咨询、Statista 等行业数据库，通过多维度数据采集夯实研究基础。

AIGC 工具与数据收集工具协同运用，既能借助智能算法实现高效内容生产，又能依托可靠数据资源保障调研结论的科学性与准确性，为市场调研提供全流程的技术赋能与数据支撑。

2. 上传调研报告示例

营销人员可选取行业内权威的网络市场调研报告（如艾瑞咨询、Gartner 等机构发布的深度研究报告）作为范例，借助 AIGC 工具对其进行深度文本解析。

通过语义分析、逻辑拆解与模式识别，提炼报告中通用的逻辑框架、研究方法与数据处

理流程，进而总结出适用于网络市场调研的标准化结构模板，涵盖行业背景、目标界定、方法论说明、数据采集分析、结论与建议等核心模块，为后续调研项目提供可复用的框架参考。

例如，用户上传调研报告示例后，在 AIGC 工具中输入提示词"*请你阅读这篇文章，总结文章中的方法论，生成一份'网络市场调研报告'的研究方法和操作框架。*"

3. 数据收集与分析

数据分为一手数据和二手数据。一手数据可通过在线问卷调查和访谈等方式获取。二手数据则可通过社交媒体、电商平台、行业论坛等平台抓取公开数据，参考权威机构发布的行业报告，或者查阅国家统计局发布的相关数据等方式获取，了解宏观经济和行业政策对网络市场的影响。

在收集数据的过程中，AIGC 工具提供的辅助功能包括：分析调查问卷的逻辑性，提出修改建议；生成访谈提纲，结合目标和已有资料，使提纲涵盖关键问题等。

数据收集完成后需要进行预处理和分析。首先对数据进行清洗，去除无效、重复数据，确保数据的质量和可靠性；然后进行数据分析，包括统计分析、文本挖掘和趋势分析。

4. 构建框架

用户将调研目标、受众信息以及调研主题以清晰、准确的语言输入 AIGC 工具，例如，"*我要撰写一份关于某智能穿戴设备市场竞争力的网络市场调研报告，面向企业管理层，请帮我生成报告框架。*"AIGC 工具基于自身算法和数据积累，会生成包含多个章节的初步框架，其组成部分如表 3-4 所示。

表 3-4　网络市场调研报告的框架

框架组成部分	说明
引言	阐述调研背景、目的和意义，点明报告核心要点
行业概述	介绍网络市场整体发展现状、规模、增长趋势等宏观信息
目标市场分析	细分目标市场，包括市场规模、消费者特征、需求痛点等
竞争格局分析	罗列主要竞争对手，分析其产品特点、市场份额、竞争策略
产品或服务分析	针对调研对象，详细说明其功能、优势和不足
用户行为与需求研究	通过数据展示用户购买行为、使用习惯、偏好倾向
数据与分析方法	说明数据来源、收集方法和分析模型
结论与建议	总结调研结果，提出具有针对性的发展建议和策略

5. 报告内容生成

根据分析结果，营销人员要求 AIGC 工具按照之前提炼的框架生成报告初稿。每章内容应详细且具有逻辑性，确保报告的完整性和条理性。然后，对报告进行内容优化，利用 AIGC 工具的文本优化功能，对报告进行语言润色和逻辑调整，使报告语言简洁明了，逻辑清晰。

在 AIGC 工具中输入提示词，进一步完善报告，例如，"*请你扩展《母婴行业网络市场调研报告》的框架，丰富细节，完善内容，每章字数在 800~1500 字，确保内容逻辑清晰，语句通顺。*"

此外，可以利用 AIGC 工具制作相关图表，如柱状图、折线图、饼图等，直观展示数据分析结果，增强报告的可读性和说服力。

6. 报告审核与优化迭代

报告初稿完成后，需要从数据、分析、内容三大维度进行系统性审核与完善。首先，通过交叉验证行业数据库、官方统计网站等权威渠道，核查数据的准确性与时效性；其次，基于市场逻辑与行业经验，审视分析过程的合理性，确保推导出的结论符合客观规律；最后，检查内容完整性，包括是否覆盖核心研究维度、关键结论是否遗漏等。

在优化阶段，可以通过精准的提示词引导 AIGC 工具优化报告内容。例如，输入提示词"请针对报告中'母婴产品线上消费趋势'章节，补充 2024~2025 年细分品类的增长率数据，并使用 SWOT 模型重新梳理竞争分析部分"，以提升内容的深度与专业性。同时，也可结合自身对行业的理解和实际需求，对报告进行手动调整，如补充本地化案例、修正表述歧义等，最终形成逻辑严谨、数据可靠、结论明确的高质量报告，使其能够精准反映网络市场的真实状况与发展趋势。

课堂讨论

你认为 AIGC 工具在撰写网络市场调研报告时最容易出错的地方是什么？如何利用 AIGC 工具避免这些错误？

任务实施：使用 AIGC 工具撰写人工智能营销市场分析报告

1. 任务目标

通过本任务，培养运用 AIGC 工具进行网络市场调研的能力，提升数据分析和处理能力，以及 AIGC 工具与传统市场调研方法的结合运用能力。

2. 实施步骤

（1）明确调研目标

了解人工智能营销市场的现状、发展趋势、主要参与者、市场容量，以及影响市场的主要因素。例如，在 DeepSeek 中输入提示词"请列出人工智能营销行业的 5 个核心调研方向"，选择 1~2 个重点方向，明确具体问题。

（2）规划调研方案

根据调研方向，使用 AIGC 工具生成调研框架，包含调研方法、数据来源、时间表和团队成员分工。

（3）数据搜集

使用 AIGC 工具搜集与人工智能营销市场相关的数据和信息，将搜集到的数据按照类别进行分类，如市场规模、行业应用案例、竞争对手信息等。

（4）数据处理与分析

对搜集到的数据进行清洗和筛选，去除无效或重复数据，使用 AIGC 工具进行数据分析，如通过可视化图表来展示市场趋势、行业分布、竞争对手市场份额等关键信息。

（5）撰写调研报告

选择合适的 AIGC 工具撰写调研报告，并对报告进行审核，检查数据的准确性、语言的流畅性和逻辑的连贯性。

（6）优化迭代

根据审核结果进行优化迭代，确保报告质量。

任务小结

本任务首先系统地梳理了网络市场调研的完整步骤，包括确定调研问题与目的、制订调研计划、数据收集、数据处理与分析，以及汇报调研结果。其次，明确了调研内容，涵盖市场容量、可控因素与不可控因素调研。再次，介绍了直接调研法和间接调研法两种主要方法。最后，详细阐述了 AIGC 工具在撰写网络市场调研报告中的应用，从选择工具、上传调研报告示例到数据收集与分析、构建框架、报告内容生成，直至报告审核与优化迭代，为营销者提供了高效、精准的调研工具，以优化营销策略，提升竞争力。

综合实训：使用 AIGC 工具对鸿星尔克实施人货场分析

一、实训目标

通过本次实训，掌握 AIGC 工具在网络营销中的应用方法，理解人货场分析的重要性，以及 AIGC 工具在数据收集、分析和报告生成中的实际应用价值。

二、实训思路

1. 对网络消费者进行分析

使用 AIGC 工具收集鸿星尔克消费者的购买行为数据，如商品评价等，分析消费者对品牌的认知和购买动机，同时对收集到的评价数据进行情感分析、关键词提取等。

利用 AIGC 工具生成消费者画像，发现核心消费者群体，关注高搜索量的网络关键词，如"高性价比""国潮设计""耐用性"等。

2. 对商品进行分析

使用 AIGC 工具整理鸿星尔克的基础信息、外观描述、功能特点和使用场景；收集鸿星尔克爆款产品的评论、竞品分析数据，使用 AIGC 工具生成产品的核心卖点，如"轻量化设计+超临界发泡中底+国潮元素"，优化产品详情页文案。

3. 网络市场调研

确定鸿星尔克市场调研的目的与问题，规划调研方案，收集市场容量、可控因素和不可控因素的数据，分析竞品信息，如促销策略，结合鸿星尔克的产品特征生成差异化活动方案。

使用 AIGC 工具撰写网络市场调研报告，结合数据生成框架，完善报告内容，并进行审核与优化迭代。

三、实训总结与反思

撰写实训报告，包括 AIGC 工具在数据收集、分析等方面的优势，以及 AIGC 工具在提升网络营销效率、降低营销成本、增强用户洞察方面的作用。

四、实训评估

过程评价：根据使用 AIGC 工具时的熟练程度，以及在团队协作中的沟通效率进行评价。

成果评价：评价分析报告的完整性、逻辑清晰度和内容深度，对 AIGC 工具功能的理解，以及是否能够对分析结果进行深入解读和提炼。

自我评价：学生反思自身在技术运用、数据分析和团队协作方面的不足，提出改进措施，以提升自己在未来网络营销项目中的综合能力。

思考题

1. 结合 AIGC 工具，分析一款你熟悉的商品（如电子产品、美妆产品等）的消费者购买行为过程。

2. 某新上市的智能手表主打"健康监测"功能，但销量不佳。请从提炼商品卖点的角度，列出 3 种可能的卖点提炼方向，并说明如何用 AIGC 工具辅助优化商品卖点。

3. 假如你负责一款户外运动背包的网络营销，请利用 AIGC 工具构思 3 个具有吸引力的背包使用场景，并说明每个场景如何突出背包的特点。

PART 04

项目四
AIGC+搜索引擎营销与App营销

学习目标

知识目标

➢ 了解搜索引擎营销的特点和方式。

➢ 掌握 AIGC 工具优化网站关键词和网站内页的方法。

➢ 了解 App 营销的模式和要点。

➢ 掌握 AIGC 工具辅助应用商店优化和推广的方法。

能力目标

➢ 能够使用 AIGC 工具优化网站关键词和网站内页。

➢ 能够使用 AIGC 工具进行应用商店优化与推广。

素养目标

➢ 培养工具思维,灵活运用 AIGC 工具开展搜索引擎营销和 App 营销。

➢ 提升数据驱动的营销思维,树立精准营销的理念。

项目导图

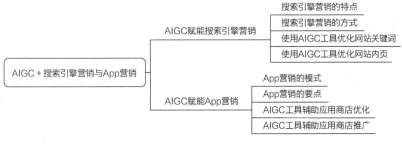

案例导入

Keep "All in AI" 战略：用人工智能重塑健身内容与用户体验

案例导入

随着人工智能技术的迅猛发展，健身行业正迎来一场深刻的变革。作为国内领先的运动科技平台，Keep 在成立十周年之际，正式宣布 "All in AI" 战略，全面拥抱人工智能技术，力图通过 AI 重塑健身内容生态和用户体验。这一战略不仅引发了资本市场的积极反响，也为健身行业的数字化转型提供了新的思路。

Keep 在 AI 营销方面的探索已初具规模。据公开资料，Keep 平台上已有超过 15%的官方运动课程内容由 AIGC 生成，显著提升了内容生产效率。此外，Keep 还推出了 AI 助手和基于 AI 识别的身体评估功能，帮助用户更精准地了解自身身体状况，从而制订个性化健身计划。据麦肯锡研究显示，生成式 AI 正逐步融入可穿戴设备和移动应用市场，部分产品已开始利用该技术，根据用户的健身数据提供个性化的锻炼方案。这些 AI 功能不仅增强了用户黏性，还成为 Keep 在营销中强调的核心卖点。

在海外市场，Keep 也积极布局 AI 应用，推出了 FitPulse、CalCut 等 AI 驱动的产品。FitPulse 通过 AI 生成个性化训练计划，面向欧美用户提供定制化健身服务；CalCut 则结合 GPT 和 Claude 技术，帮助用户记录饮食并生成营养建议。这些产品既拓展了 Keep 的用户群体，也展示了其在 AI 营销方面的创新能力。

Keep 通过将 AI 技术深度融入内容生产、用户评估和产品服务中，不仅提升了用户体验，还构建了差异化的营销优势。其 "All in AI" 战略不仅是对技术趋势的响应，更是对健身行业未来商业模式的积极探索。通过 AI 驱动的个性化服务，Keep 正在从传统健身平台向智能化运动科技品牌转型，为行业树立了新的标杆。

启发思考

1. 在 "All in AI" 战略中，Keep 采用了哪些 AI 技术来提升用户的健身体验？这些技术如何帮助 Keep 实现个性化营销？

2. Keep 平台上已有超过 15%的官方运动课程由 AIGC 生成，这一比例的提升对 Keep App 的营销策略和用户增长可能带来哪些影响？

任务一　AIGC 赋能搜索引擎营销

知识储备

搜索引擎营销是一种利用搜索引擎平台，通过各种手段提升网站在搜索引擎中的曝光度，进而增加网站流量和转化率的网络营销方式。

随着 AIGC 技术的发展，搜索引擎营销迎来了新的变革。AIGC 工具能够通过搭建关键词库、优化元数据、基于数据驱动持续优化关键词，以及生成和优化网站内页内容，实现个性化推荐，进行搜索引擎优化与布局优化，从而大幅提升搜索引擎营销的效果和效率。

一、搜索引擎营销的特点

搜索引擎营销的核心在于利用搜索引擎的检索机制，将营销信息精准地传递给目标用户，实现高效的网络营销。与其他网络营销方法相比，搜索引擎营销主要具有以下特点。

1．用户主导性强

搜索引擎营销是一种用户主导的网络营销方式，用户根据自身需求主动搜索信息。用户使用搜索引擎检索信息的行为完全由自己决定，包括使用什么搜索引擎、搜索什么内容，以及点击哪些搜索结果。这种用户主导的特性使搜索引擎营销最大限度地减少了对用户的干扰，符合网络营销减少对用户滋扰的基本理念。

2．精准定位营销客户且覆盖面广

搜索引擎营销通过关键词匹配，能够精准定位目标受众。例如，当用户搜索"北京婚纱摄影"时，相关婚纱摄影机构的广告便会出现在搜索结果中。这种精准的定位方式能确保广告费用只投放在潜在客户身上，提高了广告投放效率。同时，搜索引擎作为互联网用户的上网入口，覆盖了大量用户，使搜索引擎营销的客户覆盖面非常广泛。

3．表现形式多样

搜索引擎营销的表现形式丰富多样，搜索结果不仅包含网页链接，还包括图片、视频、新闻、问答等多种内容形式。这种多样化的表现形式有助于企业以更直观、更生动的方式展示自身特色，提升品牌形象。例如，百度搜索支持文字、图片、语音等多种搜索方式及结果表现形式，能满足不同用户的搜索需求。

4．投资回报率高

搜索引擎营销的精准定位有助于降低无效投放成本。搜索引擎营销通过精准触达目标客户，能够有效提升流量质量，进而提高转化率。高质量的流量结合精准的营销策略，使广告主能够以较低的成本获得更多的收益，从而实现较高的投资回报率。

5．交互性强

用户通过搜索引擎找到相关企业的网站或广告后，可以进一步了解产品或服务的详细信息，还能通过在线客服、留言表单、电话等方式与企业进行直接沟通，咨询产品的功能、价格、购买流程等问题。企业也可以及时回复用户的咨询和反馈，解答疑问，这种双向的互动能增强用户与企业之间的联系和信任。

二、搜索引擎营销的方式

搜索引擎营销的方式主要有以下 4 种。

1．搜索引擎优化

搜索引擎优化是通过优化网站内容和结构，使其在搜索引擎自然搜索结果中排名靠前的营销方式。它包括站内优化和站外优化。站内优化涉及网站结构优化、内容优化等，如关键词研究与布局、高质量内容创作、网站架构设计、统一资源定位符（Uniform Resource Locator，URL）优化以及内部链接建设等；站外优化则包括外部链接建设、社交媒体推广、提交在线目录和分类信息平台等。

2．竞价推广

竞价推广是一种付费广告形式，广告主通过设定每个关键词的出价，以及广告质量得分和点击率等因素，参与竞价排名。当用户在搜索引擎中输入相应关键词时，系统会根据广告主的出价和质量得分，将广告展示在搜索结果中，并给每次点击计费。通过按点击付费（Pay Per Click，PPC）的方式进行竞价，广告主可以提升广告曝光度，吸引更多潜在客户，同时根据花费和转化率进行精准投放，实现最佳广告效果。

3. 网盟推广

网盟推广是搜索引擎营销的一种延伸，通过与大量网站联盟合作，将广告展示在与搜索引擎有联盟关系的数十万家联盟网站上，其投放形式有文字、图片、动画、贴片广告等。网盟推广能覆盖潜在客户更多的上网时间，瞬间获取海量流量，迅速获得用户的关注。例如，百度网盟推广以 60 万家优质网站为推广平台，通过多种定向方式帮助客户锁定目标人群，并以丰富的样式将客户的推广信息展现在目标人群浏览的各类网页上。

4. 关键词广告

关键词广告是利用搜索引擎平台，根据用户输入的关键词展示相关广告的一种营销方式。广告主可以选择特定的关键词，当用户搜索这些关键词时，广告就会出现在搜索结果页面中。这种广告形式具有精准定位、高转化率的特点，通常与竞价推广相结合，广告主通过出价购买关键词，使广告在搜索结果页面中获得靠前的展示位置。

 课堂讨论

使用搜索引擎时，你更倾向于点击自然搜索结果还是广告推广结果？这个习惯对企业的搜索引擎营销策略有什么启示？

三、使用 AIGC 工具优化网站关键词

利用 AIGC 工具优化网站关键词，能显著提升网站在搜索引擎中的排名和流量，方法如下。

1. 搭建关键词库

在搭建关键词库时，用户可以结合使用 5118 等行业词库和 AIGC 工具。利用 5118 行业词库挖掘关键词的方法包括：在 5118 词库选择行业类目，查看高频词，提取疑问词，挖掘长尾词，分析需求图谱，最后导出并整理数据。

借助 AIGC 工具生成关键词的方法包括：根据业务目标和目标受众，确定向 AIGC 工具提问的方向；细化问题描述，提供更多的背景信息和具体要求，例如，"我们是一家位于写字楼附近的健身俱乐部，主要服务上班族，希望通过优化网站关键词来提高在搜索引擎中的排名，请结合上班族的工作特点和健身目标，帮我生成 10 个热门的长尾关键词。"如果第一次提问得到的结果不理想，可以尝试调整提问方式、更换关键词或补充更多条件，再次向 AIGC 工具提问，直到获得满意的网络关键词。

执行完以上操作后，将 AIGC 工具生成的关键词与 5118 行业词库中挖掘出的关键词进行整合，然后根据搜索量、竞争度、与业务的相关性等因素进行筛选，去除质量不高或不符合要求的关键词。

2. 元数据优化

元数据是指描述网页内容和属性的数据，主要包括标题标签、元描述和元关键词等。利用 AIGC 工具进行元数据优化的方法如下。

（1）标题标签优化

AIGC 工具可以分析网站页面的内容，提取出核心主题和关键信息，然后生成包含核心关键词且具有吸引力的标题标签。例如，对于一个健身俱乐部的网页，AIGC 工具可能会生

成 "[健身俱乐部名称]——专为上班族打造的高效健身空间" 这样的标题，既包含了 "健身俱乐部" 和 "上班族" 等关键词，又突出了针对特定目标人群的服务特色。

（2）元描述优化

AIGC 工具能够生成准确概括网页内容的元描述，在其中自然地融入关键词，并突出网页的独特价值和卖点。例如，对于健身俱乐部的网页，元描述可能是 "[健身俱乐部名称] 为上班族提供专业的健身指导和个性化的训练方案，帮助您在繁忙的工作之余塑造完美身材，享受健康生活"。这样的元描述既包含了关键词，又向用户传达了俱乐部的核心服务和价值主张。

（3）元关键词优化

AIGC 工具可以从网页内容中精准提取出相关的关键词，并根据其重要性和相关性进行排序。这些关键词应准确反映网页的主题和内容，同时涵盖用户可能用于搜索相关信息的各种词汇和短语。例如，对于健身俱乐部的网页，AIGC 工具可能提取出 "上班族健身" "健身课程" "私人教练" "健身器材" 等元关键词。

3. 数据驱动持续优化

企业通过 AIGC 工具实现数据驱动的持续优化，不仅能精准把握市场动态和用户需求，还能确保优化策略的有效性和针对性。

（1）实时监控与智能调整

AIGC 工具能实时监控网站内容的排名变化和流量数据，根据数据反馈自动调整关键词策略和内容优化方案。例如，如果发现某篇文章的某个关键词排名下降，AIGC 工具可自动分析原因，并提出调整建议，如更换关键词、优化内容结构等。AIGC 工具还能根据用户搜索行为的实时变化动态调整关键词库和内容创作方向，确保网站内容始终保持最佳状态。

（2）基于用户反馈的优化

企业运用 AIGC 工具分析用户对内容的反馈数据，如评论、点赞、分享等行为数据，可以深入了解用户对内容的喜好和需求。基于这些分析，AIGC 工具可以进一步优化关键词和内容创作方向。

例如，如果用户对某篇文章的某个部分反馈积极，AIGC 工具可以提取相关关键词和主题元素，将其应用到其他内容创作中，提升整体内容的吸引力和用户满意度。此外，AIGC 工具还能根据用户反馈数据自动调整内容推荐算法和个性化定制策略，增强用户黏性，提高转化率。

AI 营销：使用 AIGC 工具优化网站的长尾关键词

使用 AIGC 工具可以优化网站的长尾关键词，方法如下。

（1）挖掘长尾关键词

使用 SEMrush、Ahrefs 等专业关键词研究工具，输入核心关键词后，能够获取与该核心关键词相关的各种数据，如搜索量、竞争度、相关关键词等。AIGC 工具具有强大的数据分析和文本处理能力，可以对这些关键词研究工具中的数据进行分析，通过对数据的理解、归纳和总结，挖掘出大量相关的长尾关键词。

例如，对于一个销售运动装备的网站，先在 SEMrush 或 Ahrefs 等专业关键词研究工具中输入 "运动背包"，获取该关键词的搜索量、竞争度、相关关键词拓展等数据。随后，将这些数据导入 AIGC 工具，并向其提出需求，如"结合上述数据，针对销售运动装备的网站，找出适合徒步的大容量运动背包、防水运动背包推荐等，具有较高搜索潜力且竞争度适中的长尾关键词"。AIGC 工具基于数据进行分析，可挖掘出"2025 年高性价比适合徒步的大容量运动背包""专业户外防水运动背包选购指南"等更贴合市场需求的长尾关键词。

AIGC 工具可以分析社交媒体平台、论坛、问答网站上用户的讨论内容和提问。例如，在健身论坛中，AIGC 工具发现用户常问"如何选择适合自己的瑜伽垫"，这就可以作为瑜伽用品销售网站的长尾关键词。

AIGC 工具可以分析竞争对手网站的内容，找出他们未充分利用的长尾关键词。例如，某宠物用品网站发现竞争对手的网站在"猫咪自动喂食器"这个关键词上有排名，但对于"智能猫咪自动喂食器的优点"等长尾关键词未深入挖掘，就可将其作为自己网站的优化方向。

（2）内容创作与优化

根据挖掘出的长尾关键词，使用 AIGC 工具生成文章、产品描述等内容。例如，根据"复古风格连衣裙的搭配技巧"这个长尾关键词，AIGC 工具可生成一篇详细介绍复古连衣裙如何与不同配饰、鞋子搭配的文章，自然地融入关键词及相关变体。

生成内容后，使用 AIGC 工具检查和优化网站上已有的内容，确保长尾关键词合理分布在标题、元描述、正文等位置。例如，有一篇关于旅游的文章，AIGC 工具建议将"热门旅游景点推荐"修改为"2025 年国内热门旅游景点详细推荐"，以提升关键词的精准度和时效性。

AIGC 工具可通过语义分析使内容更符合用户的搜索意图，提升内容与长尾关键词的相关性。同时，优化内容的逻辑结构和语言表达，提升可读性。例如，将复杂的句子简化，使读者更容易理解。

（3）页面元素优化

AIGC 工具可以自动生成与长尾关键词匹配且符合搜索意图的标题标签和元描述，提高页面在搜索结果中的点击率。例如，对于"儿童益智玩具推荐"这个长尾关键词，AIGC 工具生成的元描述可以是"为您精心推荐多款儿童益智玩具，激发孩子的创造力，快来挑选适合您家孩子的玩具吧！"

AIGC 工具可协助营销人员将长尾关键词合理地融入 URL 中，使 URL 更简洁明了且有助于搜索引擎识别。

（4）效果监测与调整

营销人员可以使用 Google Analytics、百度统计等工具，结合 AIGC 工具分析长尾关键词的排名变化和带来的流量情况。AIGC 工具可以定期生成报告，总结哪些长尾关键词排名上升，带来了多少流量，哪些关键词效果不佳。

AIGC 工具可以分析用户在网站上的行为数据，如停留时间、跳出率、转化率等。如果发现某个长尾关键词带来的流量虽然多，但跳出率高，说明用户对该关键词对应的内容不满意，AIGC 工具可据此提出优化建议，如修改内容，使其更符合用户需求。

根据监测和分析的结果，营销人员可以使用 AIGC 工具不断调整、优化策略，如更换效果不好的长尾关键词，对表现好的长尾关键词加大推广力度，进一步优化相关内容等。搜索引擎优化是一个持续的过程，需要不断根据变化进行调整，以保持网站在搜索引擎中的良好排名。

四、使用 AIGC 工具优化网站内页

在流量获取成本不断攀升的当下，网站内页优化成为突破营收增长瓶颈的关键。传统方法效率低、难以形成规模，而 AIGC 工具凭借内容生成、智能推荐与自动化设计能力，为优化网站内页带来了很大的便利。

使用 AIGC 工具优化网站内页的方法如下。

1. 内容生成与优化

AIGC 工具能根据给定的主题和关键词自动生成高质量的内容，这些内容不仅符合语法规范，还富有创意，能吸引用户并提升搜索引擎排名。AIGC 工具还可以分析市场上与特定主题相关的热门搜索词，并自动为文章生成包含长尾关键词的内容，通过合理布局关键词，提升网站在搜索引擎中的可见度。

2. 个性化内容推荐

AIGC 工具能根据用户的行为、兴趣和历史数据，自动为每个用户推荐个性化的内容。通过分析用户的访问记录，AIGC 工具可以推断出用户感兴趣的内容，并动态展示相关信息，提升用户的互动和参与感。个性化内容推荐可以提升用户的满意度和留存率，进而提高网站的转化率。

例如，通过百度统计分析用户访问路径、停留时间、跳出率等数据，发现用户频繁浏览"跑步鞋"页面，可以在网站侧边栏添加"跑步装备清单"。

3. 搜索引擎优化

AIGC 工具可以帮助生成对搜索引擎优化友好的页面标题和元描述，提高页面的点击率。例如，通过 AIGC 工具生成包含关键词的标题"2025 高性价比跑步鞋推荐：专业跑者亲测"，以及具有吸引力的元描述"精选 5 款轻便透气跑鞋，适合 5~10 千米长跑，限量版折扣中"。

AIGC 工具可以分析网站内容，自动调整内部链接的布局，以提高内页的权重，通过高质量的内容营销吸引其他网站链接到内页，增加外部链接的数量和质量。

4. 设计与布局优化

AIGC 工具可以根据用户的需求、目标和行业特点自动生成符合视觉美学和用户体验的网页布局建议。例如，使用稿定 AI 设计功能或 Figma 插件生成布局草图，根据行业风格调整配色和字体，提高用户点击率。这不仅提升了用户体验，还减轻了开发人员在不同设备上反复测试和调整布局的工作量。

AIGC 工具还可以分析用户行为数据，并根据这些数据提供用户界面（User Interface，UI）和用户体验（User Experience，UE）设计的优化建议，如改善网站导航、按钮位置、颜色搭配等，从而提升用户体验。

任务实施：使用 AIGC 工具撰写搜索引擎营销策划方案

1. 任务目标

通过本任务熟练掌握运用 AIGC 工具辅助完成搜索引擎营销策划方案的方法，涵盖关键词策略制定、广告创意生成等核心环节，提升营销策划的效率与质量。

2. 实施步骤

（1）确定营销目标

利用 AIGC 工具对产品特性和市场定位进行深度分析，精准确定搜索引擎营销的核心目标，如提高品牌曝光度、促进销售转化等。

（2）搭建关键词库

运用 AIGC 工具生成产品的关键词库，确保关键词的多样性和时效性。例如，在 DeepSeek 中输入提示词"我们是一家专注于职场技能提升的在线教育公司，现在需要通过优化关键词来提高公司在搜索引擎中的排名，请帮我生成 20 个时下热门的职场关键词"。

（3）优化网站内容

使用 AIGC 工具提取产品核心卖点，分析受众特点和竞品标题结构等，参考标题公式"痛点解决+产品特性+促销信息"，生成吸引人的标题标签、元描述和元关键词。

结合数据分析工具，持续监测关键词表现，并根据数据反馈，利用 AIGC 工具对标题标签、元描述和元关键词进行动态调整，确保其优化效果。

（4）效果评估与调整

利用数据分析工具定期检测关键词排名、流量、转化率等关键指标。根据检测结果，借助 AIGC 工具深入分析数据背后的原因，有针对性地调整关键词策略和内容创作方向，以实现对搜索引擎营销的持续优化。

任务小结

本任务聚焦于 AIGC 在搜索引擎营销中的应用，深入剖析了搜索引擎营销的特点，如用户主导性强、精准定位营销客户且覆盖面广等，并梳理了搜索引擎营销的主要方式，包括搜索引擎优化、竞价推广、网盟推广和关键词广告。同时，还详细探讨了 AIGC 工具在优化网站关键词和网站内页方面的应用，如搭建关键词库、元数据优化、内容生成与优化、个性化内容推荐等。

任务二 AIGC 赋能 App 营销

知识储备

在移动互联网时代，App 营销是企业触达用户、提升品牌影响力的重要手段，其主要模式包括植入广告、用户参与和内容营销，而拉新、留存、促活、营收是关键要点。然而，传统的营销方式常因内容创作低效、用户需求把握不准而受限。AIGC 技术的出现为 App 营销注入了新活力。它能精准洞察用户需求，生成定制化内容，促进应用商店优化和推广。从关键词优化到视觉素材生成，从评分和评论管理到投放策略调整，AIGC 能全方位提升 App 营销的效率与效果。

一、App 营销的模式

随着智能手机的普及和移动互联网的发展，App 营销成为企业推广产品和服务、提升品牌知名度和用户忠诚度的关键手段。

App 营销的模式主要有以下 3 种。

1. 植入广告模式

植入广告模式是通过在 App 内嵌入各种形式的广告来实现流量变现。它操作简单，适用于各类 App，尤其是那些拥有大量用户的热门 App。通过将广告投放到与自身产品受众相关的 App 上，可以有效提升品牌知名度，增加用户注册量。

常见的广告形式如下。

- Banner 广告：通常出现在 App 的顶部或底部，展示直观，但可能会影响用户体验，如图 4-1 所示。
- 插屏广告：在用户操作过程中弹出，视觉冲击力强，但可能会打断用户操作。
- 启动页广告：在 App 启动时展示，形式多样，能快速吸引用户注意，如图 4-2 所示。
- 内容植入：将广告与 App 内容有机结合，如在游戏或工具类 App 中植入与产品相关的元素，既不影响用户体验，又能达到宣传效果。

图 4-1　Banner 广告　　　　图 4-2　启动页广告

2. 用户参与模式

用户参与模式强调通过提供有价值的应用体验，让用户在使用过程中自然地了解品牌和产品信息。这种模式具有很强的实用价值，能让用户在满足自身需求的同时了解产品，增强对产品的信心，提升品牌美誉度。

这种模式的应用类型主要有以下两种。

- 网站移植类：将企业网站或服务移植到 App 中，方便用户随时随地访问，如购物网站的 App 版本，用户可以浏览商品信息、下单购买等。
- 品牌应用类：企业开发与自身品牌相关的 App，通过提供实用功能或有趣内容，吸引用户下载使用，从而增强品牌认知度和用户忠诚度。

3. 内容营销模式

内容营销模式是通过提供有价值、有趣或有用的内容，吸引用户关注和留存，进而实现营销目的。这种模式的核心在于创造高质量、与用户兴趣相关的原创内容，通过这些内容吸引用户，提升用户对品牌的认知度和好感度。

例如，广汽传祺通过制定内容策略、引入第三方内容、内容平台与推荐算法建设三大要素升级 App 社区内容，引入 600 余位优质创作者，内容涵盖新车发布、试乘活动、用车分享等，营造品质生活氛围，借助内容管理与推荐平台实现个性化分发。经过 A/B 测试，用户平均停留时长、平均内容板块消费渗透率、信息流人均点击数都有了很大的提升。

课堂讨论

在使用手机 App 时，哪些 App 的植入广告模式让你印象深刻？这些广告是否会影响你对 App 的使用体验，为什么？

二、App 营销的要点

随着移动互联网竞争的加剧，App 营销的核心已从单一功能竞争转向用户全生命周期运营。App 营销的要点如下。

1. 拉新

拉新是通过各种渠道和手段吸引用户下载和注册 App，这是 App 营销的起点。新用户不仅能为 App 带来新的流量，还能通过口碑传播吸引更多潜在用户，扩大品牌影响力，进而实现营收增长。

目前，常用的拉新方法有以下几种。

（1）多渠道推广

企业可以利用社交媒体、搜索引擎、线下广告等多种渠道进行推广。例如，通过微信公众号、微博等社交媒体平台发布 App 的介绍和优惠活动，吸引用户下载；在搜索引擎上投放关键词广告，提高 App 的曝光率；与线下商家合作，通过线下门店的广告位推广 App，吸引线下流量。

（2）优化应用商店页面

企业要优化应用商店页面，确保 App 在应用商店中的标题、描述、截图等信息具有吸引力，以提高下载转化率。例如，使用吸引人的标题和清晰的截图展示 App 的核心功能。在描述中突出 App 的独特卖点和优势，让用户一眼就能了解 App 的价值。

（3）提供激励措施

企业可以利用激励措施，如新用户注册送优惠券、送积分、免费试用等，吸引用户下载和注册。例如，健身类 App 可以为新用户提供 7 天试用期，让用户亲身体验 App 的功能和服务，从而提升用户对 App 的认可度。

2. 留存

留存是指用户在下载 App 后，持续使用 App 的行为。它反映了用户对 App 的满意度和忠诚度，是 App 营销的核心环节。留存用户不仅能为 App 带来稳定的流量和收入，还能通过口碑传播吸引更多新用户，降低营销成本，提高营销效率。

提高用户留存率的方法如下。

（1）用户体验优化

用户体验优化是 App 留存的关键，通过改善 App 的易用性、稳定性和个性化服务，提升用户满意度和忠诚度。例如，定期更新 App，修复漏洞，优化功能，同时根据用户的反馈，不断改进 App 的功能和服务，提升用户满意度。

（2）用户分层运营

用户分层运营是指将用户按照不同的特征和行为模式进行分类，从而针对不同层次的用户制定个性化的运营策略，以提升用户体验和业务价值。例如，为新用户提供详细的新手引导，帮助他们快速了解 App 的功能和使用方法；为老用户建立完善的会员体系，提供积分兑换、专属客服、优先体验新功能等特权。

（3）情感化运营

情感化运营是指通过建立情感连接，增强用户对 App 的认同感和归属感，从而提高用户留存率。例如，通过用户关怀（生日祝福、节日礼包）、社区建设等方式降低用户流失率，增强用户黏性，实现长期的用户留存和业务增长。

3. 促活

促活是指通过各种手段提高用户在 App 内的活跃度和参与度。它反映了用户对 App 的兴趣和热情，是 App 营销的重要环节。促活可以让用户更频繁地使用 App，增强用户对 App 的依赖和忠诚度，扩大 App 的用户基础和品牌影响力。

促活策略主要有以下几种。

（1）任务与奖励体系

任务与奖励体系是通过设计一系列任务并给予用户相应的奖励，激励用户更频繁地使用 App。这种体系不仅能提高用户的使用频率，还能培养用户的使用习惯。

（2）社交互动设计

社交互动设计是指通过举办线上活动、竞赛、抽奖等，吸引用户参与，增加用户之间的互动，提升用户在 App 上的参与度和活跃度。例如，社交类 App 可以举办线上交友活动或话题讨论活动，吸引用户参与互动，通过这些互动活动让用户感受到 App 的趣味性和活力，从而提升用户活跃度。

（3）内容更新

定期更新 App 内容可以满足用户的多样化需求，增加用户对 App 的依赖。例如，视频类 App 每周更新热门影视作品，吸引用户定期观看，让用户始终保持对 App 的兴趣和热情，从而提升用户活跃度。

4. 营收

营收是指通过 App 实现收入，包括广告、付费会员、内购、电商销售等多种形式，是 App 营销的最终目标。营收不仅可以支持 App 的进一步开发和运营，提升用户体验，还能为 App 的营销活动提供资金支持。

App 的营收方式主要有以下几种。

（1）广告变现

广告变现的核心在于利用 App 的用户流量和注意力资源，通过展示和售卖广告来获取收益。这种方式几乎适用于所有具有一定流量基础的 App，尤其是用户活跃度较高的 App。

（2）会员订阅

会员订阅是用户通过定期支付固定费用，获取持续享受 App 服务的模式。这种模式的核心在于提供稳定、持续的价值，并通过不同等级的会员服务满足不同用户的需求。

（3）电商转化

电商转化的核心在于通过 App 帮助商家销售商品，从中赚取分成或收取入驻费。这种方式适用于具备购物功能或者能够成功与电商平台建立合作关系的 App。

（4）数据变现

App 在日常运营过程中会收集到用户的各种数据，如用户的基本信息、使用行为数据、消费数据，这些数据在积累到一定规模后就具有了潜在的价值。

企业可以运用数据分析工具和技术，从海量的数据中挖掘出有价值的信息，如用户的偏好、行为模式、消费趋势等，然后在确保合法合规的前提下，将这些经过分析处理的数据销售给有需求的第三方，如市场研究公司、广告商、企业等。第三方可以利用这些数据来更好地了解市场和用户，制定更精准的营销策略、产品研发方向等。

课堂讨论

假设你运营着一款美妆类 App，你会如何利用 AIGC 工具生成个性化的推荐内容，以提高 App 的用户留存率？

三、AIGC 工具辅助应用商店优化

随着移动应用市场竞争加剧，传统的应用商店优化（Application Store Optimization，ASO）方法已难以满足精细化的运营需求，AIGC 技术的引入为应用商店优化带来了智能化升级的可能。

AIGC 在应用商店优化中的应用主要体现在以下 3 个方面。

1. 关键词优化

在应用商店优化中，关键词优化是提升应用可见性的关键环节，AIGC 技术以其强大的数据分析和生成能力，为关键词优化带来了新的突破。

（1）关键词研究与拓展

AIGC 工具能够通过分析海量用户数据，挖掘与应用相关的高频搜索关键词，并拓展出更多长尾关键词，而且 AIGC 工具生成的关键词组合比人工方式覆盖面更广，更新频率更高，更有利于提升 App 在应用商店的自然搜索流量。

例如，利用 AIGC 工具抓取应用商店中同类产品的标题、描述和用户评论，然后通过语义分析识别高频词和关联词，结合产品特点生成关键词组合建议。

（2）元数据智能生成

App 的元数据包括标题、副标题和描述等要素，直接影响搜索排名和用户转化。AIGC 工具自动生成 App 元数据的过程主要依赖其文本生成能力，首先输入产品核心功能、目标用户特征等基本信息，然后设定多个优化目标，如包含核心关键词、突出产品差异化等，最后生成符合应用商店规范的文案。这不仅提高了内容生产的效率，还提升了用户的阅读体验，进而增强了 App 在应用商店中的吸引力。

2. 视觉素材优化

视觉素材是吸引用户下载应用的第一印象，AIGC 技术能够极大地提高视觉素材生成和优化的效率和质量。

（1）智能截图生成

应用商店截图是影响用户下载决策的重要因素，AIGC工具可以根据应用的功能和特点自动生成高质量的截图。AIGC工具首先分析竞品截图的设计风格和内容布局，然后根据产品特点生成多个设计模板，最后自动填充实际内容并输出成品。

（2）预览视频自动化制作

AIGC工具可以自动提取App的核心功能，匹配对应的使用场景素材，然后生成配音和字幕，最后输出符合各应用商店规格的视频版本。预览视频能有效提升商品的展示效果，让用户直观感受App的功能和使用体验。

3. 评论和评分管理

评论和评分是影响用户下载应用的重要因素，AIGC技术在评论和评分管理中的应用能够帮助开发者更好地了解用户需求，提升用户体验。

（1）评论情感分析与响应

用户评论会直接影响App在应用商店的评分和排名，所以做好评论管理有利于应用商店的优化，提高用户互动率，提升用户满意度。

AIGC技术使开发者能够更好地应对海量的用户反馈。AIGC工具可以对用户评论进行语义和情感分析，识别出表扬、建议、投诉等类型，然后根据不同类型生成相应的回复模板。

（2）评分预警与优化

AIGC工具可以预测评分变化趋势并提前预警，通过监测评论的情感倾向变化、关键词出现频率等指标，在评分明显下降前发出预警，并提供优化建议，帮助开发者及时调整策略，提升应用评分，有效维护App在应用商店的排名。

AI 营销：使用 DeepSeek 辅助 App 在应用商店的评分管理

使用DeepSeek对App在应用商店的评分进行管理，方法如下。

（1）数据收集与整理

先利用DeepSeek编写脚本，抓取应用商店中关于App的评论内容。可以向DeepSeek描述需求，如"写一个Python脚本，用于抓取应用商店中指定App的评论，包括评论时间、标题、内容和评分"，让其生成相应代码。若生成的代码有错误，可将错误信息反馈给DeepSeek，让其继续优化，直至得到可用的脚本。然后，将抓取到的评论数据整理成表格形式，如CSV或Excel格式，以便DeepSeek进行分析。如果数据格式不符合要求，可要求DeepSeek进行数据清洗和格式转换。

（2）评论分析

使用DeepSeek分析用户评论的情感倾向，判断用户对App抱有积极、消极还是中性态度。例如，输入"分析这些用户评论的情感倾向，统计积极、消极和中性评论的数量"，DeepSeek会基于自然语言处理技术进行分析，并给出相应的统计结果。让DeepSeek对用户评论中提到的问题进行分类，如功能问题、界面设计问题、性能问题、安全问题等，可以输入"将这些评论按照问题类型进行分类，如技术问题、功能需求、用户体验等"，以便开发团队更有针对性地了解用户反馈。

要求DeepSeek从评论中提取关键信息，如用户提到的具体功能、改进建议、使用场景等。例如，"从这些评论中提取用户对App新功能的评价和建议"，帮助开发者明确用户关注的重点和产品的改进方向。

（3）生成报告与数据可视化

基于对评论的分析，可以要求 DeepSeek 生成详细的分析报告，总结用户的主要反馈、问题趋势、评分变化原因等。例如，"生成一份关于 App 在应用商店评分的分析报告，包括近期评分变化趋势、用户主要反馈的问题及改进建议。"

如果需要更直观地展示数据，可以要求 DeepSeek 将分析结果以图表的形式呈现，如柱状图、折线图、饼图等。例如，"用柱状图展示不同版本 App 的评分变化情况"或"用饼图展示各类问题在用户评论中所占的比例"，使数据一目了然，便于决策制定者快速了解 App 的整体情况。

（4）持续监控与优化

设置定期任务，让 Python 脚本定时抓取最新的评论数据，并使用 DeepSeek 进行分析，及时发现新出现的问题或趋势。例如，每天或每周运行一次脚本，获取最新的用户评论，分析评分实时变化情况。

根据 DeepSeek 的分析结果调整 App 的优化策略。如果发现某个功能的负面评价较多，可考虑对该功能进行改进；如果某个版本更新后评分下降，分析原因并采取相应措施，如回滚版本或加强对新功能的宣传和引导。同时，将优化后的效果反馈给 DeepSeek，让其持续学习和优化分析结果，为后续的决策提供更准确的依据。

四、AIGC 工具辅助应用商店推广

应用商店推广是获取高质量用户的重要渠道，主要包括搜索广告、展示广告和推荐位等多种形式。AIGC 工具在应用商店推广方面的具体应用如下。

1. 广告素材生成

广告素材的创作和优化是应用商店推广的重要策略，而 AIGC 技术的兴起为营销者提供了更高效、更精准的创作工具和优化手段。

（1）智能广告文案创作

AIGC 工具在广告素材生成方面有着广泛的应用，能大幅提升广告创作的效率和质量。首先，它可以实现智能广告文案创作，通过文本生成类 AIGC 工具，如 DeepSeek、豆包、文心一言等，根据输入的产品信息、目标受众等条件，结合产品卖点快速生成高质量、个性化的广告文案。

例如，为一款运动类 App 生成文案时，AIGC 工具可以根据目标受众是健身爱好者还是休闲运动者生成不同风格和侧重点的文案，使文案更具针对性和吸引力。

（2）动态创意优化

除了文案创作外，AIGC 工具还能分析用户设备信息、浏览历史等数据，然后从素材库中智能选取最匹配的素材生成图片、视频等，最后实时反馈效果数据并持续优化。

例如，对于一款社交类 App 的推广，AIGC 工具可以生成不同风格的广告图片，结合不同文案，投放后根据用户的点击率、转化率等数据，快速找到最受欢迎的组合，优化广告效果。

2．投放策略优化

AIGC 工具在投放策略优化中的应用主要体现在以下两个方面。

（1）智能受众定向

精准定位目标用户是提高广告效果的关键。AIGC 工具可以实现智能受众定向，通过分析海量用户数据，精准识别目标受众的特征和行为模式。例如，营销者可以利用 AIGC 工具分析用户的年龄、性别、兴趣爱好、地理位置等多维度数据，从而将广告精准推送给有可能感兴趣的人群，提高广告的触达率和转化率。

（2）实时竞价优化

在广告投放过程中，实时竞价是获取优质广告位的关键环节。AIGC 工具可以结合实时监测广告位竞争情况、用户点击率等数十个指标，动态调整出价策略。例如，当系统检测到某一时间段内目标受众的活跃度较高，且竞价环境较为激烈时，AIGC 工具可以自动提高出价，以确保广告能够获得更好的展示位置。这种动态的竞价优化能够帮助广告主在有限的预算内使广告的曝光效果最大化。

3．推广效果分析

在推广效果分析中，AIGC 工具的应用如下。

（1）多维度效果监测

AIGC 工具可以实现多维度效果监测，通过整合多种数据源，全面跟踪广告投放的各项指标。它们可以监测广告的展示次数、点击率、转化率、留存率等多个关键指标，帮助营销者实时了解广告投放的整体效果。例如，在推广一款游戏 App 时，AIGC 工具可以详细记录用户从看到广告到下载、注册、留存的全过程数据，为广告主提供全面的分析依据。

（2）智能归因分析

在复杂的营销渠道环境中，准确归因是衡量广告效果的关键。AIGC 工具可以结合点击时间、用户路径、设备指纹等不同渠道的用户行为数据，分析不同渠道对最终转化的贡献度。

例如，一个用户最终下载了某款 App，AIGC 工具可以判断是搜索引擎广告、社交媒体广告还是应用商店推荐起到了关键作用，从而帮助广告主优化广告预算分配。这种智能归因分析能使广告主更精准地评估各渠道的价值，提升整体的营销效果。

任务实施：使用 AIGC 工具撰写 App 营销策划方案

1．任务目标

撰写一份全面的 App 营销策划方案，借助 AIGC 工具实现 App 的拉新、留存、促活及营收目标。方案需涵盖营销模式选择、实施策略，以及 AIGC 在应用商店优化与推广中的具体应用。

2．实施步骤

（1）收集资料

以健身类 App 为例，收集同类 App 的市场数据，包括用户规模、活跃度等，深入分析用户需求、市场趋势，为后续策划提供数据支持。选取 2~3 款市场表现优异的健身类 App，分析其营销模式、关键词及用户反馈等内容。

（2）选择 App 营销模式

结合营销目标选择合适的营销模式，如植入广告模式。在 App 内设置开屏广告、信息流广告或激励视频广告，与健身食品、运动装备品牌合作，实现广告收入。同时，利用 AIGC 工具生成创意广告脚本，提升广告吸引力和效果。

（3）应用商店优化

利用 AIGC 工具生成与健身相关的长尾关键词，提升 App 在应用商店的搜索排名。

在视觉素材优化方面，使用 AIGC 工具生成吸引人的应用图标、截图、视频预览，加深用户的第一印象。

在评论管理方面，借助 AIGC 工具自动回复用户评论，及时解决用户问题，提升用户满意度。

（4）推广效果分析与调整

分析广告投放效果，包括点击率、转化率等关键指标。根据分析结果，利用 AIGC 工具生成优化建议，有针对性地调整关键词策略、视觉素材优化策略和广告投放策略。

任务小结

本任务深入剖析了 App 营销的主要模式，包括植入广告、用户参与和内容营销，明确了拉新、留存、促活、营收等关键要点。同时，深入探讨了 AIGC 工具在应用商店优化和推广中的应用，如关键词优化、视觉素材优化、评论和评分管理，以及广告素材生成、投放策略优化和推广效果分析等。通过本任务的学习，我们能够掌握 App 营销的核心知识，了解 AIGC 技术如何提升 App 营销效果，为在数字化营销领域实现精准推广和高效转化奠定坚实的基础。

综合实训 1：使用 AIGC 工具撰写苏州园林的搜索引擎营销策划方案

一、实训目标

学会使用 AIGC 工具撰写针对苏州园林的搜索引擎营销策划方案，掌握 AIGC 在关键词优化、内容生成、视觉素材优化等方面的应用，提高搜索引擎营销的效率和效果，进而提高苏州园林在搜索引擎中的曝光率和用户转化率。

二、实训思路

1. 项目背景调研

使用 AIGC 工具（如百度指数 AI）收集苏州园林的相关搜索数据，分析"苏州园林""拙政园"等核心关键词的搜索趋势，识别高潜力长尾关键词，如"苏州园林拍照攻略"等，为后续策划提供数据支持。

2. 搭建关键词库

使用 5118 行业词库，并结合 DeepSeek 等 AIGC 工具生成包含核心词、长尾词、地域词的关键词体系。根据不同的关键词进行页面分配，如将"苏州园林门票"等交易词用于预订页面，提升用户转化率。

3. 网站内页优化

使用 DeepSeek 生成符合规范的标题标签，如"苏州拙政园 | 中国四大名园之一 | 官方门票预订"，以及包含关键词的元描述，提升网页内容的搜索引擎优化效果。使用 AIGC 工具生成内容页的配图或视频，提升网页内容的吸引力。

4. 营销方案设计

结合苏州园林的特点和受众群体的特征，选择合适的搜索引擎营销方式，如竞价推广、网盟推广等，并利用 AIGC 工具生成创意广告脚本，提升广告的吸引力。

三、实训总结与反思

撰写实训报告，总结本次实训的学习成果，包括 AIGC 工具的使用技巧、关键词优化策略、内容生成效果等。同时记录实训过程中遇到的困难和解决方案。最后由教师总结营销方案的亮点与不足之处，并给出优化建议。

四、实训评估

过程评价：对学生在实训过程中的参与质量进行评价，如 AIGC 工具操作熟练程度、问题解决能力等。

成果评价：评价营销策划方案的完整性，如关键词策略、内容优化等模块是否完备；方案设计是否合理，是否符合苏州园林的实际营销需求。

自我评价：学生评价自己在知识掌握、工具运用、团队协作等方面的进步与不足，并提出改进措施。

综合实训 2：使用 AIGC 工具撰写汽水音乐 App 营销策划方案

一、实训目标

学会使用 AIGC 工具撰写针对汽水音乐 App 的营销策划方案。掌握 AIGC 在关键词优化、视觉素材优化、广告素材生成、投放策略优化等方面的应用，提升 App 在应用商店的排名和用户转化率。

二、实训思路

1. 市场分析与竞品研究

使用 AIGC 工具分析音乐类 App 的市场数据，收集"汽水音乐"当前的用户画像与行为数据，对比分析 QQ 音乐、网易云音乐等竞品的营销策略。分析"汽水音乐"目标受众的偏好特征，明确"汽水音乐"的核心竞争优势。

2. App 应用商店优化

使用 DeepSeek、文心一言等 AIGC 工具生成音乐类 App 的关键词，重点优化"小众音乐发现""AI 个性歌单"等差异化关键词。利用文心一格的图像生成能力，生成符合年轻用户审美的应用图标，并制作突出"汽水音乐"特色的预览视频，提升 App 在应用商店的视觉吸引力。

3. 用户获取策略

使用 AIGC 工具制作多种版本的广告文案和图片素材，结合社交媒体平台（如抖音、微博等）的用户特征制定有针对性的推广策略，吸引用户关注。

4. 用户留存与活跃

利用 AIGC 工具实现个性化音乐推荐，基于用户听歌时段预测最佳推送时间，发送个性化音乐推荐的通知；结合用户特征举办用户生成内容活动，如"校园音乐创作大赛"等，激发用户的活跃度。

5. 商业化设计

利用 AIGC 工具设计"AI 专属混音"等差异化付费功能，以及"音乐人扶持计划"等特色服务，通过精准满足用户需求提升 App 的转化率。

三、实训总结与反思

总结 AIGC 工具在音乐类 App 营销中的应用效果，分析"汽水音乐"特有的营销挑战及解决方案，并重点梳理用户拉新、留存、促活与营收策略。

四、实训评估

过程评价：检查 AIGC 工具数据收集的完整性、逻辑分析的严谨性；评估关键词优化方案是否合理，应用图标和预览视频的生成是否符合要求；观察推广策略制定、个性化推荐实施、付费功能设计等是否按计划推进，团队成员协作是否顺畅，是否及时解决实训过程中出现的问题。

成果评价：通过数据指标评估市场分析的准确性，如"汽水音乐"用户画像与实际情况的契合度；对比优化前后 App 在应用商店的搜索排名、下载量，衡量应用商店的优化效果；统计用户拉新数量、留存率、活跃度等数据，评估用户拉新与留存策略的成效；分析商业化设计带来的付费转化率、收入增长等数据，判断商业化方案的可行性。同时，组织专业评委对应用图标、预览视频、用户生成内容活动成果等进行质性评价，并给出改进建议。

自我评价：实训结束后，学生撰写自我评价报告。从知识技能掌握角度，总结对 AIGC 工具使用、音乐类 App 运营知识的学习收获；反思在团队协作、沟通交流、问题解决等方面的提升与不足；分析自身在实训过程中的参与度、积极性，以及对个人职业规划的影响。通过自我评价，明确自身优势与改进方向，为后续学习和实践提供参考。

思考题

1. 结合搜索引擎营销的特点，分析 AIGC 工具在提升搜索引擎优化效果方面可能发挥哪些关键作用？

2. 观察你最常用的 3 个 App 的应用商店页面，找出一个你认为可以用 AIGC 工具进行优化的具体细节，并说明理由。

3. 某学习类 App 在应用商店的截图点击率持续偏低，如果使用 AIGC 工具优化素材，你认为应该重点突出哪些元素来吸引大学生用户群体？

PART 05

项目五

AIGC＋短视频营销与直播营销

学习目标

知识目标
- ➤ 了解营销类短视频的内容表现形式和短视频创作的基本流程。
- ➤ 掌握使用 AIGC 工具生成短视频内容创意的方法。
- ➤ 了解直播营销的表现形式和直播营销活动的流程。
- ➤ 掌握使用 AIGC 工具撰写直播营销活动脚本和直播营销话术的方法。
- ➤ 了解企业布局数字人直播营销的一般流程。

能力目标
- ➤ 能够使用 AIGC 工具生成短视频内容创意和制作短视频。
- ➤ 能够使用可灵 AI 和剪映创作童装推荐短视频。
- ➤ 能够使用 AIGC 工具撰写直播营销活动脚本和直播营销话术。
- ➤ 能够使用腾讯智影创作数字人直播预告短视频。

素养目标
- ➤ 培养系统思维，在短视频营销或直播营销时树立整体观念。
- ➤ 培养工具思维，积极利用 AIGC 工具赋能内容创作。

项目导图

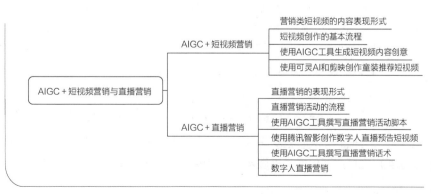

案例导入

优趣汇荣获 AIGC 广告创意大奖：多模态 AI 让短视频创意拥有无限可能

2025 年 4 月 2 日，由中国广告协会主办的"2025 年 AIGC 广告创意大赛"圆满收官，国内领先的品牌电商运营服务商优趣汇凭借出色表现，斩获"开放命题 AIGC 广告创意作品视频类优秀作品奖"。

在短视频蓬勃发展的当下，优趣汇聚焦数智赋能，为品牌提供全链路电商运营解决方案。同时，持续深耕 AI 能力建设，探索 AIGC 在短视频创作领域的创新应用，推动智能化生产迈向新台阶。

在创作过程中，优趣汇设计团队借助多模态 AI 模型实现关键突破。一方面，通过深度磨合与反复训练，充分发挥 AI 模型的思考能力，产出兼具吸引力与感染力的智能脚本，大幅提升创作效率与质量；另一方面，融合语音与视觉指令，精准把控人物动作、产品展示角度及场景切换等细节，生成高质量视频内容。与传统制作模式相比，AI 短视频不仅可以降低成本，还实现了多模态融合创作，让创意表达更具多样性。

2024 年，优趣汇设计团队全年产出近 4000 个 AI 应用案例。通过人机共创的常态化模式，打破创作思维局限，实现创意、质量与效率的全面提升。

展望未来，优趣汇将继续深化 AI 技术在各业务环节的应用，帮助品牌在数字化营销浪潮中抢占先机，驱动业绩持续增长。

启发思考

人机共创的常态化模式拓展了创作者思维界限。在 AIGC+短视频创作中，人类创作者和 AI 各自的优势是什么？如何更好地发挥双方优势，实现高效共创？

任务一　AIGC＋短视频营销

知识储备

以前，短视频创作需耗费大量人力、物力与时间，从创意构思到拍摄剪辑，每个环节都充满挑战。如今，借助 AIGC 工具能快速生成富有创意的文案、精美的画面和引人入胜的短视频脚本，大幅降低短视频创作门槛与成本，让"人人皆可创作优质短视频"成为现实。

一、营销类短视频的内容表现形式

随着信息技术的飞速发展，短视频已成为品牌与消费者之间沟通的桥梁。营销类短视频凭借其简洁精练、生动形象的特点，能迅速抓住用户的注意力，在短短几秒到几分钟内传递核心信息，激发情感共鸣。从产品展示、故事讲述，到用户见证、互动娱乐，再到教育科普，每一种内容表现形式都犹如一把钥匙，开启不同用户群体的心门。

1. 产品展示类

产品展示类短视频通过直观、生动的方式向消费者传递产品的特点、功能、使用方法和优势等关键信息，从而激发消费者的兴趣，消除购买前的疑虑，促进其产生购买行为。产品展示类短视频主要包括直接展示、功能演示、细节特写等形式。

（1）直接展示

直接展示就是利用高清画面和简洁的剪辑，将产品的外观、功能、使用方法等核心信息清晰地呈现出来。例如，在展示一款智能手机时，镜头会全方位地围绕手机旋转，细致地展现屏幕、机身、摄像头等细节，让观众对其物理特性有初步的认识。

（2）功能演示

功能演示聚焦于产品的功能和使用过程，通过实际操作让观众直观地感受到产品是如何解决痛点、满足需求的。

（3）细节特写

细节特写是对产品关键细节的放大和聚焦，突出产品的工艺、材质、设计亮点等，增强观众对产品品质的认知。

2. 故事讲述类

故事讲述类短视频通过情感和叙事为产品注入灵魂，让观众从被动观看转变为主动参与。这种形式不仅增强了观众的代入感，还使品牌信息更容易被记住，从而在情感层面与观众建立深层次连接。故事讲述类短视频主要包括品牌故事、用户故事与情感故事。

（1）品牌故事

品牌故事短视频以品牌的发展历程、价值观、使命为核心，通过叙事的方式传递品牌文化与情感，增强观众对品牌的认同感和忠诚度。例如，小米的品牌故事短视频能与用户搭建起信任的桥梁，如图 5-1 所示。

（2）用户故事

用户故事短视频即通过真实或虚构的用户案例，展现产品如何融入用户生活，解决实际问题，给用户带来积极的改变。例如，安吉尔推出的用户故事短视频"把美好装进家"以 3 位用户的真实故事，照见"创造健康美好生活"的企业使命，如图 5-2 所示。

（3）情感故事

情感故事短视频借助情感元素，如亲情、爱情、友情等，将产品与情感需求相结合，引发观众的情感共鸣，从而提升产品的情感附加值。这类短视频比较适用于礼品、饰品、家居用品等与情感消费相关的品类。例如，顾客家居的广告宣传短视频"爱的存折"，讲述了每一处痕迹里都有家的样子，营造出一个温馨的让人向往的家，如图 5-3 所示。

图 5-1　品牌故事　　　　图 5-2　用户故事　　　　图 5-3　情感故事

3．用户见证类

当观众被产品展示吸引、被故事打动后，往往会寻求产品宣传的真实性和可信度。用户见证类短视频就是以真实的用户体验和评价为支撑，为品牌和产品背书。这种形式满足了观众在购买决策前对产品实际效果的好奇和验证需求，是营销链条中的重要一环。用户见证类短视频主要包括用户评价、案例分析与达人推荐。

（1）用户评价

用户评价短视频是指企业通过收集和展示真实用户的使用评价和反馈，以第三方的视角增强产品的可信度和说服力。例如，在短视频中展示用户购买枸杞后的真实评价，如图 5-4 所示。

（2）案例分析

案例分析短视频是指通过深入剖析特定用户或企业在使用产品或服务前后的变化和成果，提供详细的数据和事实支撑，展现产品的实际效果。例如，一款洗碗海绵的测试使用案例，如图 5-5 所示。

（3）达人推荐

达人推荐短视频是指邀请在特定领域具有影响力和粉丝基础的达人进行产品推荐和使用分享，借助达人的专业性和号召力快速提升产品的知名度和美誉度。例如，一位达人创作发布的使用徕芬吹风机的宣传短视频，如图 5-6 所示。

图 5-4　用户评价　　　　　图 5-5　案例分析　　　　　图 5-6　达人推荐

4．互动娱乐类

互动娱乐类短视频以其趣味性和参与感，吸引观众的目光。这类短视频不但让观众从信息接收者转变为参与者，还通过互动加深了品牌印象，为营销活动注入了活力，是提升用户黏性和品牌热度的关键环节。互动娱乐类短视频主要包括挑战活动、游戏互动和抽奖活动。

（1）挑战活动

挑战活动短视频是指发起具有趣味性和挑战性的活动，鼓励观众参与互动，通过模仿、创作等方式增加品牌和产品的曝光度。例如，某音乐应用发起"全民 K 歌挑战"，用户可以上传自己的演唱视频，参与排名和互动，同时在视频中展示应用的界面和功能。

（2）游戏互动

游戏互动短视频是将产品或品牌元素融入游戏中，通过游戏的形式增加观众的参与感。例如，某食品品牌推出一款简单的手机游戏，玩家在玩游戏过程中需要收集与品牌相关的道具，完成任务后可获得优惠券或积分等奖励。

（3）抽奖活动

抽奖活动短视频是通过抽奖的形式吸引观众关注和参与，设置一定的参与条件，如关注品牌账号、点赞视频、评论留言等，以增加品牌曝光度和用户黏性。例如，某电子产品品牌在新品上市期间举办抽奖活动，奖品为该新品或其他周边产品，鼓励观众参与互动。

5. 教育科普类

教育科普类短视频是指以传递知识为核心来提升观众的认知，同时树立品牌专业形象的营销短视频。此类短视频适用于技术性强或需要观众深入了解的产品，通过知识赋能，使观众在获取价值的同时，自然地将品牌与专业、可靠联系在一起，为营销策略增加深度和广度。教育科普类短视频主要包括知识讲解、教程演示与行业洞察。

（1）知识讲解

知识讲解短视频以传授知识为核心，围绕产品相关的专业知识、行业动态、使用技巧等进行讲解，帮助观众提升认知水平，同时树立品牌的专业形象。例如，某科技品牌制作的讲解智能手机的芯片技术、摄影原理等专业知识的短视频，让观众更深入地了解产品背后的技术实力。

（2）教程演示

教程演示短视频提供详细的产品使用教程或技能学习演示，手把手教用户如何操作，解决用户的实际问题，增加产品的实用性和用户黏性。例如，某厨房家电品牌通过制作教程演示短视频，展示其料理机的使用方法，涵盖部件安装、食材处理及创意食谱制作等。

（3）行业洞察

行业洞察短视频对所在行业的发展趋势、市场竞争、创新动态等进行分析与解读，展现品牌的行业视野和前瞻性，吸引专业观众和潜在合作伙伴。例如，某金融品牌通过制作短视频分析当前金融市场的走势、投资热点等，为投资者提供有价值的参考，同时提升自身品牌在行业内的影响力。

课堂讨论

请结合实际案例，探讨两种或多种营销类短视频内容表现形式结合使用的效果及更多的可能性，分析在整合过程中需要注意哪些问题？

二、短视频创作的基本流程

短视频创作的基本流程涵盖了从创意构思、内容策划，到拍摄执行、后期制作，再到发布与推广的每一个环节，它们环环相扣、相互支撑，共同决定了短视频的最终质量和营销效果，如图5-7所示。

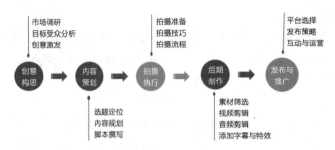

图 5-7　短视频创作的基本流程

1. 创意构思

创意构思是短视频创作的起始阶段，在此阶段需要明确短视频的方向与基调。这一阶段涵盖了市场调研、目标受众分析及创意激发等关键环节，每个环节都为后续内容的创作提供了坚实的根基和丰富的灵感源泉。

（1）市场调研

在创作短视频前，营销者需要深入了解目标市场的需求、痛点及竞争态势。通过分析行业报告、研究竞争对手的视频内容和风格、关注观众的评论和反馈，精准把握市场趋势和观众喜好。例如，要创作美食类短视频，需要观察当前流行的美食类型、烹饪风格，以及观众对不同类型美食短视频的反馈，找到市场空缺或差异化竞争的机会，为后续内容创作提供明确的方向。

（2）目标受众分析

创作者需要深入了解目标受众的年龄、性别、职业、兴趣爱好、消费习惯等特征，构建详细的用户画像。以美妆类短视频为例，若目标受众是年轻女性，内容应更注重时尚潮流、色彩丰富、操作简便的美妆技巧展示；而针对熟龄职场女性，则应聚焦精致、高效的妆容打造。通过精准定位目标受众，营销者才能打造出真正符合其需求和喜好的短视频内容，提升视频的吸引力和传播力。

（3）创意激发

短视频创作团队要广泛收集灵感，从生活中的点滴、热点话题、优秀广告作品、电影电视等多种渠道汲取创意元素。头脑风暴是激发创意的有效方式，鼓励成员自由发表想法，无论其可行性如何，之后再对这些想法进行筛选和优化，或者利用 AIGC 辅助拓展并激发创意。

2. 内容策划

内容策划要求创作团队将抽象的创意细化为明确的内容框架和表现形式。在这个环节，创作者需要精心规划视频的各个环节，从开头如何迅速抓住用户眼球，到中间如何制造矛盾冲突，推动情节发展，再到结尾如何给用户留下深刻的印象，都需要进行细致的安排。

（1）选题定位

选题是短视频创作的核心，它直接决定了视频的吸引力和受众覆盖面。创作者应结合市场调研和目标受众分析的结果，选择有热度、关注度高且与品牌形象或产品特点契合的主题。例如，对于亲子教育类短视频，可围绕"亲子互动游戏推荐""儿童心理成长解析"等来展开。同时，要注重选题的独特性，避免与竞争对手内容同质化，以提升视频在平台上的竞争力。

（2）内容规划

内容规划是将选题具体化为详细视频内容的过程。创作者需要精心设计视频的开头、中间和结尾，确保情节连贯、逻辑清晰。开头部分要迅速抓住观众的注意力，可通过设置悬念、提出有趣的问题或展示惊人的画面来实现；中间部分详细展开内容，如产品展示、功能演示等；结尾要给观众留下深刻的印象，可以是总结性的语句、引人深思的问题或下一个视频的预告等。此外，还要合理安排视频时长，突出重点内容，使整个视频节奏紧凑、富有吸引力。

（3）脚本撰写

脚本是短视频创作的蓝图，指导着整个视频的拍摄和制作过程。脚本分为拍摄提纲、分镜头脚本和文学脚本。

- 拍摄提纲是以简洁的文字概述视频的主要内容和结构，勾勒出视频的框架。
- 分镜头脚本是将视频内容细化到每个镜头，详细描述每个镜头的画面、台词、时长、景别、拍摄角度、运镜方式、音乐音效等元素。它既是导演和拍摄团队的执行依据，也是整个创作团队沟通协作的基础。
- 文学脚本以文字叙述为主，注重故事情节和人物对话，详细描述视频中的叙事内容和人物互动。文学脚本主要适用于以叙事为主的短视频，如品牌故事、用户故事等营销类短视频。

拍摄提纲适合创意初期和简单视频，能够快速梳理内容逻辑；分镜头脚本适用于复杂视频和团队协作，确保每个镜头的精确拍摄；文学脚本则适用于叙事性强的视频，能够通过文字的力量打动观众。创作者可以根据具体需求和创作目标，灵活选择和运用这 3 种脚本类型，为短视频创作提供坚实的内容和结构支撑。

3. 拍摄执行

拍摄执行是将精心策划的方案转化为实际影像的核心环节。在此阶段，创作者需要根据脚本要求准备好拍摄设备，并搭建合适的拍摄场景，同时与演员或出镜人员进行充分的沟通和彩排，确保他们熟悉拍摄流程和台词。在拍摄过程中，合理运用拍摄技巧，如镜头语言、光线和画面稳定性控制等，能够显著提升视频的画面质量和艺术表现力。

（1）拍摄准备

拍摄准备是确保短视频拍摄顺利进行的基础。首先，要根据脚本要求准备拍摄设备，如相机、镜头、三脚架、灯光等，并提前检查设备的性能和电量，避免因设备问题影响拍摄进度；其次，搭建合适的拍摄场景，根据视频内容和风格选择或布置背景、道具等，营造出符合主题的氛围。例如，拍摄一个复古风格的产品短视频，需要准备具有复古元素的道具和场景，如老式的家具、装饰品等。

（2）拍摄技巧

在拍摄过程中，要合理运用镜头语言，根据不同的场景和内容选择合适的景别、拍摄角度和运动方式。例如，使用特写镜头突出产品的细节特点，用全景镜头展示整个场景的布局；运用推镜头、拉镜头等运动镜头增加画面的动感和层次感等。同时，注意光线的运用，根据视频风格和氛围需求选择合适的光照强度、角度和色彩，如柔和的自然光适合温馨、清新的风格。

此外，保持画面的稳定性也是拍摄中的重点，可使用三脚架、稳定器等设备避免画面抖动，提升观众的观看体验。

（3）拍摄流程

制定合理的拍摄流程能够提高拍摄效率，保证视频质量。通常，拍摄流程按照脚本的顺序依次进行，但对于一些复杂的场景或特殊的创意表达，也可以灵活调整。例如，在拍摄有多个场景切换的短视频时，可以先集中拍摄同一场景的所有镜头，再转场至下一个场景，减少设备和人员的频繁移动。

对于涉及演员表演的视频，要先进行排练，确保每个镜头的表演都符合预期，再进行正式拍摄。在拍摄过程中，要随时检查拍摄的画面，确保画面质量、焦点、曝光等都符合要求，及时发现问题并进行补拍或重拍，避免后期制作时出现素材不足或质量问题。

4. 后期制作

后期制作是将拍摄得到的原始素材雕琢成最终呈现给观众的精美作品，赋予短视频更高的观赏价值。

（1）素材筛选

拍摄结束后会积累大量的视频素材，创作者要仔细观看所有素材，挑选出符合脚本要求、画面质量佳、表演自然的镜头。在筛选过程中，要注重素材的多样性和丰富性，选择不同角度、不同景别的镜头，为后续的剪辑提供更多的创意空间。同时，要剔除画面模糊、抖动严重、曝光不当或表演失误的素材，确保最终用于剪辑的素材质量上乘。为了提高筛选效率，可以使用视频编辑软件的标记功能，对优质素材进行标记和分类，方便在剪辑时快速找到所需的镜头。

（2）视频剪辑

视频剪辑是将筛选出的素材按照创意和脚本要求进行组合拼接，形成完整视频的过程。在剪辑过程中，剪辑师要注重画面的流畅性和节奏感，合理运用剪辑技巧，如渐变转场、淡入淡出、定格等，使镜头切换自然、不突兀。根据视频内容和风格，调整视频的节奏，紧张、刺激的情节可以加快剪辑节奏，舒缓、温馨的部分可以适当放慢节奏，让观众有更好的观看体验。此外，还要对视频进行色彩校正和调色，使整个视频的色彩风格统一，符合视频的主题和氛围。

（3）音频剪辑

音频是短视频的重要组成部分，良好的音频处理能够显著提升视频的品质。首先，要对视频中的原始音频进行降噪和音量调整，减少环境噪声的干扰，使人物对话或解说清晰可辨；其次，根据视频内容添加合适的背景音乐和音效，增强视频的感染力和趣味性。

背景音乐的选择要与视频的风格和情感基调相契合，如欢快的视频搭配节奏明快的音乐等。音效的添加则要注重真实感和贴合度，例如，在展示产品使用过程时添加相应的操作音效，使观众有身临其境之感。此外，要平衡视频中各音频元素的音量，确保人物对话、背景音乐和音效之间的音量比例协调，互不干扰。

（4）添加字幕与特效

字幕和特效是短视频后期制作的点睛之笔。字幕能够帮助观众更好地理解视频内容。在添加字幕时，要选择简洁易读的字体，字号适中，颜色与背景形成鲜明对比，并注意字幕的排版和出现时机，使其与画面和音频同步。特效的运用要适度，根据视频内容和风格选择合适的特效类型，如过渡特效、光影特效、动画特效等，以增强视频的视觉冲击力和艺术感。

例如，在科技类短视频中，可以运用光影特效突出产品的科技感；在美食短视频中，通过动画特效展示食材的制作过程，使视频更加生动有趣。但是，要注意避免过度使用特效，不要喧宾夺主。

5. 发布与推广

短视频创作完成后，其发布与推广环节也非常重要，这决定着短视频能否被广泛传播并触达目标受众。

（1）平台选择

在此阶段，营销者需要根据目标受众的特点和视频内容的性质，精心选择合适的发布平台，例如，抖音、快手等平台用户覆盖面广，适合各种类型的短视频发布；小红书则更侧重于生活方式、美妆、时尚等领域的内容分享。同时，针对不同平台的算法机制和推荐规则对视频进行优化，以提升视频的曝光度和推荐概率。

（2）发布策略

营销者要制定科学的发布策略，如选择最佳发布时间和保持稳定的发布频率，能够进一步提升视频的传播效果。首先，要选择合适的发布时间，根据不同平台用户的活跃时段和目标受众的生活习惯来确定，例如，针对上班族可以选择在 19:00~22:00 之间发布视频；其次，保持稳定的发布频率，定期更新视频内容，培养观众的关注度和忠诚度。此外，还要结合平台的活动和热点话题适时发布相关视频，借助热点流量来提升视频的曝光度。

（3）互动与运营

短视频发布后，营销者要积极关注用户的评论和私信，及时回复用户的问题与反馈，与用户建立良好的互动关系。对于用户提出的建设性意见，要认真对待并加以改进，使视频内容更符合用户需求。同时，还可以策划一些互动活动，如抽奖、问答、挑战等，鼓励用户积极参与，提高视频的点赞数、评论数和分享数，增强视频的传播力。

此外，通过分析平台提供的视频数据，如播放量、点赞量、完播率等，可以深入了解用户的行为和偏好，为后续的视频创作和推广提供数据支持，实现精准化运营和持续优化。

三、使用 AIGC 工具生成短视频内容创意

在互联网时代，AIGC 技术正革新着短视频创作的模式。AIGC 工具不仅能够自动化生成脚本、配乐、特效等，还能提供丰富的模板、素材和风格，激发创作灵感，大幅缩短创作周期，降低创作成本，同时支持个性化定制，能够满足不同的营销需求。

1. 利用 AIGC 策划短视频选题

AIGC 可以辅助营销者策划短视频选题，能够为营销者提供丰富的创意灵感和高效的创作手段，快速锁定热门选题方向并生成创意内容。利用 AIGC 策划短视频选题的策略和方法如下。

（1）利用 AIGC 获取灵感

营销者可以借助 AIGC 工具深度剖析当下热点话题与趋势，精准把握观众的兴趣和需求。例如，使用 DeepSeek、豆包、文心一言等，输入"美食"相关指令，即可获得基于算法预测的趋势关键词，如"低脂健康餐教程""非遗美食探秘""城市深夜食堂打卡"等，为短视频选题提供创新方向。

营销者还可以利用 AIGC 工具分析竞争对手的短视频内容、选题方向和受众反馈，从中获取灵感。例如，通过 DeepSeek 研究抖音某美妆博主的短视频，了解其涉及的美妆话题、热门产品推荐等，进而挖掘出新的选题角度，如场景跨界型选题、工具重构型选题、科学实

验型选题及文化符号型选题等，如图 5-8 所示（部分内容）。

（2）借助 AIGC 生成创意选题

营销者可以使用 AIGC 关键词拓展工具，输入与目标领域相关的基础关键词，会自动生成一系列相关的关键词和短语，为短视频选题策划提供思路。例如，在新红数据平台搜索框中输入“旅游”，就可以看到一些与旅游相关的热搜词与短语，如“旅游转场”“旅游穿搭”“旅游编辑部”“旅游跟拍”等，可以从中确定短视频选题方向，如图 5-9 所示。

一、「场景跨界型选题」—— 突破单一美妆场景，嫁接生活痛点

1. 《办公室生存妆容：从早9到晚9不暗沉的心机》
   - 差异化点：聚焦职场女性全时段需求，融合「时间管理+妆容维护」
   - 内容设计：
     - 上午（保湿防卡粉）→ 午休（快速补妆去油光）→ 下班约会（5分钟改妆技巧）
     - 植入「电脑蓝光防护喷雾」「文件袋大小的补妆包」等差异化产品
   - 用户价值：解决通勤族全天候带妆焦虑，覆盖职场场景细分需求
2. 《低成本剧组化妆术：拍婚纱照/毕业照自救指南》
   - 差异化点：瞄准低频高客单价场景（摄影妆），提供DIY替代方案
   - 内容设计：
     - 用修容模拟打光效果、假睫毛剪裁适配镜头畸变
     - 对比影楼妆（500元）VS 自化妆（50元）成片效果
   - 用户价值：满足结婚、毕业等特殊节点用户的「临时专业级需求」

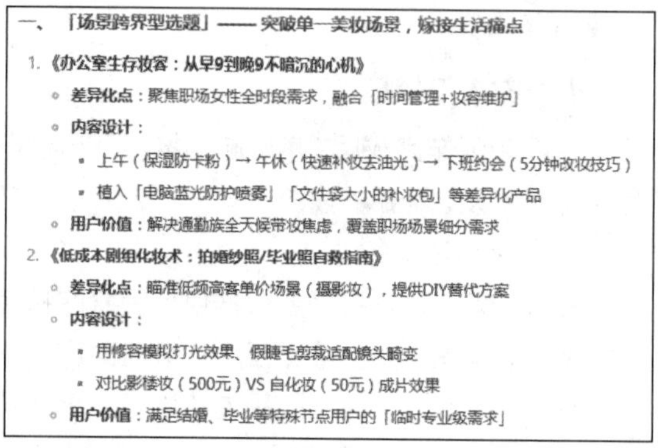

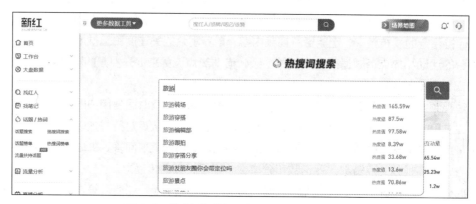

图 5-8 分析竞争对手的短视频，找出差异化选题

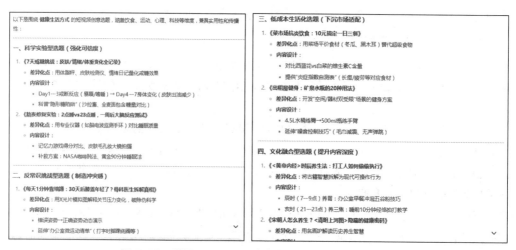

图 5-9 借助新红数据平台确定短视频选题方向

基于给定的主题，利用 AIGC 工具可以生成与之相关的多个创意选题。例如，围绕“健康生活方式”主题，DeepSeek 可以生成多维度的短视频选题方向，如饮食、运动、心理、科技等维度，帮助营销者从不同角度切入主题，如图 5-10 所示（部分内容）。

以下是围绕 **健康生活方式** 的短视频创意选题，涵盖饮食、运动、心理、科技等维度，兼具实用性和传播性：

一、科学实验型选题（强化可信度）

1. 《7天戒糖挑战：皮肤/情绪/体重变化全记录》
   - 差异化点：用体脂秤、皮肤检测仪、情绪日记量化戒糖效果
   - 内容设计：
     - Day1—3戒断反应（暴躁/嗜睡）→ Day4—7身体变化（皮肤出油减少）
     - 科普“隐形糖陷阱”（沙拉酱、全麦面包含糖量对比）
2. 《熬夜修复实验：2点睡vs23点睡，一周后大脑反应测试》
   - 差异化点：用专业仪器（如脑电波监测手环）对比睡眠质量
   - 内容设计：
     - 记忆力游戏得分对比、皮肤毛孔放大镜拍摄
     - 补救方案：NASA咖啡盹法、黄金90分钟睡眠法

二、反常识挑战型选题（制造冲突感）

1. 《每天1分钟靠墙蹲：30天后膝盖年轻了？骨科医生拆解真相》
   - 差异化点：用X光片模拟图解释关节压力变化，破除伪科学
   - 内容设计：
     - 错误姿势→正确姿势动态演示
     - 延伸“办公室微运动清单”（打字时脚踝绕圈等）

三、低成本生活化选题（下沉市场适配）

1. 《菜市场抗炎饮食：10元搞定一日三餐》
   - 差异化点：用菜场平价食材（冬瓜、黑木耳）替代超级食物
   - 内容设计：
     - 对比西蓝花vs白菜的维生素C含量
     - 提供“炎症指数自测表”（长痘/疲劳等对应食材）
2. 《出租屋健身：矿泉水瓶的20种用法》
   - 差异化点：开发“空间/器材双受限”场景的健身方案
   - 内容设计：
     - 4.5L水桶练臀→500ml瓶练手臂
     - 延伸“噪音控制技巧”（毛巾减震、无声弹跳）

四、文化融合型选题（提升内容深度）

1. 《<黄帝内经>时辰养生法：打工人如何偷偷执行》
   - 差异化点：将古籍智慧拆解为现代可操作行为
   - 内容设计：
     - 辰时（7—9点）养胃：办公室早餐冲泡五谷粉技巧
     - 亥时（21—23点）养三焦：睡前10分钟经络拍打教学
2. 《宋朝人怎么养生？<清明上河图>隐藏的健康密码》
   - 差异化点：用名画IP解读历史养生智慧

图 5-10 利用 DeepSeek 生成多维度的短视频选题方向

（3）结合 AIGC 与数据分析优化选题

利用 AIGC 工具分析目标受众的特征和偏好，构建详细的用户画像，从而确定更符合受众口味的选题。例如，针对年轻女性受众，可以选择"精准变美赛道""女性安全议题""悦己经济选题"等。

另外，还可以利用 AIGC 工具预测不同选题的潜在热度和传播效果，帮助营销者筛选出更具吸引力和传播潜力的选题。一些 AIGC 工具可以根据历史数据和算法模型，对选题的搜索量、点击率、分享率等指标进行预测，为营销者提供参考。

（4）对选题进行验证

营销者可以借助社交媒体平台或在线调查工具，将生成的选题呈现给一部分目标受众，收集他们的反馈和意见，验证选题的吸引力和可行性。例如，在微博上发起投票或讨论，询问观众对某个选题的兴趣程度和改进建议。

对于多个候选选题，营销者可以制作简单的预告或封面图，通过 A/B 测试的方式在小范围内发布，观察不同选题的点击率和关注度，从而确定最终的创作方向。

（5）借助 AIGC 工具确定个性化选题

对于品牌营销类短视频，AIGC 工具可以根据品牌的核心价值、产品特点和目标受众，生成与品牌高度契合的个性化选题。基于用户的浏览历史、购买行为等数据，AIGC 工具可以为每个用户生成个性化的短视频选题推荐。例如，电商平台可以根据用户的购物记录，为其推荐"适合您的夏季穿搭灵感""您可能感兴趣的家居装饰创意"等选题，提升用户的参与度和转化率。

2. 利用 AIGC 构建内容结构

确定了短视频的主题和创意之后，营销者可以借助 AIGC 构建短视频的内容结构，依据选题自动生成逻辑清晰、层次分明的内容框架。使用 AIGC 工具可以辅助营销者快速生成包含开场、主体、结尾的完整脚本框架，指导营销者如何在有限时间内高效地讲述故事。

例如，使用 DeepSeek 生成某款刀具的品牌传承故事，提示词为"我是一位短视频创作者，需要创作一段刀具品牌传承故事类短视频，讲述品牌的历史渊源和发展历程，如创始人的初心、品牌在刀具行业中的传承与创新等，要能够引发消费者的情感共鸣，提升品牌的文化内涵和形象。请围绕此主题创作短视频内容架构，时长为 60 秒"。DeepSeek 生成的短视频脚本如图 5-11 所示。此外，AIGC 工具还可根据视频类型和目标受众智能推荐不同的内容结构，如悬念式、对比式、情感式等，进一步提升视频的吸引力和感染力。

3. 利用 AIGC 生成分镜头脚本

分镜头脚本是指按照构思将短视频的策划方案以镜头为基本单位，划分出不同的景别、画面、台词、时长、音乐、音效等要素。分镜头脚本是比较常用的脚本类型，适合大部分短视频。利用 AIGC 工具可以辅助撰写分镜头脚本，例如，使用 Kimi 生成手机展示类短视频分镜头脚本，如图 5-12 所示（部分内容），也可根据需要更换为表格式，如图 5-13 所示（部分内容）。

短视频脚本内容不仅涵盖画面描述、旁白、时长等基本信息，还能根据视频风格和需求智能添加音乐、音效、转场效果等细节，极大地丰富了视频的表现力。

短视频内容架构：刀具品牌的百年匠心之旅

时长：60秒

主题：以「时光淬炼锋芒」为核心概念，串联创始人精神、工艺传承与现代创新

镜头1：黑白记忆（0:00—0:08）

- 画面：泛黄老照片显化，19XX年创始人[姓名]在铸铁炉前捶打刀胚，火花飞溅。
- 旁白：
  "每一把刀，都始于一个执念→[创始人名言，如'让厨房成为家的灵魂']"
- 音效：打铁声渐强，混入怀旧钢琴旋律。

镜头2：匠艺传承（0:09—0:18）

- 画面：现代工匠手握创始人旧工具特写→工具交接到年轻工匠手中→精密数控机床启动。
- 旁白：
  "三代人，一种执著。传统淬火工艺与航天级钢材的碰撞，让锋利有了新的定义。"
- 字幕：「手工锻打108次」→「纳米级硬度检测」

镜头3：用户共鸣（0:19—0:38）

- 画面组接：
  - 老厨师用斑驳旧刀切寿司（回忆）→女儿用同品牌新刀雕花（现实）
  - 家庭餐桌镜头：祖孙三代传递刀具切面包，特写面包断面光滑无屑。
- 旁白：
  "人间烟火，刀是厨房的诗人。而我们相信，它更是记忆的载体——从祖父的工坊，到你的餐桌。"
- 音效：食材切割声、家庭欢笑声渐起。

镜头4：创新宣言（0:39—0:52）

- 画面：
  - 实验室镜头：工程师用显微镜调整刀面纹理。
  - 慢镜头：水滴沿刀刃滑落一分为二，刀身倒映出创始人铜像。
- 旁白：
  "改变的是技术，不变的是对完美的偏执。每一次双刃，都是与百年前的初心对话。"
- 字幕：「XXX项专利技术，始终如一的锋利度」

镜头5：品牌升华（0:53—1:00）

- 画面：刀具在木盒中缓缓合上，盒面烙印创始人签名与品牌Logo。
- 旁白：
  "[品牌名]，不仅制造刀具，更守护每一份热爱生活的底气。"
- 字幕+音效：黑屏浮现「匠心，自XX年传承至今」，结尾金属嗡鸣声。

执行要点：

1. 情绪曲线：怀旧（20%）+信任（30%）+温情（30%）+震撼（20%）
2. 符号设计：
   - 贯穿道具：创始人铜制怀表（每个时代镜头中出现时间显示）
   - 色彩过渡：黑白（旧工坊）→冷蓝（实验室）→暖金（家庭场景）
3. 数据植入：专利数、年份等以烫金字体浮现在刀具特写画面，避免破坏氛围感。

此架构通过"人-物-情"三重锚定，将品牌历史转化为可感知的情感体验，适合在高端厨具/礼品场景投放，强化"传家宝"属性。

图 5-11　利用 DeepSeek 生成故事类短视频脚本

镜头1：开场全景展示

- 时长：5秒
- 景别：全景
- 画面：手机置于精美桌面上，周围摆放着几盆绿植和装饰品，阳光透过窗户洒在手机上，手机屏幕亮起，展示手机整体外观。
- 台词：（旁白）"探究光影魅力，尽在[品牌名]智能手机。"
- 音乐/音效：轻快的背景音乐，手机亮屏音效
- 拍摄地点：室内拍摄，布置简洁美观的桌面

镜头2：产品细节特写

- 时长：4秒
- 景别：特写
- 画面：手机摄像头模组特写，突出其多个镜头和闪光灯设计，展示手机背部材质和工艺。
- 台词：无
- 音乐/音效：轻快的背景音乐持续
- 拍摄地点：同上

图 5-12　短视频分镜头脚本

镜头编号	时长	景别	画面
1	5秒	全景	手机置于精美桌面上，周围摆放着几盆绿植和装饰品，放在手机上，手机屏幕亮起，展示手机整体外观。
2	4秒	特写	手机摄像头组特写，突出其多个镜头和闪光灯设计，展示质感和工艺。
3	6秒	中景	手指滑动手机屏幕，进入相机应用，展示简洁直观的摄像种拍摄模式和参数设置选项。
4	8秒	中景/特写切换	模特站在自然背景下，使用手机人像模式拍摄，展示拍摄效果，突出背景虚化和人像细节。
5	8秒	全景/特写切换	在户外风景优美的地方，如海边、山间或城市地标，使用手机，展示广角镜头下的壮丽景色和细腻画面。
6	6秒	特写	使用手机微距模式拍摄花朵、昆虫等微小物体，展示其鲜艳的色彩。

图 5-13　表格式短视频分镜头脚本

课堂讨论

　　在利用 AIGC 工具策划短视频选题时，分析竞争对手的短视频内容虽能获取灵感，但也可能导致同质化问题。如何在借鉴对手创意的同时，保持自身选题的独特性和创新性？

AI 营销：使用 DeepSeek 撰写拍摄提纲

　　随着 AIGC 技术的发展，利用 AIGC 工具撰写拍摄提纲变得高效、便捷，下面将介绍使用 DeepSeek 撰写拍摄提纲的方法。

　　（1）明确创作主题与核心诉求

　　在使用 DeepSeek 前，务必先清晰界定短视频的主题。主题可以是记录一次乡村旅行的见闻，或者是宣传一场即将举办的音乐节等。同时，明确核心诉求，是想通过短视频吸引观众关注乡村文化，还是为音乐节招揽更多的参与者。这一步是后续创作的基石，只有明确了主题与诉求，才能为 DeepSeek 提供准确且有效的创作方向。

（2）构思基础框架与关键元素

在脑海中初步搭建短视频的基础框架，梳理出大致的情节段落或内容板块。以乡村旅行为例，可划分为出发前往乡村、乡村自然风光展示、体验乡村民俗活动、品尝乡村美食等板块。确定关键元素，如每个板块中的核心人物、关键场景、标志性动作等。在乡村旅行短视频中，核心人物可能是当地热情好客的村民，关键场景或许是古老的乡村集市，标志性动作可能是参与制作传统手工艺品等。

（3）向 DeepSeek 输入精准指令

打开 DeepSeek，将上述创作主题、核心诉求、基础框架及关键元素以清晰、有条理的语言组织成提示词进行输入。例如，"请为我创作一个宣传乡村旅行的短视频拍摄提纲。主题围绕城市居民体验乡村生活的新奇与美好。框架分为城市居民出发、到达乡村后对自然风光的惊叹、参与民俗活动的欢乐、品尝美食的满足这几个部分。关键元素有带领城市居民游玩的热情村民、热闹非凡的乡村集市、精美的传统手工艺品制作过程。提纲需涵盖每个部分的主要拍摄内容、建议拍摄场景以及预期达到的效果。"选择"深度思考（R1）"＋"联网搜索"模式，单击"发送"按钮⬆，如图 5-14 所示。

图 5-14　在 DeepSeek 中输入提示词

DeepSeek 生成的拍摄提纲如图 5-15 所示（部分内容）。需要注意的是，输入的提示词要详细且精准，要为 DeepSeek 提供充足的创作信息，以便生成更贴合需求的拍摄提纲。

图 5-15　DeepSeek 生成的拍摄提纲

（4）筛选与调整生成内容

DeepSeek 依据提示词生成拍摄提纲后，创作者需要仔细研读。提纲可能涵盖各个部分的拍摄要点，需要创作者根据自身创作理念与实际拍摄条件对生成的内容进行筛选，保留有价值、可操作性强的部分，剔除不符合预期或难以实现的内容。若发现某些部分缺失关键信息，或者是表述不够清晰，可再次向 DeepSeek 输入提示词，如"请对上述拍摄提纲进行优化，第一幕：闯入绿野仙踪，适当缩短时长；第二幕：'五感爆炸'的乡野奇遇，请拓展内容，适当增加时长。"对提纲进行完善与调整，直至得到满意的拍摄提纲。图 5-16 所示为 DeepSeek 优化调整后的拍摄提纲（部分内容）。

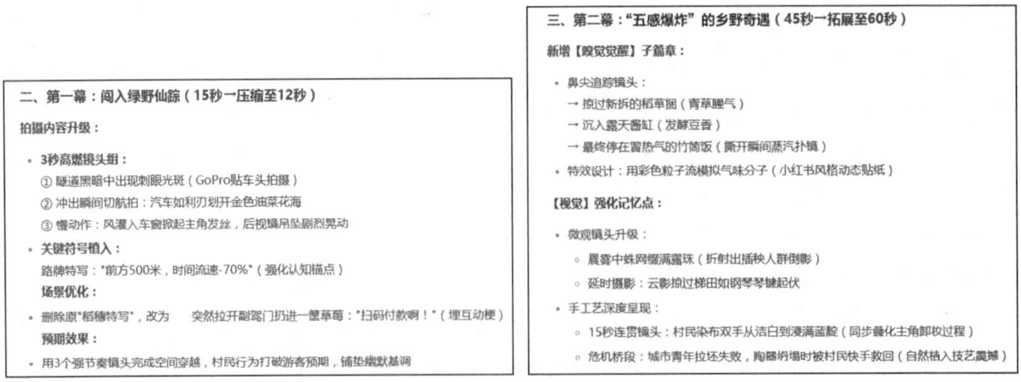

二、第一幕：闯绿野仙踪（15秒一压缩至12秒）

拍摄内容升级：

- 3秒高燃镜头组：
  ① 隧道黑暗中出现刺眼光斑（GoPro贴车头拍摄）
  ② 冲出瞬间切航拍：汽车如利刃划开金色油菜花海
  ③ 慢动作：风灌入车窗掀起主角发丝，后视镜吊坠剧烈晃动
- 关键符号植入：
  路牌特写："前方500米，时间流速-70%"（强化认知锚点）
  场景优化：
  删除原"稻穗特写"，改为　突然拉开副驾驶门扔进一篓草莓："扫码付款啊！"（埋互动梗）
  预期效果：
- 用3个强节奏镜头完成空间穿越，村民行为打破游客预期，铺垫缄默幽默

三、第二幕："五感爆炸"的乡野奇遇（45秒一拓展至60秒）

新增【晚觉觉醒】子篇章：

- 鼻尖追踪镜头：
  → 掠过新拆的稻草捆（青草腥气）
  → 沉入露天酱缸（发酵豆香）
  → 最终停在雾热气的竹筒饭（撕开瞬间蒸汽扑镜）
- 特效设计：用彩色粒子流模拟气味分子（小红书风格动态贴纸）

【视觉】强化记忆点：

- 微观镜头升级：
  - 晨雾中蛛网缀满露珠（折射出插秧人群倒影）
  - 延时摄影：云影掠过梯田如钢琴琴键起伏
- 手工深度呈现：
  - 15秒连贯镜头：村民染布双手从洁白到漫满蓝靛（同步叠化主角卸妆过程）
  - 危机桥段：城市青年拉坯失败，陶器坍塌时被村民快手救回（自然植入技艺震撼）

图 5-16　DeepSeek 优化调整后的拍摄提纲

（5）结合实际情况最终定稿

完成初步筛选与调整后，需将生成的拍摄提纲与实际拍摄情况相结合，考虑拍摄场地的可获取性、拍摄设备的限制、拍摄时间的安排，以及演员或拍摄对象的配合度等因素。若拍摄场地无法实现 DeepSeek 建议的某个宏大场景，就需要寻找替代场景；若拍摄时间有限，某些复杂的拍摄环节可能需要简化。经过这一系列结合实际的考量与优化，最终确定用于实际拍摄的拍摄提纲。

四、使用可灵 AI 和剪映创作童装推荐短视频

在创作童装推荐短视频时，如果遇到部分视频素材缺失的情况，可借助可灵 AI 将相关图片生成所需视频素材，然后使用剪映专业版的"营销成片"功能对所有素材进行智能剪辑，具体操作方法如下。

使用可灵 AI 和
剪映创作童装
推荐短视频

（1）打开可灵 AI 网站首页并登录账号，在页面左侧选择"视频生成"选项，进入"视频生成"页面，在上方下拉列表框中选择"可灵 1.6"选项，在"图生视频"选项卡中单击"首尾帧"按钮，如图 5-17 所示，然后单击"上传"按钮，上传"素材文件\项目五\童装推荐短视频\图片 1.png"图片素材。

（2）在"图片创意描述"文本框中输入"男孩慢慢转身展示衣服"，然后单击"词库&预设"按钮，在弹出的界面中选择"镜头跟随"选项，如图 5-18 所示。

图 5-17　上传首尾帧图片素材

图 5-18　输入图片创意描述

（3）在"不希望呈现的内容"文本框中输入"扭曲、抽象、模糊、低质量、变形"，在页面下方将"生成模式"设置为"标准模式"、"生成时长"设置为"5s"，然后单击"立即生成"按钮，如图 5-19 所示。

（4）生成完成后，预览视频效果，然后单击"下载"按钮⤓下载视频，如图 5-20 所示。采用同样的方法，将其他图片素材生成视频素材。

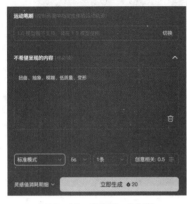

图 5-19　设置生成参数

图 5-20　下载视频素材

（5）在剪映专业版初始界面中单击"营销成片"按钮，打开"营销成片"窗口。在窗口左侧单击"导入视频"按钮，导入"素材文件\项目五\童装推荐短视频"中所有的视频素材，在文本框中输入产品名称、产品卖点、适用人群及优惠活动等信息，设置"视频尺寸"为"9：16"、"视频时长"为"15—30 秒"，然后单击"生成文案"按钮，如图 5-21 所示。

图 5-21　设置生成参数

（6）在"视频文案列表"中对生成的文案进行修改，然后单击"生成视频"按钮，如图 5-22 所示。

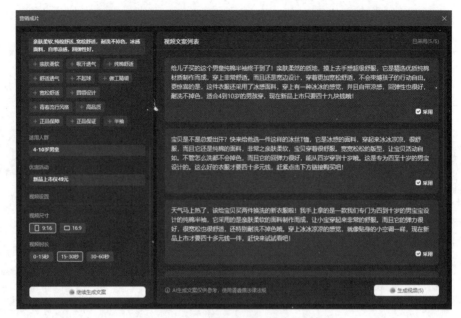

图 5-22　单击"生成视频"按钮

（7）此时，剪映 AI 会根据内置的视频文案对素材进行智能剪辑，并为视频包装字幕、音乐及效果等。生成结束后，根据需要选择合适的视频，然后单击"编辑"按钮，如图 5-23 所示。

图 5-23　选择合适的视频并编辑

（8）进入视频编辑界面，在功能区的"草稿设置"面板中单击"修改"按钮，在弹出的对话框中设置"草稿名称""比例""分辨率""草稿帧率"等，然后单击"保存"按钮，如图 5-24 所示。

（9）根据需要导入视频素材，调整视频片段的顺序，并删除多余的视频片段和文本片段，如图 5-25 所示。

图 5-24　修改草稿设置

图 5-25　调整视频顺序

（10）选中文本，在"文本"面板中单击"花字"选项卡，选择合适的花字样式，然后在"播放器"面板中调整文本的位置，如图 5-26 所示。

（11）在"文本"面板中单击"基础"选项卡，设置"字号"为"10"、"字间距"为"1"，如图 5-27 所示。

图 5-26　选择花字样式并调整位置

图 5-27　设置文本格式

（12）在"播放器"面板中预览视频效果，部分镜头画面如图 5-28 所示。单击"导出"按钮，即可导出短视频。

图 5-28　部分镜头画面

任务实施：使用 AIGC 工具创作女包推荐短视频

任务实施

1. 任务目标

通过本任务熟练掌握可灵 AI 和剪映专业版的操作流程，深入理解短视频营销中的创意表达与产品推广要点，能够独立完成符合营销需求的女包推荐短视频，效果如图 5-29 所示。

图 5-29　预览女包推荐视频效果

2. 实施步骤

（1）明确产品信息

确定产品名称为"复古斜挎女包"，提炼产品卖点，明确适用人群、优惠活动等信息，并将这些关键信息整理记录下来，为后续创作提供依据。

（2）使用可灵 AI 生成视频素材

使用可灵 AI 将商品图片生成视频素材。预览生成的视频素材，检查是否符合产品特点和目标人群的审美。若有必要，调整提示词重新生成，直至获得满意的素材。

（3）使用剪映专业版剪辑短视频

使用剪映专业版的"营销成片"功能快速生成女包推荐短视频，然后对视频画面进行优化，选择与整体风格相协调的字体样式，调整画面色彩饱和度、对比度等参数，使画面更具吸引力。

（4）优化与导出

整体审视视频，检查画面、声音、文字等元素的协调性，确保视频流畅、自然且能完整地传达产品信息。邀请同学或教师进行初步评审，根据反馈意见进行优化调整，如修改文字内容、调整画面效果等。最终导出视频文件，用于短视频平台的推广营销。

任务小结

本任务围绕 AIGC 与短视频营销的融合展开，深入剖析了 AIGC 在短视频营销领域的多元应用。在短视频创作中，利用 AIGC 工具能有效缩短创作周期、降低成本，同时依据用户数据精准优化内容，提升吸引力，显著提高流量与转化率。随着技术的不断进步，AIGC 将在创意突破、个性化服务、跨平台协同等方向持续深耕，驱动短视频营销向智能化、精准化迈进，为网络营销行业开辟全新的增长空间。

任务二　AIGC＋直播营销

知识储备

直播营销凭借实时互动、场景直观等特性，现已成为网络营销的利器。借助 AIGC 工具，能够智能生成直播脚本、实时分析观众反馈，甚至驱动数字人主播完成全流程直播。这不仅大幅提升了直播筹备效率，还能基于用户数据精准调整营销话术与产品推荐策略，让直播营销更具针对性和吸引力。

一、直播营销的表现形式

直播营销作为一种动态、实时的营销方式，其表现形式灵活多样，能够满足不同企业的营销需求与目标。常见的直播营销表现形式主要有以下几种。

1. 直播+电商

直播+电商在电商企业中应用广泛，主要是通过直播来介绍电商的产品，包括产品特性、功能、使用方法与优势等，或者通过直播来传授产品知识、分享使用体验等，以激发观众的购买欲望。

电商平台的用户众多、流量集中，观看直播的用户目的明确，他们一般会对某类型的产品感兴趣或已有购买计划，才会观看直播。因此，直播+电商能够快速吸引用户购买产品，形成直接转化，如淘宝直播、京东直播等边观看直播边购买产品的模式，就是典型的直播+电商的表现形式。

随着信息技术的快速发展，如今还可以借助 AIGC 工具优化产品介绍话术，生成更具说服力与吸引力的销售文案。同时，AIGC 工具还能根据观众的实时反馈与行为数据，推荐个性化的产品与优惠方案，从而提高销售转化率。

2. 直播+发布会

直播+发布会是众多企业发布新品、新闻的重要表现形式，也是企业造势、制造热点的重要途径。这种直播营销方式的地点不局限于会场，也不局限于某一个平台，而是通过多平台、多渠道，或者以互动性更强、更有趣味性的方式来展开。

例如，小米"双 Ultra"发布会采用多平台联动的方式，通过小米商城、抖音、哔哩哔哩等多个平台同步直播，详细展示手机影像升级与汽车性能，结合实验室数据增强说服力，直播两小时就完成了年度目标，发布会相关话题阅读量破 10 亿。

3. 直播+活动

直播+活动的最大魅力在于通过有效的互动将人气连接到产品或品牌。直播活动的种类很多，如街头采访、互动游戏、用户体验等，在活动过程中可以通过与用户的互动来宣传产品或品牌，如弹幕互动、解答疑问等。

营销者可以借助 AIGC 工具设计直播互动活动，如实时抽奖、问答竞赛等，增强观众的参与感与黏性。同时，AIGC 工具还可生成与活动相关的宣传海报、视频素材等，助力活动的前期预热与后期传播。

4. 直播+广告植入

直播中的广告植入一般都是经过精心策划的"软广告"，内容真实、有趣，能够获得用户的好感。例如，一些美食博主在分享美食制作时，会顺带推荐一些厨房用品，如不粘锅、空气炸锅等，或者推荐相关的食材或调料；又如，一些健身博主在展示健身动作时，会推荐一些运动装备，如护膝、哑铃等，同时分享一些健身小技巧，让观众在学习健身知识的同时，对相关产品产生兴趣。

5. 直播+个人 IP

直播+个人 IP 是指主播通过直播的形式，将自己打造成一个具有独特个性、专业能力和价值观的个人品牌，从而吸引大量粉丝关注，并实现商业价值的营销模式。在这个过程中，主播的个人 IP 与所推广的产品或服务紧密结合，形成一种相互促进的关系。直播和个人 IP 的结合，不仅能让用户更加深入地感受个人 IP 的魅力，还能让个人 IP 更好地传递产品或品牌的价值，树立良好的品牌形象。

6. 直播+客服

直播作为一种直接沟通的渠道，可用于客户服务与关系维护。企业通过直播解答客户疑问、处理投诉建议、提供售后支持等，可以提升客户满意度与忠诚度。AIGC 可以辅助客服人员快速生成准确的解答文案，提高客户服务效率。此外，AIGC 还可以对客户反馈进行情感分析与数据挖掘，帮助企业了解客户需求与痛点，优化产品与服务。

7. 数字人直播

数字人直播是指利用数字虚拟技术（如 3D 建模等）创造的虚拟主播进行在线直播的一种新型内容呈现形式，通过 AI 算法合成模拟真人形象的音视频流，可以实时与观众互动，并且能够应用到购物、客服、娱乐、知识分享等多个领域。

数字人直播作为一种创新的直播营销方式，与传统直播营销相比具有诸多优势。例如，数字人可以全天候不间断地直播，降低了人力成本和运营风险；数字人可以保持稳定的表现，不受情绪、状态等因素影响，提供专业的直播内容；数字人可以根据不同品牌、不同场景进行定制，形象和风格更加多样化，能够满足不同受众的需求。

二、直播营销活动的流程

一场以营销为目的的直播活动，往往有明确的直播流程，需要营销团队提前做好策划。直播是一项系统化的工作，涉及多个环节和部门的紧密协作，以确保直播活动的顺利进行。在开播之前，营销者要对直播的基本流程进行规划和设计。

直播营销活动的基本流程如图 5-30 所示。

1. 直播筹备

营销者要做好直播前期的各项筹备工作，包括选择直播场地、调试直播设备、明确直播主题、准备直播物料，以及主播自身准备等。

（1）选择直播场地

直播场地分为室外场地和室内场地。常见的室外场地有商场、广场、景区、商品生产基地等；常见的室内场地有店铺、办公室、工厂车间、发布会场地等。营销者可以根据直播活动的需要选择合适的直播场地，并进行适当的布置，营造良好的直播环境。

图 5-30　直播营销活动的基本流程

（2）调试直播设备

在直播筹备阶段，营销者要将在直播时使用的手机、计算机、摄像机、灯光设备、网络等直播设备调试好，防止设备发生故障，影响直播顺利进行。直播设备的调试包括机位设置、网络测试、直播间测试等。

（3）明确直播主题

营销者应明确直播的主题、内容要点及直播形式（如单人直播、多人对话、活动现场直播等），再根据直播内容确定直播的时长和频率，如每周一次或每月一次。

（4）准备直播物料

直播物料在直播电商中能够发挥巨大的作用，可以增强直播的吸引力，传达直播的重要信息，提升品牌形象和认知度。直播物料包括商品样品、直播素材及辅助工具等。

- 商品样品。直播中的商品样品要摆放整齐，方便展示，容易拿取。此外，还要仔细检查商品样品的外观、型号及款式等，确保准确无误。
- 直播素材。直播素材主要有直播封面图、直播标题、直播间贴纸、直播脚本、直播间背景、互动素材、切片素材、音频素材等。
- 辅助工具。辅助工具包括商品宣传图片、道具板、手机、电子大屏、计算器等。

（5）主播自身准备

在开播前，主播要熟悉直播流程和直播商品的详细信息，这样才能在直播中为用户详细地讲解商品，回答用户提出的各种问题。此外，主播还要调整好自身状态，以积极的态度和饱满的热情来迎接直播间的用户。

2. 直播目标

对于企业来说，直播作为一种营销手段，每一场都必须围绕营销目标来开展，否则无法给企业带来实际的效益。在直播之前，营销者要明确直播目标，如品牌宣传、活动造势、销售商品等。在确定直播目标时，要注意目标的具体性、可衡量性、可实现性与时限性等特点。

- 具体性是指要用具体的语言清楚地说明直播要达成的目标。直播的目标要切中特定的指标，不能过于笼统、模糊。
- 可衡量性是指直播目标应是数量化的或行为化的，要有一组明确的数据来衡量直播目标是否达成。

- 可实现性是指目标要客观，是通过付出努力就能够实现的。
- 时限性是指目标的达成要有时间限制，这样才有督促作用，避免目标的实现被拖延。

3. 直播预热

为了收到良好的直播效果，在直播开始之前，要对直播活动进行宣传预热，要明确目标受众，确保直播宣传具有针对性，吸引更多的目标用户进入直播间观看直播。在策划直播预热时，需要注意以下几点。

（1）选择宣传渠道

不同的用户喜欢在不同的媒体平台上浏览信息，营销者要分析目标用户群体的行为习惯，选择在目标用户群体经常出现或活跃的平台发布直播宣传信息，为直播尽可能多地吸引目标用户。

（2）确定宣传形式

营销者要选择符合媒体平台特性的信息展现方式来推送宣传信息。例如，在微博采用"文字+图片"的形式；在微信群、朋友圈推送九宫格图、创意信息长图；在抖音、快手等短视频平台上发布直播预告视频。

（3）把握宣传频率

营销者不能过于频繁地向用户发送直播活动宣传信息，否则可能会引起他们的反感，导致用户屏蔽相关信息。一般来说，分别在直播活动开始前 7 天、前 3 天、前 1 天，以及直播当天向用户推送直播活动宣传信息，更容易达到良好的宣传效果。

4. 直播实施

直播的实施是一个系统性、有序化的工作流程，包括直播开场、直播过程和直播收尾。

（1）直播开场

主播要以热情洋溢的开场白引入直播主题，通过开场互动让用户了解直播内容，并介绍直播亮点和优惠活动，使用户对本场直播产生期待感，从而停留在直播间。

（2）直播过程

直播过程主要是主播借助营销话术、发红包、发优惠券、才艺表演等方式，进一步加深用户对本场直播的兴趣，让用户长时间停留在直播间，并促使用户产生购买行为。直播过程主要涉及以下几个方面。

- 商品介绍。主播详细介绍商品的特性、使用方法、材质成分等信息，通过实物展示、试穿试用等方式让用户更直观地了解商品。
- 互动答疑。主播与用户进行实时互动，回答用户的问题，解决用户的疑虑，并通过抽奖、发红包等互动方式提升用户的参与感，增强用户黏性。
- 销售转化。主播在直播过程中引导用户下单购买，并提醒用户注意购买链接和优惠信息，再利用折扣和满减优惠等促销手段刺激用户做出购买决策。

（3）直播收尾

在直播收尾时，主播向用户表示感谢，预告下场直播的内容，并引导用户关注直播间，将普通用户转化为忠实粉丝；引导用户在其他媒体平台上分享本场直播或本场直播中推荐的商品，形成二次传播，扩大直播的传播范围与影响力。

5. 直播复盘

直播复盘是指在直播结束后，通过回放视频、查看数据或文字记录等形式，对直播内容进行全面回顾、总结和分析的过程。

直播复盘包括直播间数据分析和直播经验总结两个部分。其中，直播间数据分析主要是利用直播中形成的客观数据对直播进行复盘，体现的是直播的客观效果。例如，分析直播间累积观看人数、累积订单量和成交额、人均观看时长等数据。直播间数据分析不仅有助于了解直播效果的即时反馈，还能为未来的直播策略制定提供有力的依据。

直播经验总结主要是从主观层面对直播过程进行分析与总结，包括直播流程设计、团队协作效率、主播现场表现等。营销者通过自我总结、团队讨论等方式对这些无法通过客观数据表现的内容进行分析，并将其整理成经验手册，为后续开展直播活动提供有效的参考。

课堂讨论

在直播预热时，不同宣传渠道和形式各有特点。对于小众手工艺品的直播活动，应如何组合微博、短视频平台和社群等渠道，制定高效的预热策略，精准吸引目标用户？

三、使用 AIGC 工具撰写直播营销活动脚本

直播脚本的作用是为整场直播做出全局性谋划。直播营销活动脚本是营销团队通过结构化、规范化及流程化的说明，为主播在直播间的内容输出提供线索指引，以确保直播过程的顺利进行及直播内容的输出质量。

1. 直播脚本的类型

直播脚本分为单品直播脚本和整场直播脚本。

（1）单品直播脚本

单品直播脚本以单个商品为单位，介绍商品的卖点、品牌、折扣等。在介绍单品时，主播除了依照整场直播脚本的顺序介绍商品外，还要熟悉单品直播脚本，掌握商品的特点和促销策略，以便更清楚地将商品的亮点和优惠活动告知用户，进而刺激用户购买。

（2）整场直播脚本

整场直播脚本是对整场直播活动的规划和安排，包括流程规划、人员安排等，其重点是直播顺序、玩法及直播节奏的把控等。整场直播脚本与单品直播脚本最大的差异在于商品的切换，即主播需要根据直播间的人气曲线和在线人数灵活调整切换商品的节奏，使直播间的流量和利益最大化。

2. 直播脚本的设计思路

直播脚本要遵循一定的设计思路，只有设计思路清晰，才能设计出执行性强、实用性强的直播脚本，保证直播营销活动顺利开展。

（1）单品直播脚本设计思路

单品直播脚本是以单个商品为核心，在深刻洞察用户购买心理的基础上，制定商品解说的话术安排，目的是突出商品卖点，激发用户的购买欲望。

单品直播脚本一般包含以下要素。

- 商品或品牌介绍。先用话题引出商品或品牌，然后介绍商品或品牌的基本信息。
- 卖点介绍。介绍商品的属性、功能或作用，说明商品值得购买的原因。
- 利益点强调。介绍商品给用户带来的好处，把非刚需变为刚需。
- 引导转化。引导用户立即下单购买，通常需要营造紧迫感，如先拍先得、价格优势等。

以服装为例，单品直播脚本要详细描述服装的面料、颜色、版型、搭配要点等，还有服装的价格优势。单品直播脚本通常以表格的形式将产品的卖点和优惠活动标注清楚。单品直播脚本中也会列举用户通常会问的问题，并给出回答指引，避免主播面对用户提问时话术混乱。

（2）整场直播脚本设计思路

整场直播脚本策划，即营销团队策划并撰写直播过程中每个具体环节的关键内容。一个简单快捷的策划方法是先规划时间，再结合直播主题、直播目标及参与人员的工作内容来完成脚本策划。

整场直播脚本的设计思路如表 5-1 所示。

表 5-1　整场直播脚本的设计思路

主要内容	设计思路
商品数量	注明直播商品的数量
主播介绍	主播个人信息
人员分工	主播负责商品讲解、功能演示、引导用户关注和下单、解释活动规则等； 助理负责协助主播与用户互动、回复用户问题、告知优惠信息等； 场控/客服人员负责商品上下架、修改价格、发货与售后等
直播流程	规划详细的时间节点，并说明开场预热、商品推荐、用户互动、结束预告等环节的具体内容
注意事项	丰富互动玩法，提高用户活跃度，增加粉丝数量； 直播讲解内容为单品讲解+回复用户问题+互动； 直播讲解占比为单品讲解 60%+回复用户问题 30%+互动 10%； 不同的商品匹配不同的应用场景； 多讲解××系列新品

3. 使用 AIGC 工具撰写直播脚本

使用 AIGC 工具撰写直播脚本能够大大提高创作效率和创意性，一般步骤如下。

（1）明确直播主题与目标

在开始撰写脚本之前，需要明确直播的主题和目标，这有助于确定脚本的内容方向和重点。直播主题如"夏季美妆新品推荐""智能家电使用技巧分享""赞皇金丝大枣助农直播""君乐宝奶粉新品发布会"等。明确直播目标是提升品牌知名度，还是促进产品销售，或者是增加用户互动等。

（2）收集相关信息

为了生成高质量的直播脚本，需要提供足够的信息，包括产品信息、目标受众信息、竞品信息等。

- 产品信息：产品名称、功能、特点、使用场景、优惠信息等。
- 目标受众信息：目标用户群体的年龄、性别、兴趣爱好等。

● 竞品信息：竞争对手的类似产品或直播内容等。

（3）选择 AIGC 工具

选择一款合适的 AIGC 工具，如 DeepSeek、豆包、文心一言等，这些工具都可以根据输入的提示词生成高质量的文本内容。

（4）撰写直播脚本

首先，撰写单品直播脚本。以 DeepSeek 为例，可以按照以下通用公式编写提示词，如图 5-31 所示。

打开 DeepSeek，在对话框中输入提示词"我是一位网络直播营销者，需要围绕'赞皇金丝大枣'撰写一份单品直播脚本，目的是提升品牌知名度，提高产品销量，内容要突出产品特点，满足用户的健康需求，要求语言风格幽默有趣，能够吸引用户的注意力，并激发用户产生购买欲望，整体要口语化，不要用太多专业术语。"选择"深度思考（R1）"+"联网搜索"模式，单击"发送"按钮⬆️，如图 5-32 所示。

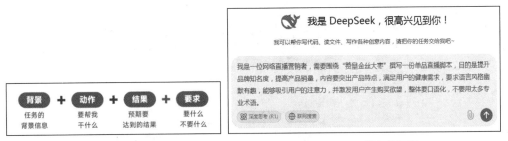

图 5-31　编写提示词的通用公式　　　　　　图 5-32　输入提示词

DeepSeek 生成的单品直播脚本（部分内容）如图 5-33 所示。

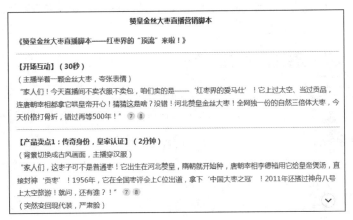

图 5-33　单品直播脚本（部分内容）

DeepSeek 生成的直播脚本突出了产品的独特性，如金丝、贡枣、高营养；能够满足用户的健康需求，如补血、养颜等。另外，列举出多种食用场景，增加用户的购买理由；还设计了互动环节，主播语言幽默风趣，能轻松拉近与观众的距离，增强了信任感，同时制造产品稀缺感，促使观众下单购买。

（5）审阅和优化

借助 AIGC 工具生成的直播脚本需要进一步审阅和优化，以确保内容符合预期和直播的实际需求。在直播前，需要检查直播脚本全文，确保内容准确、有趣，符合品牌调性。根据实际情况，可以调整时间分配、互动环节等细节。

（6）实际应用

营销者可以将优化后的直播脚本应用到实际直播中，实时观察观众的反馈和互动情况，然后对脚本进行动态优化和调整。

四、使用腾讯智影创作数字人直播预告短视频

使用腾讯智影创作数字人直播预告短视频

利用腾讯智影的"数字人播报"功能，创作者只需输入口播文案，选择数字人形象、音色等参数，即可快速生成个性化、高质量的直播预告内容，无需专业团队，轻松实现高效制作，具体操作方法如下。

（1）打开腾讯智影网页并登录账号，在页面上方选择"数字人播报"选项，如图 5-34 所示。

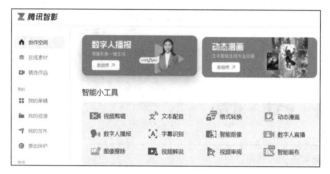

图 5-34　选择"数字人播报"选项

（2）在页面左侧单击"模板"选项卡，选择合适的模板，在弹出的界面中预览模板效果，然后单击"应用"按钮，如图 5-35 所示。

图 5-35　选择模板

（3）在页面左侧单击"数字人"按钮🔊，选择合适的数字人形象，然后在画面中调整数字人的大小和位置，如图 5-36 所示。

图 5-36　选择数字人形象并调整大小、位置

（4）选中文本并修改内容，在页面右侧的文本框中输入口播文案，然后单击按钮 🎤，如
图 5-37 所示。

图 5-37　输入文案

（5）在弹出的"选择音色"页面中单击"直播电商"选项卡，选择"星小七"音色，然
后单击"确认"按钮，如图 5-38 所示。

（6）在页面右下角单击"保存并生成播报"按钮，然后单击"合成视频"按钮，如图
5-39 所示。

（7）在弹出的"合成设置"对话框中，设置"名称""导出设置""格式""码率"等选
项，然后单击"确定"按钮，如图 5-40 所示。

（8）合成完成后，预览数字人播报效果，然后单击"下载"按钮下载短视频，如图 5-41
所示。

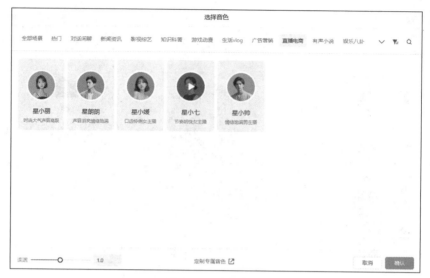

图 5-38　选择音色

图 5-39　生成播报视频

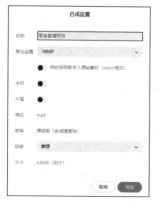

图 5-40　合成设置

图 5-41　预览数字人播报效果并下载

五、使用 AIGC 工具撰写直播营销话术

在直播营销活动中，直播营销话术发挥着重要的作用。主播运用直播营销话术可以增强直播的吸引力，与观众建立情感连接，激发其购买欲望，营造直播间氛围及引导购买行为等，系统性实现观众留存、信任建立、信息渗透与转化驱动的营销目标。

随着 AIGC 技术的发展，可以使用 AIGC 工具辅助撰写直播营销话术，这样能极大地提高工作效率。AIGC 工具能够在短时间内生成大量的话术内容，快速满足直播的需求。AIGC 工具生成的话术可以保持语言风格和重点的一致性，避免人为因素导致的表述差异。例如，在介绍一系列同品牌但不同款式的服装时，AIGC 工具能够确保对品牌优势和特点的描述始终一致，从而强化品牌形象。

利用 AIGC 工具撰写直播营销话术的一般步骤如下。

1. 明确主题和产品特点

在 AIGC 工具中输入提示词时，要写明直播的主题，如某款具体产品的推广，以及产品的关键信息、优势等。例如，主题是推广一款新型智能手表，那么在输入提示词时要详细说明这款智能手表的特色功能，如具备健康监测功能，还能追踪睡眠质量，具有时尚的外观，采用轻薄的金属材质搭配多彩的表带等。这些关键信息是撰写话术的基础，能让 AIGC 工具准确把握产品的卖点，从而在生成话术时突出重点，吸引目标用户。

2. 提出要求

在输入提示词时，还要明确要求生成的话术要具备强烈的吸引力和情绪感染力，这样才能激发用户的兴趣和购买欲望。可以要求话术中包含一些引人入胜的故事元素，如讲述一位普通上班族如何通过使用这款智能手表改善了健康状况，提升了工作效率，从而改变了生活轨迹的故事，在直播讲述时能使观众产生共鸣，进而对产品产生浓厚的兴趣。

同时，要求话术中运用一些情感化的语言，例如，"这款智能手表就像你的贴心健康管家，时刻守护着你的身体"，通过这种富有感染力的表达触动观众的情感，激发他们的购买欲望。

3. 注明风格

为了让生成的话术更具特色，更符合直播的氛围和品牌形象，需要引导 AIGC 工具生成具有特定风格的话术。如果直播面向的是年轻、时尚的消费群体，那么可以要求话术风格幽默、亲切且带有潮流感。例如，可以用一些网络流行语和热梗来介绍产品，如"这款智能手表简直就是时尚界的'卷王'，戴上它，你就是这条街最靓的仔！"这样的幽默风格能够拉近与年轻用户的距离，让他们在轻松、愉快的氛围中了解产品。

如果是针对专业人士的产品推广，如一款高端商务笔记本电脑，那么话术风格则需要专业、严谨且具有权威性。例如，"各位商务精英，这款笔记本电脑采用了最新的高性能处理器，能够轻松应对各种复杂的商务办公场景，其出色的散热设计和长续航能力，能保证您在高强度工作下的稳定使用，是您事业成功的得力助手。"通过明确风格要求，使 AIGC 工具生成的话术更符合目标受众的喜好和直播场景的需求。

4. 补充信息

为了让 AIGC 工具生成的话术更贴合实际需求，有时需要补充目标用户的特点和直播场

景等相关信息。

例如，目标用户是一群热爱户外运动的年轻人，那么在补充信息时，要强调他们在购买产品时注重产品的便携性、耐用性和功能性等特点，同时说明直播场景是在户外运动装备店或者户外运动活动现场。这样 AIGC 工具在生成话术时，就可以结合这些场景和用户特点，设计出一些互动环节，如邀请现场观众试用产品并分享感受，或者展示产品在户外运动中的实际应用效果等，通过这些贴合实际场景的话术，增强直播的吸引力和说服力。

5. 优化与调整

AIGC 工具生成的话术可能在某些方面还需要进一步优化与调整。首先，要检查话术的逻辑连贯性，确保整个直播流程的介绍、产品特点的阐述以及促销活动的安排等内容能够自然衔接，避免出现跳跃或混乱的情况；其次，根据实际的直播节奏和时间安排对话术的长度进行调整，使其既能充分展示产品优势，又不会过于冗长而导致观众失去耐心。

此外，还可以结合直播平台的特色功能和互动方式，如弹幕互动、抽奖活动等，对话术进行补充和优化，让直播过程更加生动有趣，进一步提升用户的参与度和购买转化率。

使用 AIGC 工具生成直播营销话术时，若要求融入故事元素，如何确保生成的故事真实可信且与产品紧密结合，避免出现生硬拼凑的情况？

AI 营销：使用 DeepSeek 撰写直播营销话术

某化妆品牌新上市了一款口红，想通过直播对其进行宣传。下面使用 DeepSeek 为其撰写直播营销话术，方法如下。

（1）输入提示词

打开 DeepSeek，在对话框中输入提示词"我是一位直播营销者，需要推广某品牌新款口红，请围绕此产品撰写直播营销话术。此款口红采用真陶瓷材质与古典纹样设计，融合传统与现代美学。产品涵盖丰富色号，显色持久，添加养肤成分，质地多样且轻薄贴合，具有高性价比。适配日常与宴会场景，部分系列配备 AR 试妆技术，传递文化自信与时尚理念。要求生成的话术具备强烈的吸引力和情绪感染力，能激发用户的购买欲望。面对的目标受众是年轻女性，话术应采用时尚现代的风格，能够吸引她们的观看兴趣。"选择"深度思考（R1）"+"联网搜索"模式，单击"发送"按钮⬆️，如图 5-42 所示。

图 5-42　输入提示词

此时，DeepSeek 就会生成直播营销话术（部分内容），如图 5-43 所示。

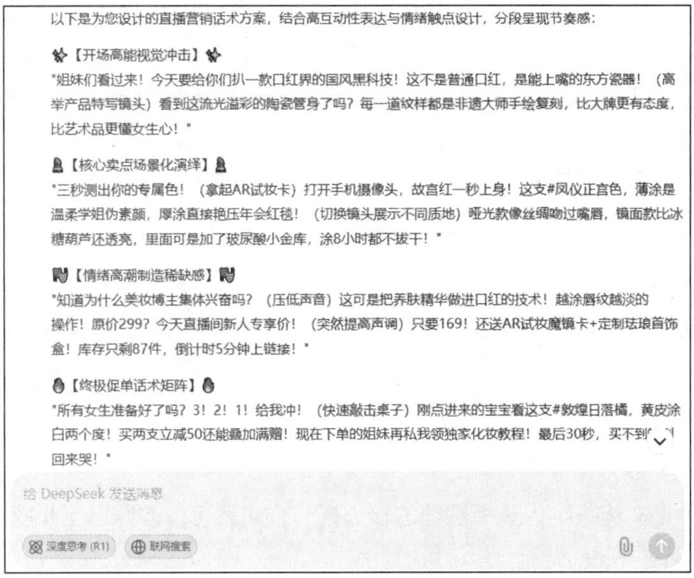

图 5-43　DeepSeek 生成的直播营销话术（部分内容）

（2）调整优化直播营销话术

根据实际情况对直播营销话术进行调整优化，如补充直播场景信息等，让 DeepSeek 生成更贴合实际需求的话术。可继续输入提示词"为了更吸引用户，强化用户的购买欲望，话术中要增加用户的消费痛点，联系各种使用场景，让用户产生联想。请为我重新生成直播营销话术。"单击"发送"按钮⬆，经过优化后的内容添加了场景化痛点刺激等内容，如图 5-44 所示。

图 5-44　调整优化后的直播营销话术

六、数字人直播营销

数字人直播凭借高质量、低成本和强互动性成为直播行业的新趋势，为企业带来创新体验、经济效益、稳定可靠性和广泛的应用场景等多重价值。数字人主播可以根据企业或用户的需求灵活调整直播风格和内容，以适应不同的应用场景，赋予直播间个性特色，提升竞争力。

目前，越来越多的企业投入数字人直播营销中，他们着手打造数字人主播，利用虚实结合的营销方式获取更多的流量与关注，试图率先赢得发展先机。

企业布局数字人直播营销的一般流程如下。

1. 选择平台

企业需要选择一个稳定、安全且易于操作的数字人直播平台。目前市场上的主流平台包括抖音直播、快手直播等，这些平台具有广泛的用户基础和成熟的直播生态。企业可以根据自身需求选择现有平台，或者开发自有的直播平台，以便更好地控制直播内容和用户体验。

2. 创建数字人

创建数字人是实施数字人直播营销的核心环节，企业可以参照以下步骤来完成。

（1）形象设计

选择数字人的外观形象、服装、发型等，确保其符合品牌定位和目标用户喜好。

（2）数据采集

完成数字人形象设计后，再进行真人主播视频与音频的录制，用于训练数字人的语音和动作。

（3）技术优化

在创建数字人时，通过运动捕捉技术和模型训练，使数字人的口型、动作与内容匹配，提升还原度和自然度。最终目标是让数字人表现出与真人无异的语言、表情和行为。

3. 搭建直播间

企业需要在选定的直播平台上搭建数字人直播间，创造专业的直播环境。可以通过设置背景音乐、虚拟场景等方式，提升直播间的视觉效果和用户体验。例如，安踏通过数字人走秀直播间，结合"云试衣间"功能，提升了消费者的购物体验。

4. 策划直播内容

直播内容的设计应围绕品牌目标展开，包括品牌推广、产品介绍或用户互动等。企业可以根据目标受众的兴趣和需求，策划有趣且有价值的直播内容，如互动问答、教学演示、娱乐表演等。

例如，百事可乐推出的虚拟偶像家族，通过举办虚拟演唱会等方式，成功地吸引了大量年轻消费者的关注，提升了品牌的影响力和市场竞争力。这些虚拟偶像不仅在形象上契合品牌年轻、潮流的定位，还通过与粉丝的实时互动，增强了用户黏性和品牌忠诚度。

5. 确定盈利模式

数字人主播的盈利模式多种多样，企业需要根据自身需求选择合适的模式。

（1）产品销售

在产品销售方面，企业可以通过数字人主播推广品牌产品，或者销售与数字人相关的虚拟产品，如虚拟礼物、道具等。

（2）品牌合作

企业还可以与数字人主播进行深度合作，通过品牌代言、联名商品等方式提升品牌知名度。数字人主播可以成为品牌的虚拟代言人，出现在广告、宣传视频和社交媒体上，为品牌推广产品和服务。

（3）内容付费

内容付费也是数字人主播的一种重要盈利模式。企业可以提供独特的付费内容，如行业分析、个性化教学课程等，并设立会员制度，为付费用户提供更优质的服务。数字人主播可以凭借其专业知识和技能，为用户提供个性化的咨询服务或教学指导。

6. 推广数字人主播

企业可以通过各种渠道宣传数字人主播，包括社交媒体、新闻媒体、行业协会等，以扩大数字人主播的影响力，并提升用户的参与度。此外，还可以通过社交媒体、论坛、社群等平台建立数字人主播的粉丝社区，让用户能够实时地与数字人主播进行交流、分享和互动，从而增强用户的黏性。

任务实施：直播推广地域农产品

1. 任务目标

通过本任务熟练掌握 DeepSeek 在直播策划中的应用，深入理解直播营销中地域农产品的推广策略与话术表达要点，能够独立策划并完成一场具有吸引力和转化效果的地域农产品直播推广活动，有效提升农产品的曝光度与销量。

2. 实施步骤

（1）明确农产品信息

确定地域农产品的具体名称，如"烟台红富士苹果"，深入挖掘产品卖点，包括口感脆甜、果肉细腻、绿色种植等特点，明确适用人群、价格优势、优惠活动等信息。将这些关键信息整理记录下来，为后续直播策划提供翔实的依据。

（2）借助 DeepSeek 策划直播内容

根据明确的农产品信息，向 DeepSeek 输入提示词，如"我要直播推广烟台红富士苹果，目标受众为注重生活品质的家庭主妇和年轻上班族，请撰写包含产品介绍话术、互动话题、促销活动介绍的直播脚本，要求语言生动有趣，能激发购买欲望。"获取 DeepSeek 生成的直播脚本后，结合实际情况进行优化完善，补充细节内容，确保直播流程清晰、内容丰富。

（3）直播设置与执行

选择合适的直播平台，根据平台要求完成账号注册、实名认证等准备工作。进入直播后台，进行基础设置，包括直播封面设计、标题拟定、直播标签添加等，突出农产品特色以吸引观众。调试摄像头、麦克风等设备，确保画面清晰、声音流畅。按照策划好的直播脚本，开始直播推广，实时与观众互动，解答疑问，引导观众下单购买。

（4）数据复盘与优化

直播结束后，收集直播过程中的观看人数、互动评论数、商品点击量、订单成交量等数据。分析这些数据，总结直播推广过程中的优点与不足，如哪些话术或互动环节吸引观众，哪些地方需要改进。根据分析结果，再次使用 DeepSeek 优化下一次直播的脚本和话术，调整直播设置，不断提升直播推广效果。

任务小结

本任务围绕 AIGC 与直播营销的融合，剖析了其在直播全流程的应用。从智能脚本创作、撰写直播话术到数字人主播运营，AIGC 显著提升了直播营销效率与转化效果。AIGC 为直播营销注入智能基因，让内容生产更高效、用户互动更精准，推动直播营销智能化升级。

综合实训：使用 AIGC 工具创作数字人直播短视频

一、实训目标

通过本实训，熟练掌握 AIGC 工具在直播营销中的应用方法。通过使用 DeepSeek 撰写直播营销话术，使用可灵 AI 生成视频素材，以及使用腾讯智影创作短视频，完成以"推广威海旅游住宿套餐"为主题的数字人直播短视频创作。深入理解从创意构思到 AIGC 工具协同创作的完整流程，培养在实际商业场景中灵活运用 AIGC 工具进行直播营销的能力，参考效果如图 5-45 所示。

图 5-45　威海旅游住宿套餐数字人直播短视频

二、实训思路

（1）确定主题与风格

明确本次实训主题为推广威海旅游海景住宿套餐，风格定位为清新、舒适且富有海滨风情，以契合威海的旅游特色和住宿套餐的品质定位，吸引目标受众的注意力。

（2）使用 DeepSeek 撰写直播营销话术

根据主题和风格，设计详细的直播话术提示词，例如，"我是一位直播营销者，需要推广威海旅游海景住宿套餐，请围绕此产品撰写直播营销话术。套餐包含海景大床房 1 晚、水上乐园门票和海鲜自助晚餐，原价 299 元/晚，直播价 199 元/晚。目标受众为热爱旅行的年轻人，要求生成的话术具备强烈的吸引力和情绪感染力，能激发用户的购买欲望，字数 200 字左右。"将提示词输入 DeepSeek，生成流畅、有吸引力且专业的直播营销话术。

综合实训

（3）使用可灵 AI 生成视频素材

依据主题和风格，构思视频素材的提示词，如"碧蓝的海水波光粼粼，主体静止，洁白的浪花有节奏地拍打着礁石，固定镜头"，使用可灵 AI 将图片素材生成高质量视频素材。

（4）使用腾讯智影创作短视频

将可灵 AI 生成的视频素材导入腾讯智影，结合 DeepSeek 撰写的话术进行剪辑、配音等操作，制作出完整的数字人直播短视频，使视频内容连贯、画面精美、声音清晰，能够有效传递威海旅游海景住宿套餐的吸引力。

（5）效果评估

通过播放量、点赞量、评论量、转发量以及观众对住宿套餐的咨询量等指标，评估短视频的传播效果和营销效果。分析数据背后的原因，如视频内容是否足够吸引人、话术是否具有说服力、画面质量是否达标等，为后续优化提供依据。

三、实训总结与反思

各自撰写实训报告，总结个人在实训过程中的学习收获、遇到的困难及解决策略。然后各组进行最终的总结汇报，包括项目成果展示、团队合作经验分享，以及对 AIGC 技术未来发展的展望。通过个人复盘、团队复盘与集体思辨的三级反思体系，实现从工具使用到思维转型的跃迁。

四、实训评估

短视频质量：评估短视频是否准确传达了威海旅游海景住宿套餐的主题和优势，画面是否清晰、美观，色彩搭配是否协调，剪辑是否流畅，能否吸引观众并激发其对套餐的兴趣。

技术运用：考察对 DeepSeek、可灵 AI 和腾讯智影的操作熟练程度，包括提示词输入的准确性、视频素材生成的质量、剪辑技巧的运用等，评估能否熟练运用 AIGC 工具完成创作任务。

效果达成：对短视频的实际传播效果和营销效果进行评估，如播放量、互动量是否达到预期目标，是否有效提升了威海旅游海景住宿套餐的知名度和吸引力，观众的咨询和预订情况如何等，综合衡量实训成果的价值和意义。

思考题

1. 在短视频营销中，短视频创作的基本流程包括哪些内容？

2. 如何借助 AIGC 工具生成短视频的内容创意？

3. 假设你是一位网络营销者，需要推广某款生活用品（如电动牙刷、扫地机器人等），请借助 AIGC 工具生成短视频内容创意，并试着创作一段产品展示类短视频。

PART 06

项目六
AIGC＋社交媒体营销

学习目标

知识目标
> 了解小红书笔记的写作要点与口碑营销的策略。
> 掌握使用 AIGC 工具创作与优化小红书图文笔记的方法。
> 了解微信公众号文章的写作要点和微信软文营销的策略。
> 掌握使用 AIGC 工具创作和优化公众号文章的方法。
> 掌握使用 AIGC 工具制作公众号信息长图和朋友圈营销内容的方法。
> 了解微博文案的写作要点和微博事件营销的策略。
> 掌握使用 AIGC 工具撰写微博营销文案和事件营销策划方案的方法。

能力目标
> 能够使用 AIGC 工具创作与优化小红书图文笔记。
> 能够使用 AIGC 工具创作与优化公众号文章。
> 能够使用 AIGC 工具制作公众号信息长图和朋友圈营销内容。
> 能够使用 AIGC 工具撰写微博营销文案和微博事件营销策划方案。

素养目标
> 培养对热点信息的敏感度，同时拒绝盲目追逐热点。
> 树立原创意识，尊重知识版权。

项目导图

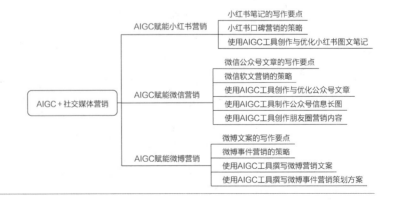

案例导入

AIGC 重构社交营销：商汤与微博联手，69 万篇文案掀起电商巨浪

随着社交网络的普及和用户需求的不断变化，社交平台不仅需要持续创造有趣的交互和内容创作方式，提升用户黏性与活跃度，还要开拓内容营销的新思路，帮助品牌提高流量转化率。

商汤科技与新浪微博合作，基于"日日新"大模型，通过 AIGC 技术打造虚拟角色和 AI 营销工具，实现全新的用户互动和营销模式。短短几个月内就有超过7000 位微博达人采用 AIGC 工具生成 69 万篇文案，覆盖 9 万多件商品，日均发博数量超过 5800 篇，AIGC 营销文案采用率高达 95%，已成为博主们的得力工具。

案例导入

当下，热门 IP 虚拟角色运营以及与之互动对话已成为互联网热潮。例如，热播剧集在社交平台开设角色账号并积极"营业"，与观众互动。无论是以第一视角代入的日常纪实类内容，还是挖掘人物背后故事类内容，这种新型的社交运营方式不仅可以拉近角色和观众的距离，还能让观众感受剧集虚拟与现实的结合，实现沉浸式追剧，并获得丰富的情绪价值。

据了解，商汤与微博联合研发虚拟角色模型、人设模型，通过剧综数据构建本地知识库、优化提示词、指令微调等生成虚拟角色模型，实现虚拟角色 24 小时在线的智能化运营，为粉丝提供个性化评论回复、私信聊天等功能，提升粉丝黏性，使互动量（如点赞数和评论数）大幅度增加。其中，商汤通过商量大语言模型开发的人设模型，将知名 IP 角色的特色人设等诸多复杂内容，以及角色衍生内容（如网友再创作等）都融入训练过程，让 AI 生成的多轮对话内容更加接近真人。

微博增值设计研发中心总经理表示："让数字人物不再仅仅是无情的机器，而是成为能理解、能共情的好朋友。"这一理念的实现标志着人工智能领域的一次重大飞跃——从功能性的工具转变为具有深度情感连接的情感伙伴。

在微博平台上，数千万的博主和企业品牌商都有着强烈的商业诉求，但从私域获客到商业变现存在壁垒。具体而言，内容达人往往不熟悉电商营销，也没有专业设备和直播间；商家和店铺有供应链优势，但不擅长私域流量运营和内容营销，并且传统代运营机构的收费过高，会增加运营成本。

而商汤如影基于微博平台，从 AI 原生应用角度重新思考商业需求，从 0 到 1 解构、重新设计智能电商，帮助博主打通"知识、种草、品牌店铺、下单"的内容电商全流程。在短短数月中，商汤科技与微博增值设计研发中心携手探索出一条崭新的 AI 原生内容营销之路——打造商汤如影 AI 数字人主播，借助 AI 营销助手提供 AI 自动选品、AI 生成营销内容、AI 生成带货视频、AI 客服等功能，覆盖内容电商全流程。

据透露，首先，在选品环节，通过商量大语言模型和微博业务数据深度结合，根据热搜话题，从微博商品库中精准提取关键数据因素，转化为具体的营销推荐方案，向特定博主提供最适合自己调性的带货产品和推荐理由；其次，在营销内容生成环节，也可通过商量大模型帮助快速生成营销内容，并通过分析用户画像精准推荐微博店铺的商品。

另外，AI 生成的营销内容的形式不局限于文字类，还可以是带货视频。结合商量大模型构建的专属知识库，微博能够自动生成专业营销解说文稿，通过商汤如影数字人视频生成平台生成一系列媲美真人拍摄的高质量营销短视频，将传统真人拍摄 2~5 天的制作周期缩短

至 0.5 天，且无须投入额外的器材和场地费用，打造"多、快、好、省"的营销新模式。

商汤科技表示，与微博合力打造的 AI 营销助手是一种充分发挥大算力、大数据、大模型的领先优势，实现 24 小时在线的同时，实时获取最新营销信息的新型服务业态，市场效果初显。

启发思考

AIGC 技术在社交媒体营销中的大规模应用会对传统内容创作者和营销从业者的职业发展产生哪些影响？

任务一　AIGC 赋能小红书营销

知识储备

小红书作为国内领先的生活方式分享平台，凭借独特的"种草"生态与高活跃度的用户社群，构建起品牌与消费者深度沟通的桥梁，在社交营销领域占据着重要的地位。与此同时，AIGC 技术的突破式发展，正驱动网络营销行业向智能化、精准化方向迭代升级。AIGC 与小红书营销场景的有机融合，为品牌传播、内容生产及用户运营带来全新可能。

一、小红书笔记的写作要点

小红书是一个以"种草"和分享为核心的生活方式社区平台，以年轻女性用户为主，内容形式包括图文、短视频和直播。该平台注重真实、有用和精美的内容，用户通过分享生活经验、产品推荐和生活方式，形成良好的社区氛围。撰写小红书笔记时，需要注意以下要点。

1. 选题策划

一篇优秀的小红书笔记，离不开精准的定位与选题策划。撰写小红书笔记前，营销者需要深入了解目标受众的兴趣爱好、年龄层次、消费习惯等。例如，针对年轻妈妈群体，选题可围绕母婴产品评测、育儿经验分享等展开策划，母婴类小红书账号笔记如图 6-1 所示。

图 6-1　母婴类小红书账号笔记

营销者可以借助 AIGC 工具，分析海量小红书笔记及用户行为数据，洞察当下热门趋势和用户需求痛点。例如，使用 DeepSeek 生成育儿方面的八大选题维度，如知识焦虑、时间管理、消费决策、健康管理等（见图 6-2），围绕这些方面可以深度挖掘，从中选择需要的选题，如科学喂养、辅食添加，再进行选题细化，确定出“6～12 月龄辅食黑名单：这 15 种食物比盐更伤宝宝”“职场妈妈备餐攻略：周末 3 小时搞定一周冷冻辅食”等选题，如图 6-3 所示。

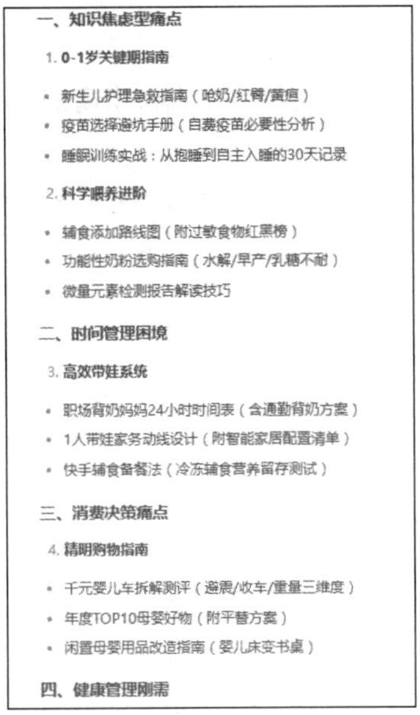
一、知识焦虑型痛点

1. 0-1岁关键期指南

- 新生儿护理急救指南（呛奶/红臀/黄疸）
- 疫苗选择避坑手册（自费疫苗必要性分析）
- 睡眠训练实战：从抱睡到自主入睡的30天记录

2. 科学喂养进阶

- 辅食添加路线图（附过敏食物红黑榜）
- 功能性奶粉选购指南（水解/早产/乳糖不耐）
- 微量元素检测报告解读技巧

二、时间管理困境

3. 高效带娃系统

- 职场背奶妈妈24小时时间表（含通勤背奶方案）
- 1人带娃家务动线设计（附智能家居配置清单）
- 快手辅食备餐法（冷冻辅食营养留存测试）

三、消费决策痛点

4. 精明购物指南

- 千元婴儿车拆解测评（避震/收车/重量三维度）
- 年度TOP10母婴好物（附平替方案）
- 闲置母婴用品改造指南（婴儿床变书桌）

四、健康管理刚需

图 6-2　育儿方面的八大选题（部分内容）

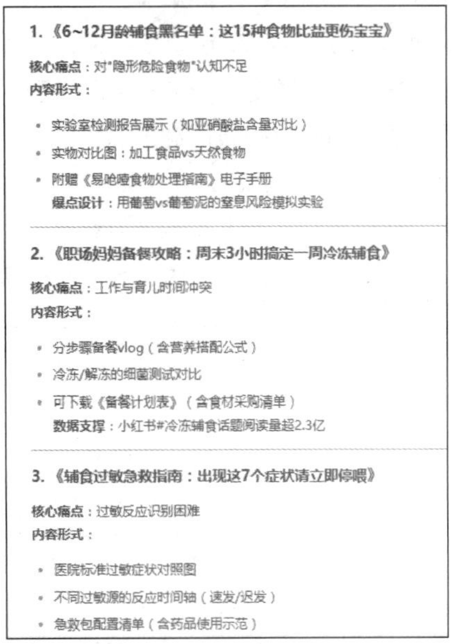
1. 《6~12月龄辅食黑名单：这15种食物比盐更伤宝宝》

核心痛点：对"隐形危险食物"认知不足

内容形式：

- 实验室检测报告展示（如亚硝酸盐含量对比）
- 实物对比图：加工食品vs天然食物
- 附赠《易呛噎食物处理指南》电子手册

爆点设计：用葡萄vs葡萄泥的窒息风险模拟实验

2. 《职场妈妈备餐攻略：周末3小时搞定一周冷冻辅食》

核心痛点：工作与育儿时间冲突

内容形式：

- 分步骤备餐vlog（含营养搭配公式）
- 冷冻/解冻的细菌测试对比
- 可下载《备餐计划表》（含食材采购清单）

数据支撑：小红书#冷冻辅食话题阅读量超2.3亿

3. 《辅食过敏急救指南：出现这7个症状请立即停喂》

核心痛点：过敏反应识别困难

内容形式：

- 医院标准过敏症状对照图
- 不同过敏源的反应时间轴（速发/迟发）
- 急救包配置清单（含药品使用示范）

图 6-3　科学喂养类选题细化

2. 标题拟定

标题是吸引用户点击观看笔记的关键，小红书笔记的标题应简洁明了、富有吸引力，同时包含热门关键词。营销者可以通过设置悬念、采用对比、追热点等方法拟定标题，以引发用户的好奇心与兴趣。例如，“你的护肤真的正确吗？”“开春淑女时尚穿搭，你学会了吗？”“长得一般，但衣品绝了！”在拟定标题时，需要注意以下几点。

（1）简洁明了

小红书笔记标题不宜太长，一般限制在 20 字内，14~18 字最佳，表情符号算 2 个字符。

（2）圈中目标人群

小红书的标题要圈中目标人群，针对受众群体直击用户痛点。例如，“敏感肌的你请上车！”“深度解读打工人的心路历程，你也一样吗？”

（3）包含关键词

标题要点明主题，包含产品关键词，这样笔记可以获得更精准、更多的曝光。例如，“书单推荐 | 10 本治愈系书单整理”。

（4）巧用数字和图标符号

在拟定标题时，营销者可以使用小图标和数字，以吸引用户的注意力。使用小图标可以让标题具有明显的画面感，更加生动，能起到画龙点睛的效果，增强用户的视觉体验；使用数字可以使标题更具象化，加深用户的记忆。例如，"瘦腿最快的 3 个动作，7 天效果太牛了""英语分数从平时考 60 分，到高考考 146 分，只用了这 3 个方法"。

（5）采用提问的方式

在拟定标题时，营销者还可以使用设问、反问等方式，吸引用户注意，提出问题，戳中用户痛点。在标题中融入一些精准的关键词和贴近用户需求的表达，快速抓住目标受众的眼球，从而提升笔记的点击率和互动率。例如，"当孩子遇到校园霸凌时该怎么办？""眼线画不好？不存在的！2 分钟教会你"。

借助 AIGC 工具，营销者仅需输入选题方向与目标受众特征，系统即可通过智能算法批量生成多样化的标题变体，涵盖不同类型、多种场景，为营销内容创作提供丰富的灵感，有效提升标题策划的效率与精准度。

例如，使用 DeepSeek 为某品牌连衣裙生成多个标题，输入提示词"请为某品牌连衣裙生成多个适合发布在小红书上的标题，目标受众主要是 18~25 岁年轻女性群体，要求能够吸引目标受众的注意力。"DeepSeek 生成的标题如图 6-4 所示。

图 6-4　DeepSeek 生成的小红书笔记标题

3. 内容撰写

小红书笔记正文结构要清晰，宜采用总分总的结构。开头点明主题，吸引用户继续阅读；中间部分进行分点阐述，如产品使用步骤、优点、注意事项等；结尾总结升华，引导用户互动。

在 AIGC 工具中输入选题，能自动生成内容框架。例如，使用 DeepSeek 生成一篇介绍某款健身器材的内容结构，其生成的结构为：开篇痛点引入；中间分别介绍器材分类指南、重点单品种草、训练方案搭配、选购避坑指南、场景化解决方案；结尾提供最优购买方案、全年最低价阶段、品牌避雷清单等；评论区鼓励用户制定运动目标，开启健身之旅。如图 6-5 所示。

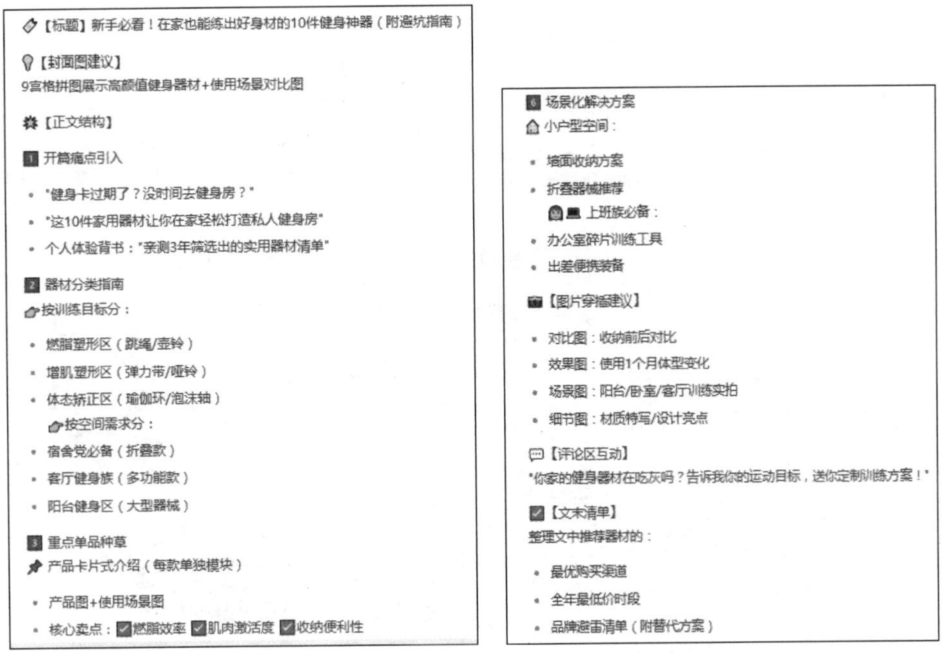

【标题】新手必看！在家也能练出好身材的10件健身神器（附避坑指南）

【封面图建议】
9宫格拼图展示高颜值健身器材+使用场景对比图

【正文结构】

1 开篇痛点引入

- "健身卡过期了？没时间去健身房？"
- "这10件家用器材让你在家轻松打造私人健身房"
- 个人体验背书："亲测3年筛选出的实用器材清单"

2 器材分类指南
按训练目标分：

- 燃脂塑形区（跳绳/壶铃）
- 增肌塑形区（弹力带/哑铃）
- 体态矫正区（瑜伽环/泡沫轴）

按空间需求分：

- 宿舍党必备（折叠款）
- 客厅健身族（多功能款）
- 阳台健身区（大型器械）

3 重点单品种草
产品卡片式介绍（每款单独模块）

- 产品图+使用场景图
- 核心卖点：燃脂效率 肌肉激活度 收纳便利性

6 场景化解决方案
小户型空间：

- 墙面收纳方案
- 折叠器械推荐

上班族必备：

- 办公室碎片训练工具
- 出差便携装备

【图片穿插建议】

- 对比图：收纳前后对比
- 效果图：使用1个月体型变化
- 场景图：阳台/卧室/客厅训练实拍
- 细节图：材质特写/设计亮点

【评论区互动】
"你家的健身器材在吃灰吗？告诉我你的运动目标，送你定制训练方案！"

【文末清单】
整理文中推荐器材的：

- 最优购买渠道
- 全年最低价时段
- 品牌避雷清单（附替代方案）

图 6-5 DeepSeek 生成的小红书笔记内容结构

除了结构之外，还要注意正文的语言风格，小红书用户偏爱生动、亲切、口语化的语言风格，像朋友间聊天一样分享内容。例如，“家人们，我最近发现了一款超好用的面膜，一定要分享给你们”。营销者可以根据实际需要，利用 AIGC 生成内容时，要求其模拟这种语言风格进行内容创作，使生成的文本更贴近小红书平台调性，增强用户的认同感和阅读舒适度。

另外，在内容中适当插入图片与表情，可以让笔记更生动，更具特色。在正文中插入高清、美观、与内容高度相关的图片，能更直观地展示产品或场景，配合生动的表情符号，可以增强情感表达，提升笔记的可读性和趣味性。在 AIGC 生成的内容框架中，通常会提出相关建议，如在介绍健身器材的内容结构中，有图片穿插建议，如对比图、效果图、场景图等。

二、小红书口碑营销的策略

在小红书平台的生态中，口碑营销是企业塑造品牌形象、赢得用户信赖的有力武器。小红书口碑营销策略主要包括以下几种。

1. 内容策略

打造与用户需求相匹配的高质量内容，是小红书口碑营销的核心。优质的小红书笔记应确保内容有价值、原创、真实、个性化，并且注重视觉呈现和场景化表达，进而提升用户的兴趣与参与度。

（1）有价值

内容价值体现在通过独特视角与优质信息，精准吸引用户注意力，激发点赞、评论、分享等互动行为，让用户在阅读后获得知识拓展、情感共鸣或实用技能。为实现这一目标，营销者需要明确账号定位，深度挖掘产品核心优势，以用户需求为导向，将产品特性转化为解决用户现实问题的有效方案，从而提升内容的实用性与用户黏性。

（2）生活化

内容生活化有两层内涵：一是小红书笔记取材于生活。例如，小红书上的美妆、穿搭、美食等热门话题，都与日常生活息息相关；二是用户可以通过小红书笔记记录日常生活，如Vlog、摄影等主题的笔记。例如，小红书上某育儿账号以摄影为主题，用相机记录孩子的成长，吸引了众多粉丝的关注，如图6-6所示。

图6-6　生活化的小红书笔记

（3）个性化

内容个性化体现在它必须直击用户最想了解、最需要了解的话题，这样的内容往往能获得用户的喜爱。如今内容营销竞争激烈，营销者要想避免雷同，实现内容差异化，需要从独特性、个性化维度寻找突破口。

例如，某读书类账号发布了一则笔记，标题是"一定要教会孩子如何吵架"，众多粉丝点赞收藏，如图6-7所示。简洁的文案却能触动目标用户的痛点，为其提供解决方案，受到了众多用户的喜爱。

图6-7　个性化的小红书笔记

（4）原创性

内容原创性主要是强调营销者要独立构思和创作内容，展现自己独特的创意和想法，避免抄袭、搬运他人作品。从独特的角度来呈现内容，提供与众不同的观点和见解，使用户能够获得新的启发和体验。例如，旅游博主以当地居民的视角来介绍一个小众旅游目的地，而不是常规的游客视角，让用户感受到不一样的魅力。

另外，对于所分享的内容，营销者要进行深入的分析、解读和加工，而不是简单地罗列信息。例如，健身博主不仅分享健身计划，还要详细讲解每个动作的要领、对身体部位的具体作用，以及如何避免运动损伤等。

（5）垂直性

垂直性是指账号内容要聚焦某一特定领域，如美妆、美食、旅行、健身、母婴等，持续输出与该领域相关的高质量内容，树立在该领域的专业形象。在所专注的领域内，营销者还要深入挖掘和探索，提供具有专业性和深度的内容，满足用户对该领域更细致、更深入的需求。这类垂直性强的内容往往更易被用户收录到自己的收藏夹中，或是纳入自己的内容体系。另外，小红书的官方账号也会经常将优质内容收录到相关内容的话题之下，便于二次传播与扩散。

（6）时效性

时效性是指在热点事件或话题出现时，营销者能够迅速做出反应，及时发布相关内容，抢占先机，获取更多的流量和曝光。因此，营销者要及时关注和捕捉当前的热门话题、流行趋势、节日活动等，结合自身账号的定位和风格，创作与之相关的内容，吸引用户的关注和参与。

例如，当某部热门电影上映时，博主可以及时发布相关的影评和看点分享，如《哪吒之魔童闹海》上映期间，一些博主发布的笔记受到众多用户的点赞和评论，如图 6-8 所示。

图 6-8　时效性强的小红书笔记

2. 传播策略

在小红书口碑营销中，互动传播策略是提升品牌影响力和用户参与度的重要手段。优质口碑内容需要广泛传播，而引导用户互动是实现这一目标的重要途径。

（1）举办互动活动

互动活动包括抽奖活动、话题互动与问答互动。

- 抽奖活动：企业可以通过设置抽奖活动来吸引用户的参与。例如，用户可以通过在企业账号笔记下留言、点赞、转发等方式参与抽奖，奖品可以是产品、优惠券、礼品卡等。

- 话题互动：企业可以发起与品牌相关的话题挑战，鼓励用户参与。例如，某美妆品牌发起的"#最美妆容挑战#"，让用户分享自己的妆容照片或视频，并使用指定的品牌产品。企业可以设置奖项，对优秀参与者进行表彰和奖励。

- 问答互动：在笔记中提出与品牌或产品相关的问题，引导用户在评论区留言回答。例如，食品品牌在评论区发起"你最喜欢的零食是什么？"然后根据用户的回答进行互动和交流。这种方式能够增加用户与品牌之间的沟通和联系，也能了解用户的需求和喜好。

（2）利用平台功能

企业可以充分利用平台功能，引导用户互动。

- 投票组件：营销者在笔记中添加投票组件，让用户对某个问题或选项进行投票。例如，服装品牌可以发布一款新品服装的笔记，并在笔记中添加投票组件，让用户投票选择自己喜欢的颜色或款式。

- PK 组件：利用小红书的 PK 组件，让用户在两个或多个选项之间进行比较和选择。例如，美妆品牌发布关于不同品牌口红的对比笔记，并添加 PK 组件，让用户选择自己喜欢的口红品牌或颜色。这种方式能够激发用户的兴趣，增加笔记的互动量。

- 直播互动：通过直播带货的方式与用户进行实时互动。在直播过程中，主播可以展示产品的特点和使用方法，回答用户的提问，与用户进行聊天和交流。同时，品牌可以在直播中设置互动环节，如抽奖、问答等，增加用户的参与度和购买欲望。

（3）建立深度互动

与用户建立深度互动是提升品牌忠诚度的关键，在这个过程中，营销者可以借助外部力量来进一步扩大互动传播的范围。

- 收集用户反馈：积极收集用户的反馈和意见，对用户在评论区提出的问题和建议进行回复。让用户感受到企业对他们的关注和重视，增强用户对品牌的信任感和忠诚度。

- 用户生成内容：鼓励用户生成与品牌相关的内容，如产品使用心得、体验分享、创意搭配等。企业可以将这些用户生成的内容进行整理与展示，如在品牌官方账号上转发或发布，增强用户的参与感和成就感。

- 建立用户社区：企业可以创建品牌专属的用户社区，如微信群、QQ 群等，将品牌的核心用户聚集在一起。在社区中，企业可以与用户进行更深入的交流和互动，分享品牌动态、产品信息、优惠活动等。同时，用户之间也可以进行交流与分享，形成良好的品牌口碑和氛围。

（4）合作与联名互动

企业还可以与达人合作，或者与其他品牌进行联名合作。

- 与达人合作：与小红书上的达人、博主进行合作，邀请他们为品牌创作内容、推荐产品。达人在创作内容时可以设置互动环节，如提问、投票等，引导用户参与。同时，企业可以与达人共同策划一些互动活动，如联合抽奖、线下见面会等，提升品牌的曝光度和影响力。

- 品牌联名：与其他品牌进行联名合作，推出联名产品或活动。在联名合作中，品牌双方可以共同策划一些互动传播策略，如联合发布笔记、举办线下活动等。通过品牌之间的合作与互动，能够吸引更多的用户关注和参与，实现双方的互利共赢。

在选择合作达人时，AIGC 可以通过数据分析评估不同 KOL 的影响力、粉丝活跃度、内容质量等指标，为品牌推荐最合适的合作对象。例如，对于一款高端家居用品，AIGC 分析后推荐专注于家居生活分享、粉丝多为中高端消费群体的 KOL，KOL 创作的真实体验笔记能有效带动粉丝对品牌的关注和信任，形成良好的口碑传播效应。

课堂讨论

针对不同行业（如母婴、数码），如何灵活调整小红书口碑营销的传播策略？请以"互动话题"和"品牌联名"为例，讨论如何设计差异化方案。

AI营销：使用 DeepSeek 辅助小红书口碑营销

使用 DeepSeek 辅助小红书口碑营销时，可以按照以下步骤来进行。

（1）市场与受众分析

利用 DeepSeek 分析小红书上相关产品或服务的热门话题、标签及高赞笔记，了解目标市场的需求、痛点和兴趣点。例如，输入"化妆品 热门话题"，获取当下化妆品在小红书上受关注的功能、品牌等信息。同时，让 DeepSeek 根据用户的年龄、性别、地域等信息，对目标受众进行细分，分析不同群体的消费偏好和口碑传播特点。

（2）内容创作

内容创作涉及标题生成、文案结构优化、"种草"文案撰写等。

标题生成：使用 DeepSeek 生成多个有吸引力的标题，遵循"数字+结果+情绪"的原则。

文案结构优化：借助 DeepSeek 构建"开头吸睛+痛点分析+解决方案+行动号召"的文案模板。例如，开头用"熬夜党必看！皮肤暗沉怎么办"吸引用户，接着分析熬夜导致皮肤暗沉的痛点，然后介绍产品或服务是如何解决这些问题的，最后用"快来试试吧"等话语引导用户行动。

"种草"文案撰写：让 DeepSeek 生成带有情感共鸣和实用价值的"种草"文案，如"这款面霜拯救了我的敏感肌，再也不怕换季过敏了"。

（3）关键词与标签优化

通过 DeepSeek 分析热门关键词，了解当前用户搜索频率高的词汇，如"春季护肤 热门单品"，并将这些关键词自然地融入笔记内容中。同时，生成精准的标签，如"#春季护肤""#热门面霜""#敏感肌适用"，提高笔记的搜索曝光率。

（4）互动话题策划

利用 DeepSeek 设计具有争议性和讨论性的互动话题，如"AI 化妆会取代传统化妆吗"，引发用户的讨论和关注，提高笔记的互动率；还可以让 DeepSeek 生成一些互动话术，引导用户点赞、评论和分享。

（5）监测与优化

使用 DeepSeek 实时监测小红书上关于品牌、产品或服务的口碑动态，包括用户的评价、反馈和投诉等，及时发现问题并调整营销策略。同时，分析竞争对手的口碑情况，找出自身的优势和不足，优化口碑营销方案。此外，根据 DeepSeek 提供的数据分析，定期评估口碑营销活动的效果，如曝光量、互动率、转化率等，并总结经验教训，不断改进与完善营销策略。

三、使用 AIGC 工具创作与优化小红书图文笔记

在小红书营销中，AIGC 的诞生与发展为内容创作带来了巨大的变革。营销者利用 AIGC 图像生成工具，凭借文字描述即可生成高质量图片，为笔记增添独特的视觉魅力。

1. 图片生成与优化

图片是小红书笔记的重要组成部分。AIGC 工具在图片生成与优化环节，能为营销者带来诸多便利与独特的创意。

AIGC 图像生成工具能够根据文字描述生成高质量图片。在小红书图文笔记创作中，营销者可以利用这些工具快速生成产品展示图、场景图等。例如，使用即梦AI 生成的产品展示图如图 6-9 所示。使用 AIGC 工具生成的图片能够为笔记增添

图 6-9　即梦 AI 生成的产品展示图

视觉吸引力，且具有独特性，能避免与其他笔记图片雷同。

AIGC 工具还可对现有图片进行优化处理，如调整色彩、对比度、清晰度等参数，提升图片质量。同时，能根据小红书平台的尺寸要求和风格偏好，对图片进行裁剪和排版优化。例如，将一张产品图片通过 AIGC 工具调整为小红书热门的竖版构图，增强图片在平台上的展示效果，吸引用户眼球，提高笔记点击率。

2. 图文搭配与排版

图文类型的笔记非常受小红书用户的欢迎，在此类笔记中，图文搭配与排版的合理性直接影响着用户的阅读体验。在小红书图片制作中，图文搭配与排版是提升笔记吸引力的关键，需从多个维度精心设计。

（1）内容适配

制作或选择的图片要与笔记内容息息相关，要让图片最大程度地传达信息，让用户能够有所收获或成功被吸引，如图 6-10 所示。

（2）风格一致

在制作小红书笔记配图时，应遵循风格统一的原则，同一篇笔记的配图应该保持统一的风格；同一个账号的笔记文字风格一致，笔记配图风格统一，能够为账号营造记忆点，如图 6-11 所示。

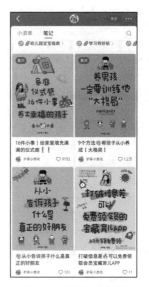

| 图 6-10 图片与内容适配 | 图 6-11 风格一致的图片 |

（3）尺寸一致

在制作图片时，应将图片素材裁剪至符合小红书上传图片比例的统一尺寸，如图 6-12 所示。如果上传的图片的尺寸不一致，系统会默认按照首图的比例对其他图片进行填充或裁剪，这样有可能会丢失笔记配图中的重要内容。

图 6-12 尺寸一致的图片

（4）体现对比

小红书的笔记配图可以根据笔记的内容进行一定的后期制作，以表现产品内容或画面的前后对比。体现对比的配图常见于产品、物体或者教程的笔记中，如眼妆前后的对比，如图 6-13 所示。

（5）视觉冲击

拥有美观精致配图的小红书笔记更具视觉冲击力，更容易吸引用户的注意，引起用户浏览笔记的兴趣，甚至可能获得用户的收藏与点赞，如图 6-14 所示。不论图文笔记的内容属于哪一主题或领域，其配图都要富有视觉冲击力，能够带给用户美的享受。

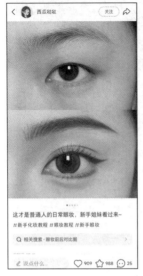

图 6-13　体现对比的图片

图 6-14　具有视觉冲击力的图片

（6）排版美观

随着 AIGC 技术的广泛应用，营销者无须为烦琐的图文排版而烦恼，AIGC 工具提供的小红书风格排版模板能够帮助其轻松生成美观、专业的图文笔记，且符合平台调性，能吸引用户关注。

借助 AIGC 工具，营销者可快速获得小红书风格的图文排版模板。这些模板考虑了小红书平台的视觉特点和用户阅读习惯，如标题、正文、图片的位置布局，文字的字体、字号、颜色搭配等。创作者只需将自己的内容和图片填入模板，即可生成美观、专业的小红书图文笔记，节省排版时间，提高创作效率。

任务实施：使用 AIGC 工具撰写尤溪金柑口碑营销笔记

1. 实训目标

通过实施本任务，熟练掌握 AIGC 工具在小红书口碑营销笔记创作中的应用技巧，深入理解农产品在小红书平台的口碑营销策略与文案表达要点，能够独立运用 AIGC 工具撰写多类型、强吸引力的尤溪金柑小红书口碑营销笔记，有效提升尤溪金柑在小红书平台的曝光量、用户互动率与品牌口碑，增强从产品卖点提炼到内容优化的全流程营销能力。

2. 实施步骤

（1）收集产品信息

深入了解尤溪金柑的特性，包括果实饱满圆润、酸甜适度、富含维生素 C、产自福建尤溪生态种植区等核心卖点，梳理适用人群（如养生人士、喜爱水果的年轻群体）、价格优势、购买渠道、促销活动等信息。同时，调研小红书平台上同类水果的热门笔记风格、话题及用户反馈，为创作提供参考。

（2）借助 AIGC 工具撰写营销笔记

以豆包为例，根据整理的尤溪金柑信息，输入提示词"我要在小红书上撰写尤溪金柑的口碑营销笔记，目标受众为年轻女性和养生爱好者，请创作 3 篇不同类型（测评体验类、食谱搭配类、产地故事类）的笔记文案，要求语言活泼生动，融入小红书平台的流行表达方式，突出产品优势，引发用户共鸣。"

获取 AIGC 工具生成的笔记文案后，结合小红书平台的热门话题、标签及用户喜好，对内容进行润色优化，补充个人真实体验、数据对比、食用场景等细节，提升笔记的真实性与感染力。

（3）图文设计与发布

利用 AIGC 工具或专业设计软件，围绕优化后的文案制作精美的图片或短视频素材，如金柑特写、果肉细节、搭配美食等画面。例如，使用即梦 AI 生成精美的产品图片。

在小红书平台完成笔记发布，精心设计标题、正文排版，添加合适的话题标签（如#尤溪金柑#水果推荐#养生好物），选择用户活跃时段发布。发布后，积极回复用户评论与私信，解答关于产品的疑问，引导用户点赞、收藏和分享笔记。

（4）数据复盘与优化

统计笔记发布后的曝光量、点赞数、收藏数、评论数、转发数及粉丝增长数据，分析不同类型笔记的传播效果与用户反馈。总结高互动笔记的内容特点、发布时间、话题标签等关键要素，找出需要改进的地方。根据数据分析结果，调整 AIGC 工具的提示词，优化后续笔记的选题方向、内容风格和发布策略，持续提升尤溪金柑小红书口碑营销的效果。

任务小结

本任务聚焦 AIGC 在小红书营销的应用，深入剖析其多元路径与显著效能。AIGC 通过解构笔记创作规范，实现选题策划、文案生成、视觉设计的全流程智能化，提升内容产出效率与触达精度；在口碑营销上，依托大数据与算法洞察用户需求、优化策略，构建品牌信任体系。通过本任务的学习，我们不仅了解了小红书笔记的写作要点，还能运用 AIGC 工具进行笔记创作，提升独立制定营销方案的能力，培养数字化营销思维。

任务二　AIGC 赋能微信营销

知识储备

在网络营销时代，微信凭借庞大的用户基数与多元化的社交场景，成为企业构建私域流量、实现精准营销的核心阵地。从公众号深度内容传播，到朋友圈社交裂变，微信营销的全链路价值持续释放。AIGC 凭借数据驱动与智能算法优势，深度融入微信公众号文章创作、软文营销、视觉设计及社交传播等环节，重塑内容生产逻辑与用户触达模式。

一、微信公众号文章的写作要点

微信作为信息传播和品牌推广的重要平台，其公众号文章的质量直接决定了营销内容的吸引力和传播效果。微信公众号文章的写作要点包括以下几个方面。

1. 明确目标与定位

在撰写微信公众号文章时，营销者需要明确文章的营销目标，是为了提升品牌曝光度、推广新产品、吸引新用户关注，还是提升用户参与度、引导用户产生特定行为等。同时，要清晰界定公众号的整体定位。

例如，一个专注于美食分享的公众号，其文章内容应围绕美食制作、美食探店、食材科普等领域来展开，契合与美食相关的目标用户的兴趣，确保每一篇文章都能为目标用户提供有价值的信息，从而增强用户对公众号的认同感和忠诚度。

2. 确定文章主题

主题是文章的核心，它直接决定了用户是否愿意点击阅读。在确定文章主题时，营销者需要遵循以下原则。

（1）相关性

主题应与目标受众的兴趣、需求和痛点紧密相关，能够满足他们的实际需求或解决他们遇到的问题。

（2）独特性

营销者应选择那些具有独特视角、新颖观点或创新内容的主题，避免与他人雷同，从而吸引用户的注意力。

（3）热点性

结合当前的热点话题、节日、事件等，创作与之相关的文章，借助话题或事件的热度提高文章的曝光率和传播效果。

（4）实用性

公众号文章需要提供实用的知识、技能、经验或建议，让用户在阅读后能够获得实际的收获与启发。例如，撰写一篇聚焦家居清洁的公众号文章时，可结合当下"断舍离""极简生活"的热门理念，以房屋清洁为主题，提供实用的工具和方法，吸引用户的关注和阅读。

3. 拟定文章标题

标题是吸引用户点击文章的第一要素。一个好标题能瞬间抓住用户目光，激发他们强烈的阅读欲望。在撰写标题时，需要注意以下几点。

（1）突出利益点

文章的标题要让用户一眼看出能为他们带来什么实际价值。例如，"提升厨艺的 9 个厨房小技巧"，直接点明用户可以通过阅读文章获得提升厨艺的方法。

（2）制造悬念

营销者可以利用用户的好奇心，在标题中制造悬念，促使他们点击阅读文章。例如，"南北元宵节餐桌大揭秘：除了汤圆，这些神秘美食你绝对想不到！"

（3）运用数字与对比

数字能使标题更具条理性和说服力，对比则能突出差异。例如，"一天一件事，21 天让你彻底学会断舍离""快来看，16 款电饭煲实测对比，你家用的上榜了吗？"等，这些标题能让用户清晰地了解文章的核心内容与价值。

4. 设计内容结构

清晰的内容结构能够帮助用户快速抓住文章的重点，提高阅读效率。常见的文章结构包括以下几种。

（1）总分总

撰写公众号文章，常采用总分总结构，开头提出主题或问题，中间分段详细阐述，结尾总结归纳，强调重点。

（2）时间顺序

营销者可以按照时间的先后顺序，描述事件的发展过程或步骤。

（3）逻辑顺序

营销者可以按照逻辑关系，如因果关系、对比关系、递进关系等，组织文章内容。

（4）提出问题—提供方案

营销者还可以先提出问题，分析问题产生的原因及影响，再有针对性地提供解决方案和建议。

在设计文章结构时，要注意段落之间的衔接和过渡，使用过渡词、小标题等方式，能使文章条理清晰、连贯流畅。例如，使用"首先""其次""最后"等词语，引导用户逐步深入阅读；使用小标题概括每段的核心内容，让用户一目了然。

5. 提供优质内容

内容是文章的灵魂。唯有深刻且实用的内容，才能真正打动用户，为他们带来知识的滋养与启发。文章内容主要涉及以下方面。

（1）实用干货

营销者应深入挖掘主题，为用户提供全面且实用的信息，如实用的知识、技能、经验或建议，帮助用户解决实际问题。

（2）故事分享

营销者可以通过讲述真实的故事或案例，使用户产生共鸣，增强文章的感染力和说服力。例如，在推广一款理财产品时，可以讲述一个普通用户通过合理使用该产品实现财务目标的真实故事，使用户更容易产生共鸣和信任感。

（3）趋势分析

营销者应关注社会热点、行业动态和流行趋势，将其与公众号定位相结合，创作出具有时效性和话题性的文章，为用户提供前瞻性的视角和思考。

（4）调查研究

营销者可以在公众号文章中引用权威的调查数据、研究报告或专家观点，以增加文章的可信度和权威性。

例如，撰写一篇关于"如何选择适合自己的护肤品"的文章，可以提供详细的护肤知识、产品推荐、使用方法等内容，同时结合真实的用户案例和专家建议，让用户在阅读后能够获得实用的护肤建议。

6. 注重排版美观

美观的排版就像是文章的外衣，它虽然不能决定文章的内涵，却极大地影响着用户的阅读体验。舒适的排版能让用户沉浸在阅读的愉悦之中。

（1）字体与字号

撰写公众号文章时，应选择简洁易读的字体，如微软雅黑、宋体等，字号一般设置在 14~16 之间，以保证在手机屏幕上的阅读舒适度。

（2）段落与间距

合理划分段落，每段文字不宜过长，一般 3~5 行为宜。段落之间适当增加行距，设置在 1.5~2 倍，增强文章的层次感和可读性。

（3）配图与多媒体运用

在撰写公众号文章时，可挑选与文章内容紧密相关、高清美观的图片，为文章增彩添色。同时，可根据需要插入视频、音频等多媒体元素，丰富文章的表现形式，提升用户的阅读体验。

（4）颜色搭配

撰写公众号文章时，要注意颜色搭配，避免使用过于刺眼或单调的颜色，选择合适的颜色，让文章看起来更加美观和舒适。

7. 引导互动与传播

互动与传播是提升文章影响力和传播效果的重要手段。营销者可以采取以下几种方法引导用户互动与传播。

（1）提问引导

在文章结尾提出问题，引导用户在评论区留言，分享自己的观点和经验。

（2）投票互动

设置投票环节，让用户参与投票，了解他们的偏好和需求。

（3）关注提示

在文章结尾提供关注公众号的提示和二维码，方便用户关注，增加粉丝数量。

（4）分享鼓励

鼓励用户将文章分享到朋友圈、微信群等，扩大文章的传播范围。例如，在文章结尾可以这样写"如果你觉得这篇文章对你有帮助，欢迎点赞、评论和分享，让更多的人看到！关注我们，获取更多精彩内容！"

 课堂讨论

当公众号定位为职场成长，但近期社会热点与职场关联性较弱时，应如何通过"故事分享"或"趋势分析"的内容形式，既保持热点曝光，又符合账号定位？请举例说明。

二、微信软文营销的策略

微信软文营销是指利用微信的社交属性和庞大的用户基础，通过撰写和发布软文来进行品牌推广和产品营销的一种营销方式。不同于传统的硬广告，它是以一种更柔和、更易于接受的方式，将广告信息融入有价值的内容中，使用户在阅读过程中自然地接受产品或品牌信息。微信软文营销的核心在于通过巧妙的文字和精准的推广策略，实现品牌与用户之间的有效沟通。

1. 明确目标与受众

在微信软文营销中，营销者首先要明确软文的营销目标，以便有针对性地制定策略和创作内容。软文可以服务于多种营销目的，包括品牌宣传、产品推广、用户培训与教育等。

- 品牌宣传型软文旨在提升品牌知名度和美誉度，通过讲述品牌故事、展示品牌文化等方式，让用户对品牌产生认同感和好感。
- 产品推广型软文聚焦于产品的特点、优势和使用场景，激发用户的购买欲望。
- 用户培训与教育型软文则是通过提供专业的知识和解决方案，帮助用户解决问题，树立企业品牌形象。

另外，还要精准定位目标受众，深入了解目标受众的年龄、性别、职业、兴趣爱好、消费习惯等特征，根据这些特征来创作符合受众口味和需求的软文。例如，针对年轻女性消费者推广化妆品的软文，在语言风格、内容呈现方式和推荐产品的选择上，都要充分考虑年轻女性的审美和消费心理。

2. 巧妙植入广告信息

内容是软文的核心，营销者只有创作出具有吸引力和说服力的内容，才能抓住用户的注意力，引发情感共鸣，使其对品牌或产品产生认同感。软文的创作关键在于将广告信息巧妙植入到文章中，潜移默化地影响用户的心理与行为。

巧妙植入广告信息主要有以下几种方法。

（1）故事植入

讲述引人入胜的故事是创作优质软文的有效方法。故事可以围绕用户的使用体验、品牌的发展历程或与产品相关的有趣事件展开。通过生动的情节和真实的情感，让用户在阅读过程中产生共鸣，进而对品牌或产品留下深刻的印象。

例如，一篇关于某品牌公益活动的软文，可以通过讲述志愿者在活动中经历的感人故事，展现品牌的社会责任感，激发用户对品牌的好感和信任。

（2）问题解决导向

问题解决导向类软文以解决用户的痛点和问题为切入点，在分析问题和提供解决方案的过程中，适时地推荐能够解决问题的产品或服务。例如，针对经常出差、旅行的用户，选择一款合适的行李箱非常重要。

在软文"一年旅行100多天，总结我的实用行李清单"中，作者从自身遇到的问题出发，巧妙地融入某品牌的行李箱，讲解了其优势特点，并提出了自己的建议，很自然地推荐了品牌产品。

（3）价值传递

价值传递是指在文章中强调产品或服务能够为用户创造的价值，而不仅仅是产品的功能特点。例如，推广一款在线学习课程的软文，可以重点讲述学员通过学习该课程，在职业发展、知识技能提升等方面取得的显著成果，让用户感受到购买该课程能够为自己带来实实在在的价值。

3. 优化内容结构与表达

清晰的结构和流畅的表达是软文易于阅读和理解的关键。软文撰写常采用总分总、问题—解决方案等常见结构，采用这些结构能够使文章条理清晰，逻辑连贯。

开头部分应简洁明了地引出主题，吸引用户继续阅读。可以通过一个有趣的现象、一个引人深思的问题，或者一段生动的故事来开篇，迅速抓住用户的注意力，激发他们继续阅读的兴趣。

中间部分详细阐述内容，通过分点论述、举例说明、小标题等方式，使用户轻松理解文章的核心观点。例如，在介绍一款产品的使用方法时，可以按照使用步骤依次进行说明，每个步骤都配以清晰的文字描述和图片展示。

结尾部分主要是总结文章的主要内容，强化用户的记忆，或者引导用户进行互动，如点赞、评论、分享，或者留下悬念，为下一篇文章埋下伏笔。

文章的语言表达应简洁明了，避免使用过于复杂或晦涩的词汇和句子结构。最好使用短句、分段和序号等方式，减少用户的阅读疲劳。同时，保持语言的亲和力和感染力，让用户感受到品牌的温度和个性。

4. 选择发布时机与渠道

软文的发布时机与渠道选择也是影响其营销效果的重要因素。

（1）发布时机

营销者可以根据目标受众的活跃时间规律来选择软文的发布时机。例如，针对上班族的软文，可以选择在工作日的晚上 19:00~22:00 或者周末的下午等休闲时间段发布。还可以结合一些特殊的节日、事件或者热点话题来选择发布时机，以获得更高的关注度。

（2）渠道选择

除了在微信公众号上发布软文外，还可以选择与目标受众重合度高、影响力较大的其他微信公众号进行合作推广。可以通过付费投放、资源置换等方式，将软文发布在这些合作公众号上，扩大软文的传播范围。

同时，也可以利用微信朋友圈、微信群等渠道进行软文的分享和二次传播，借助用户的社交关系网络实现裂变式传播。还可以将软文同步发布到其他社交媒体平台，如微博、抖音等，吸引更广泛的用户群体。通过多渠道的传播与推广，让软文能够触及更多的潜在用户，提升品牌的影响力。

5. 引导用户互动和转化

在软文营销中，也要适当引导用户互动，促进转化。引导用户互动主要有以下几种方法。

（1）设置互动话题

在软文中提出一些有趣的话题或者问题，引导用户在评论区留言讨论，增加用户的参与度和黏性。例如，在一篇美食软文中，可以提出"你最喜欢的家乡美食是什么？快留言告诉我吧"激发用户分享自己最喜爱的美食和背后的故事。

（2）提供激励措施

为了鼓励用户进行分享、点赞、评论等互动行为，以及引导用户进行购买、注册等转化行为，营销者可以设置一些激励措施。例如，开展抽奖活动，用户分享软文到朋友圈并截图发送到公众号后台，就有机会参与抽奖，赢取产品试用装、优惠券等奖励。

（3）优化转化路径

营销者要确保用户从看到软文到完成转化的路径简洁明了，减少不必要的操作步骤。例如，在软文中设置清晰的购买引导按钮，直接链接到产品购买页面；对于需要用户注册的活动，简化注册流程，只要求用户填写必要的信息。

6. 数据优化与效果评估

数据是优化微信软文营销的重要依据。营销者可以利用微信公众号后台或其他数据分析工具实时监测软文的各项数据指标，如阅读量、点赞数、评论数、转发数、阅读来源、用户地域分布等，了解软文的传播效果和用户反馈。同时，对于涉及销售转化的软文，还要关注产品的销量、销售额、转化率等关键数据。

营销者可根据先前设定的营销目标，对软文的传播效果进行综合评估。分析哪些方面做得好，哪些地方需要改进，总结经验教训，以便在后续的软文营销活动中不断优化策略和内容，提升营销效果。例如，如果发现某篇软文的阅读量较高，但转化率较低，就需要分析原因，可能是广告信息的植入不够自然，或者转化路径不够顺畅等，然后有针对性地进行调整与优化。

AI 营销： **使用 DeepSeek 辅助制定微信软文营销策略**

使用 DeepSeek 辅助制定微信软文营销策略的方法如下。

（1）借助 DeepSeek 进行精准受众分析

在制定微信软文营销策略前，营销者需清晰了解目标受众，可以利用 DeepSeek 分析海量用户数据，包括年龄、性别、地域、消费习惯、兴趣爱好等。基于此，营销者创作微信软文时能更精准地把握受众需求和喜好，使内容更具针对性。

DeepSeek 可深入挖掘用户在特定领域的痛点和需求，掌握这些信息后，营销者在微信软文创作中可围绕用户痛点和需求提供切实可行的解决方案，增强软文对目标受众的吸引力和实用性。

（2）使用 DeepSeek 辅助微信软文内容创作

DeepSeek 能对大量成功软文案例、热门话题以及行业趋势进行学习分析，快速为营销者提供丰富的创意灵感。例如，临近春节，食品品牌可让 DeepSeek 围绕春节美食、新年礼品等关键词生成创意点子，帮助营销者突破思维局限，找到契合节日氛围与品牌产品的创作方向。

标题是微信软文的"门面"，直接影响用户点击率。DeepSeek 可依据输入的关键词和目标受众特点生成多个不同风格且极具吸引力的标题。营销者可从中挑选或借鉴，结合自身品牌风格和营销目的，打造出能瞬间抓住用户眼球的标题。

逻辑清晰的文章框架有助于用户理解内容。在 DeepSeek 中输入软文主题和大致思路，能生成一个条理分明的文章框架，为创作者提供清晰的写作脉络，确保微信软文内容结构严谨、层次分明，以提升用户的阅读体验。

DeepSeek 能依据给定的主题和关键词生成详细且高质量的内容段落。生成的段落内容丰富、语言流畅，创作者可在此基础上进行修改完善，使其更贴合品牌语言风格和宣传重点，大大提高微信软文内容的创作效率和质量。

（3）利用 DeepSeek 优化微信软文语言风格

不同目标受众对语言风格的偏好各异。DeepSeek 支持多种语言风格生成，无论是面向年轻群体的活泼俏皮风、针对商务人士的正式专业风，还是适合大众的亲切平实风，都能轻松实现。

营销者要根据营销目的和内容主题，利用 DeepSeek 调整微信软文的语言情感基调，使微信软文更好地触动用户，引发用户的共鸣。

（4）借助 DeepSeek 实现微信软文的个性化定制

营销者可以整合微信公众号后台的用户行为数据（如阅读历史、点赞、评论、转发分享等），结合 DeepSeek 的智能分析能力，为不同用户群体定制个性化微信软文，从而极大地提升微信软文与用户兴趣的匹配度，提升用户的关注度和参与度。

利用用户的地理位置信息，通过 DeepSeek 为不同地区的用户定制具有地域特色的微信软文。连锁餐饮品牌在不同城市的微信公众号可根据当地的饮食文化、特色食材及节日习俗等，借助 DeepSeek 生成符合当地用户口味和文化背景的推广软文，增强微信软文对当地用户的吸引力。

（5）运用 DeepSeek 监测和评估微信软文营销效果

在微信软文发布后，借助 DeepSeek 实时监测相关数据指标，如阅读量、点赞数、评论数、转发数、收藏数等。通过对这些数据的快速分析，了解用户对软文的关注度和反馈情况。若发现某篇微信软文发布后阅读量增长缓慢，可及时利用 DeepSeek 分析原因，是标题不够吸引人，还是内容与用户预期不符，以便迅速调整优化策略。

DeepSeek 能对用户在微信软文下方的评论和反馈进行情感分析和语义理解。通过分析用户的评论内容，了解用户对品牌、产品或服务的看法、意见和建议，品牌方可据此在后续的营销活动和产品优化中找到改进方向，更好地满足用户需求，提升品牌形象和产品竞争力。

综合 DeepSeek 监测和分析的数据，可全面评估微信软文营销策略的效果。计算软文的转化率（如从阅读到购买、从关注到参与活动等）、投资回报率等关键指标，判断营销活动是否达到预期目标。根据评估结果，总结经验教训，利用 DeepSeek 优化后续的微信软文创作和推广策略，如调整内容主题、优化发布时间、改进推广渠道等，不断提升微信软文营销的效果和价值。

三、使用 AIGC 工具创作与优化公众号文章

在数字化时代，内容创作领域迎来了巨大的变革。AIGC 工具可用于创作与优化公众号文章，极大地提升创作效率，也为营销者提供了全新的创意思路与便捷的创作途径。

1. 利用 AIGC 工具策划文章选题

营销者在策划文章选题时，既可以基于目标受众需求与痛点，也可以紧跟热点与趋势，或者结合自身定位与特长等进行选题策划。每个公众号都有其独特的定位和风格，选题应紧密围绕自身定位，突出特色，形成差异化优势。

使用 AIGC 工具策划文章选题时，需要输入与公众号定位和目标受众相关的关键词，如"旅游""小众旅游景点推荐""旅游爱好者"等，让 AIGC 工具基于这些关键词生成选题建议。同时，需向 AIGC 提供公众号的背景信息，如公众号的定位、目标受众、风格特点等，以便生成更符合公众号需求的选题。

以 DeepSeek 为例，输入提示词"我是一位公众号运营者，专注领域是推荐小众旅行目的地，面对广大旅行爱好者。请为我生成一系列公众号文章的选题，要求选题新颖独特，有吸引力，体现出与大众热门景点的差异化。"DeepSeek 经过深度思考，即可生成一系列选题，如图 6-15 所示。

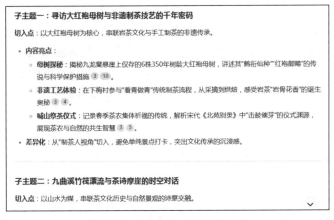

图 6-15 DeepSeek 生成的公众号文章选题

根据公众号的定位和目标受众，评估生成的选题建议是否与公众号主题相关，能否吸引目标受众的关注，然后选择具有一定创新性和独特视角的选题，避免与同领域其他公众号的选题过于雷同，以提升文章的吸引力和竞争力。还可以对选中的选题进行优化和调整，使其更加简洁明了，更具吸引力。例如，将"茶香四溢的隐世之旅：武夷山秘境与千年茶文化"优化为"探密武夷山与千年茶文化之旅"。

2. 利用 AIGC 工具生成文章内容

营销者可以在众多选题中确定某一选题，如"探密武夷山与千年茶文化之旅"，然后利用 AIGC 工具迅速生成一系列相关的子主题。例如，在 DeepSeek 中输入提示词"公众号文章的主题为'探密武夷山与千年茶文化之旅'，请生成相关的子主题。"DeepSeek 即可生成一系列子主题，如"寻访大红袍母树与非遗制茶技艺的千年密码""九曲溪竹筏漂流与茶诗摩崖的时空对话"等，并进一步构建切入点与内容亮点，如图 6-16 所示。

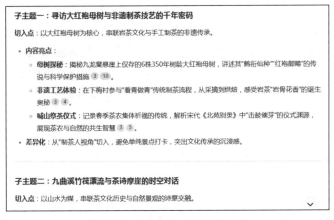

图 6-16 DeepSeek 生成子主题

营销者确定围绕"子主题一"生成公众号文章。在 DeepSeek 中输入提示词"请围绕子主题一：寻访大红袍母树与非遗制茶技艺的千年密码，生成一篇公众号文章，要求体现景点的与众不同，吸引用户旅游的兴趣。要求文章结构完整，逻辑清晰，内容丰富，结尾引导用户互动。"DeepSeek 经过深度思考即可生成文章内容，如图 6-17 所示。

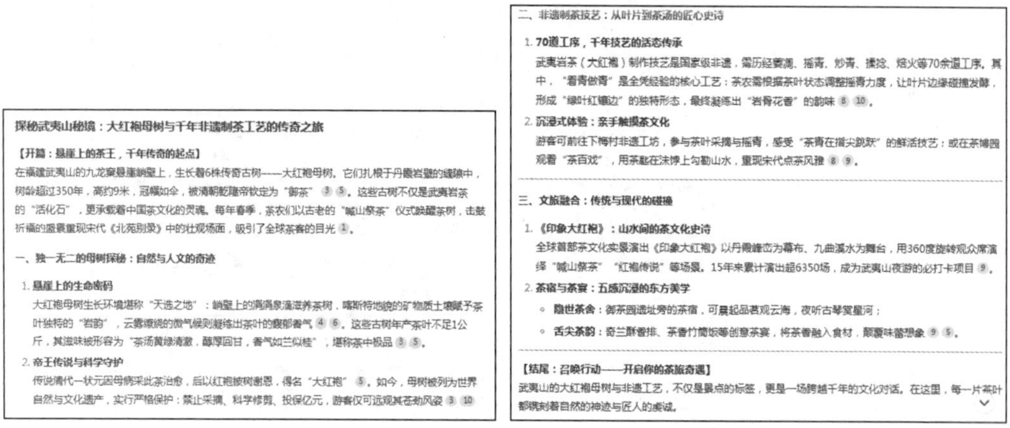

探秘武夷山秘境：大红袍母树与千年非遗制茶工艺的传奇之旅

【开篇：悬崖上的茶王，千年传奇的起点】

在福建武夷山的九龙窠悬崖峭壁上，生长着6株传奇古树——大红袍母树。它们扎根于丹霞岩壁的缝隙中，树龄超过350年，高约9米，冠幅如伞，被清朝乾隆帝钦定为“御茶” [3] [5]。这些古树不仅是武夷岩茶的“活化石”，更承载着中国茶文化的灵魂。每年春季，茶农们以古老的“喊山祭茶”仪式唤醒茶树，击鼓祈福的盛景重现宋代《北苑别录》中的壮观场面，吸引了全球茶客的目光 [1]。

一、独一无二的母树探秘：自然与人文的奇迹

1. 悬崖上的生命密码

大红袍母树生长环境堪称“天选之地”：峭壁上的涓涓泉滴滋养茶树，喀斯特地貌的矿物质土壤赋予茶叶独特的“岩韵”，云雾缭绕的微气候则凝练出茶叶的馥郁香气 [4] [6]。这些古树年产茶叶不足1公斤，其滋味被形容为“茶汤黄绿清澈，醇厚回甘，香气如兰似桂”，堪称茶中极品 [3] [5]。

2. 帝王传说与科学守护

传说清代一状元因母病采此茶治愈，后以红袍披树谢恩，得名“大红袍” [5]。如今，母树被列为世界自然与文化遗产，实行严格保护：禁止采摘、科学修剪、投保亿元，游客仅可远观其苍劲风姿 [3] [10]

二、非遗制茶技艺：从叶片到茶汤的匠心史诗

1. 70道工序，千年技艺的活态传承

武夷岩茶（大红袍）制作技艺是国家级非遗，需历经萎凋、摇青、炒青、揉捻、焙火等70余道工序。其中，“看青做青”是全凭经验的核心工艺：茶农需根据茶叶状态调整摇青力度，让叶片边缘碰撞发酵，形成“绿叶红镶边”的独特形态，最终凝练出“岩骨花香”的韵味 [8] [10]。

2. 沉浸式体验：亲手触摸茶文化

游客可前往下梅村非遗工坊，参与茶叶采摘与摇青，感受“茶青在指尖跳跃”的鲜活技艺；或在茶博园观看“茶百戏”，用茶匙在沫饽上勾勒山水，重现宋代点茶风雅 [8] [9]。

三、文旅融合：传统与现代的碰撞

1. 《印象大红袍》：山水间的茶文化史诗

全球首部茶文化实景演出《印象大红袍》以丹霞峰峦为幕布、九曲溪水为舞台，用360度旋转观众席演绎“喊山祭茶”“红袍传说”等场景。15年来累计演出超6350场，成为武夷山夜游的必打卡项目 [9]。

2. 茶宿与茶宴：五感沉浸的东方美学

- 隐世茶舍：御茶园遗址旁的茶宿，可晨起品茗观云海，夜听古琴赏星河；
- 舌尖茶韵：奇兰酥香排、茶香竹筒饭等创意茶宴，将茶香融入食材，颠覆味蕾想象 [9] [5]。

【结尾：召唤行动——开启你的茶旅奇遇】

武夷山的大红袍母树与非遗工艺，不仅是景点的标签，更是一场跨越千年的文化对话。在这里，每一片茶叶都镌刻着自然的神迹与匠人的虔诚。

图 6-17　DeepSeek 生成的公众号文章内容

尽管生成的内容可能需要进一步润色，但为营销者提供了丰富的素材，节省了大量查阅资料和构思表述的时间。

另外，优质的公众号文章往往需要真实案例和准确数据来增强说服力。AIGC 工具可以通过分析海量网络数据，为文章提供相关的行业案例、用户反馈案例以及权威数据统计。例如，在撰写一篇关于健身行业发展趋势的文章时，AIGC 工具能够提供近年来健身人群增长数据、热门健身项目参与率变化数据等，同时还能列举一些知名健身品牌成功转型或拓展业务的案例，丰富文章内容，提升专业性。

3. 利用 AIGC 工具优化文章质量

营销者可以利用 AIGC 工具优化公众号文章的内容质量。

（1）改变语言风格

微信公众号文章风格多样，包括幽默风趣、严肃专业、文艺清新等。AIGC 工具能够分析不同风格的经典文章，学习其语言特点、表达方式等，然后根据营销者的需求模仿生成特定风格的内容。如果生成的内容风格不符合要求，可以重新输入提示词，调整内容风格。

营销者还可以要求 AIGC 工具融合多种风格，从而创造出属于自己公众号的独特风格。例如，在拟定提示词时，可以提出要求，将幽默风趣的语言风格与严肃专业的知识讲解相结合，打造出既有趣味性又有深度的文章，提升用户的阅读体验。

（2）检查语法与拼写

AIGC 工具具备强大的语法和拼写检查功能，能快速识别文章中的语法错误、错别字、标点使用不当等问题，并给出准确的修改建议。这有助于确保文章语言表达的准确性和规范性，避免因低级错误影响用户对文章质量的评价。

（3）语言流畅性优化

对于一些语句不通顺、表述晦涩的地方，AIGC 工具可以通过语义分析，调整词汇和句式结构，使文章语言更加流畅自然。例如，将复杂冗长的句子拆分成简洁易懂的短句，替换掉生僻或不常用的词汇，提升文章的可读性，让用户能够轻松理解文章内容。

（4）内容可读性评估

AIGC 工具能依据一定的算法对文章的可读性进行量化评估，如通过计算句子的平均长度、词汇难度等指标，判断文章的阅读难度等级。根据评估结果，营销者可以有针对性地对

文章进行优化，使文章更符合目标受众的阅读水平。对于面向大众的公众号文章，降低阅读难度，增加通俗易懂的表述；而对于专业领域的文章，则在保证专业性的前提下适当优化语言，提升可读性。

> **课堂讨论**
>
> 　　使用 AIGC 工具策划公众号选题时，如何避免生成内容同质化严重的问题？如果 DeepSeek 给出的选题建议与同领域热门文章高度相似，你会采取哪些优化策略？

四、使用 AIGC 工具制作公众号信息长图

在微信公众号内容创作中，AIGC 工具能够帮助营销者快速生成高质量的信息长图，提升营销内容的视觉吸引力和传播效果。AIGC 工具可以自动完成图文排版、配色方案、数据可视化等任务，能够辅助生成原创素材，降低设计门槛，避免版权风险。

1. 使用 AIGC 工具制作信息长图的流程

使用 AIGC 工具制作公众号信息长图的一般流程如下。

（1）选择 AIGC 工具

选择合适的 AIGC 工具可以起到事半功倍的效果。以下是制作信息长图的 4 类主流工具，覆盖从基础排版到高级定制的全场景需求，如表 6-1 所示。

表 6-1　制作信息长图的主流 AIGC 工具

工具类型	代表工具	核心功能	适用场景
智能排版工具	有一云 AI、Canva	提供强大的长图制作功能，支持模板选择、内容输入、图文搭配和个性化定制	快速生成标准化长图（如活动海报、产品介绍等）
图像生成工具	稿定设计、Midjourney、鹿班	输入文本描述生成创意插画、场景图，支持风格定制（如科技感、国潮风）	塑造品牌 IP 形象、制作节日主题长图
数据可视化工具	即时设计、ApacheECharts	将数据转化为动态图表（如柱状图、折线图），支持交互效果（如悬停提示）	撰写行业报告、制作销售数据长图
企业级设计平台	PAI-ArtLab	支持模型训练、数据集管理，生成高度定制化的图像（如三维城市场景）	大型企业品牌宣传、复杂数据可视化等

（2）制作步骤

使用 AIGC 工具制作信息长图的基本步骤主要包括选择模板、输入内容、图文搭配和个性化定制，如图 6-18 所示。

（3）制作过程中的注意事项

在借助 AIGC 工具制作信息长图时，要确保长图内容简洁明了，避免信息过载；还要保持视觉一致性，如字体、颜色和图片风格的一致性，提升整体美观度。同时，要注意调整图片间距，确保长图无缝拼接。另外，还要确保长图在不同设备和平台上的显示效果良好。

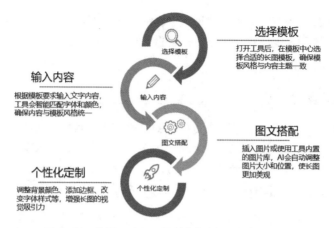

图 6-18　使用 AIGC 工具制作信息长图的基本步骤

2. 利用"稿定设计"制作信息长图

利用"稿定设计"
制作信息长图

信息长图是以长幅形式展示，通过整合文字、图片、图表等多种元素，将复杂、大量的信息以直观、有条理的方式呈现出来，便于用户快速理解和获取关键信息的一种视觉传播形式，常见于社交媒体传播、知识科普、产品介绍等场景。

信息长图的内容逻辑连贯，通常会采用从上到下或从左到右的顺序，引导用户逐步深入了解内容。下面以稿定设计为例，介绍如何利用 AIGC 工具制作旅游信息长图，具体操作方法如下。

（1）打开稿定设计网站并登录账号，在页面左侧选择"模板"选项，在右侧"物料"分类中选择"文章长图"选项，在"行业"分类中选择"餐饮美食"选项，选择合适的模板，单击"预览"按钮 👁，预览模板效果，如图 6-19 所示，然后单击"立即编辑"按钮。

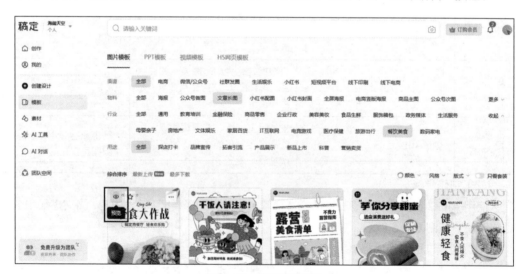

图 6-19　选择图片模板

（2）进入编辑页面，删除不需要的素材，更改模板中的文字信息，然后根据需要选择合适的字体，如图 6-20 所示。

图 6-20　编辑文字信息

（3）在左侧单击"背景"按钮，选择"简约时尚"类别中的一款背景，然后单击"应用到全部"按钮，将新背景应用到所有页，如图 6-21 所示。

图 6-21　更换背景图

（4）选中信息长图的首图，在页面右侧单击"替换图片"按钮，在弹出的"选择资源"对话框中单击"上传资源"按钮，上传本地的图片素材，然后选择要替换的图片即可替换图片，如图 6-22 所示。

图 6-22　替换图片

（5）替换图片时，可以使用相应的工具对图片进行调整与优化，单击"AI 抠图"按钮，去除图片背景，如图 6-23 所示。另外，可以根据需要使用裁剪、AI 变清晰、AI 扩图等工具对图片进行调整与优化。

图 6-23　调整与优化图片

（6）采用同样的方法替换其他图片素材，单击页面右上角的"下载"按钮，下载完成后浏览信息长图，效果如图 6-24 所示。

图 6-24　浏览信息长图

五、使用 AIGC 工具创作朋友圈营销内容

朋友圈营销内容主要包括文案撰写、配图选择、视频制作等重要部分，营销者可以选择合适的 AIGC 工具辅助创作，大大提高内容质量和工作效率。

（1）文案撰写

营销者可以借助 DeepSeek、豆包、文心一言等 AIGC 工具，通过输入产品核心信息、目标受众特点等进行文案创作。例如，打开 DeepSeek，在对话框中输入提示词"请为某品牌眼霜撰写朋友圈推广文案，主要针对有眼部困扰的人群，如有眼纹、黑眼圈、肿眼泡等问题，要求内容简洁，语言自然。"选择"深度思考（R1）"+"联网搜索"模式，单击"发送"按钮 ↑，如图 6-25 所示。

DeepSeek 经过深度思考后，生成的朋友圈推广文案如图 6-26 所示。

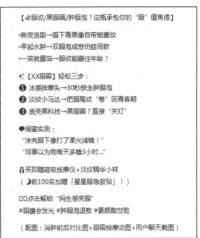

图 6-25 输入提示词　　　　图 6-26 DeepSeek 生成的朋友圈推广文案

AIGC 工具可以根据营销者输入的不同指令，生成多种风格的文案，如正式、幽默、文艺等，以供其选择和修改。另外，AIGC 工具还可以帮助营销者润色优化文案，如使用 AIGC 工具的改写和润色功能，可以使文案更加流畅、自然。

（2）选择配图

配图是朋友圈内容的重要组成部分，能够增强文案的吸引力和说服力。AIGC 工具在图片生成和处理上表现得非常出色，能够为营销者提供强大的支持。

- 图片识别与匹配：利用 AIGC 工具的图像识别技术自动识别产品特性，从海量图库中快速筛选出最符合产品调性、能吸引目标受众的图片。例如，要推广一款户外露营帐篷，可输入"户外露营帐篷、自然美景、舒适体验"等关键词，AIGC 工具能快速搜索出展示帐篷在美丽自然风光中搭建、人们在帐篷内享受舒适时光的图片，为朋友圈营销提供合适的配图素材。

- 智能生成新图片：通过上传商品图片或编辑提示词，AIGC 工具能快速生成高质量的商品展示图、海报或场景图等。以豆包为例，打开豆包，点击"图像生成"按钮，输入提示词"一位在海边拍照的精致漂亮的长发中国女孩，要求写实风格"，即可生成相应的图片，如图 6-27 所示。这种功能为朋友圈营销配图提供了独特的创意选择，使配图更具个性化和吸引力。

图 6-27 使用豆包生成的图片

- 图片编辑与优化：AIGC 图片编辑工具具有强大的图像处理能力，可以对选定的图片进行裁剪、调色、添加特效等操作。例如，将图片的色彩饱和度适当提高，使画面更加鲜艳、生动；或者添加一些与产品相关的元素，如品牌 Logo、产品标签等，突出营销重点。此外，对于一些模糊的图片，AIGC 工具还能通过图像增强算法使其变得清晰，提升图片质量。
- 静态图片转化：利用 AIGC 工具还能快速将静态图片转化为动态效果，如微动图（GIF），增加内容的趣味性和互动性，吸引用户停留和转发。

（3）视频制作

视频是朋友圈中具有吸引力的内容形式之一，能以动态的方式展示产品和服务，增强用户的沉浸感体验，深化品牌形象。

- 视频脚本创作：AIGC 工具能根据营销者输入的产品信息、营销目标和创意要求，生成详细的视频脚本。脚本中包括镜头景别、画面内容、台词、时长等要素。例如，要推广一款美容仪，生成的视频脚本大致包括：开场以特写镜头展示美容仪精致的外观，接着切换到中景，模特使用美容仪进行护理的过程，并配以简单易懂的解说台词，合理安排每个镜头的时长。这大大简化了视频脚本创作的过程，为营销者提供了清晰的视频拍摄思路。
- 视频生成：基于用户行为和兴趣数据，AIGC 工具能生成个性化的视频内容，如用户定制故事、产品使用场景模拟等，增强用户的参与感与归属感。
- 智能剪辑与合成：AIGC 工具能自动识别视频素材中的关键内容，进行智能剪辑。例如，从多个拍摄的产品展示视频片段中，快速筛选出最精彩、最能突出产品特点的部分进行拼接组合。同时，还能自动添加各种特效，如转场特效、动画效果、字幕等，增强视频的观赏性和吸引力。例如，在产品切换展示时添加炫酷的转场特效，使视频过渡更加自然流畅；为产品功能介绍添加醒目的字幕，方便观众理解。
- 视频配音与配乐：通过 AIGC 语音合成技术能为视频生成各种风格的配音，营销者可以根据视频的主题和目标受众选择合适的音色、语速和语调。例如，对于面向儿童的产品视频，可以选择活泼、可爱的童声配音；而对于商务类产品视频，则选择专业、稳重的男声配音。此外，AIGC 工具还能根据视频的情感基调自动匹配合适的背景音乐，营造出恰当的氛围，提升视频的感染力。
- 情感识别与互动引导：通过 AI 情感识别技术可以分析用户在观看视频时的情绪反应，据此调整视频内容的节奏和情节，同时设计智能互动环节，如投票、评论、分享挑战等，促进用户参与和社交传播。

任务实施：使用 AIGC 工具撰写推广雕版印刷技艺的公众号文章

1. 实训目标

通过实施本任务，熟练掌握 AIGC 工具在公众号文章创作中的应用方法，深入理解传统文化传播的策略与文案撰写要点。能够独立运用 AIGC 工具，结合雕版印刷技艺的历史文化内涵、工艺特色及当代价值，撰写兼具知识性、趣味性与传播力的公众号文章，有效提升雕版印刷技艺的公众认知度，增强传统文化类内容的策划与创作能力，为传统文化的数字化传播提供实践经验。

2. 实施步骤

（1）梳理雕版印刷技艺信息

深入研究雕版印刷技艺，挖掘其核心信息，包括起源与发展历史、制作工艺流程（备料、写样、雕刻、印刷等环节）、艺术特色（独特的字体、图案风格）、文化价值（对古代书籍传播、文化传承的意义），以及在当代的创新应用案例（如文创产品、艺术展览中的呈现）等。同时，分析公众号平台上传统文化类热门文章的选题方向、内容结构与语言风格，整理成参考资料。

（2）借助 AIGC 工具撰写文章内容

根据梳理的雕版印刷技艺信息，在 AIGC 工具中输入详细的提示词，例如，"我要在公众号发布一篇推广雕版印刷技艺的文章，目标受众为对传统文化感兴趣的年轻群体，请从历史渊源、工艺揭秘、文化价值、现代创新等角度创作文章，要求语言生动活泼，融入网络流行表达，结合具体案例与故事，设置互动话题，吸引用户分享转发。"

获取 AIGC 工具生成的文章初稿后，结合实际需求，补充权威数据、一手采访资料或实地拍摄的工艺照片等，优化文章的逻辑性与可读性，确保内容准确且富有吸引力。

（3）排版设计与发布

使用公众号后台或专业排版工具，按照平台风格与用户阅读习惯，对文章进行排版。选择适配的字体、字号、配色，合理运用分隔线、图片、视频等元素，增强文章的视觉效果。设计引人注目的文章标题与封面图，突出雕版印刷技艺的特色。完成排版后，进行内容审核，检查文字错误、语句通顺度与信息准确性，确认无误后在公众号平台发布文章，并通过社交媒体、相关社群等渠道进行推广，吸引受众关注。

（4）数据复盘与优化

文章发布后，持续跟踪阅读量、点赞数、在看数、转发数、留言评论等数据，分析受众对不同内容板块的兴趣点，总结文章在选题、内容呈现、排版设计等方面的优点与不足。例如，判断哪部分历史故事更受欢迎，互动话题的设置是否有效激发受众参与。根据数据分析结果，调整 AIGC 工具的提示词，优化后续文章的创作方向与内容策略，不断提升传统文化类公众号文章的传播效果与影响力。

任务小结

本任务聚焦 AIGC 技术在微信营销的多维应用。AIGC 工具依据公众号文章写作规范，实现选题、文案、排版的全链条智能化，提升内容创作效率与用户阅读体验；基于大数据优化微信软文营销策略，打造高转化率内容；在信息长图设计、朋友圈文案创作中，增强视觉吸引力与传播效果。通过本任务的学习，能够掌握 AIGC 驱动的微信营销全流程技能，为数字化营销实践开辟智能化新路径，赋能企业实现营销效能的跨越式升级。

任务三　AIGC 赋能微博营销

知识储备

微博以其强大的社交传播力与实时热点聚合能力，成为企业塑造品牌形象、实现精准营销的重要渠道。从热点话题发酵到品牌事件传播，微博的营销价值不断释放。AIGC 凭借数据驱动与智能算法优势，深度渗透至微博文案创作、事件营销策划等核心环节，重构信息传播逻辑与用户互动模式。

一、微博文案的写作要点

微博是一种基于用户关系的信息分享、传播与获取平台，具有发布、评论、转发、话题搜索等功能。2024 年 11 月，微博月活用户达 5.83 亿。目前，微博用户群体呈现年轻化趋势，"90 后"和"00 后"占比较大。

微博文案需要简洁、有吸引力，并且符合平台的调性。在撰写微博文案时，需要注意以下写作要点。

1. 内容简洁

虽然微博文案取消了 140 字的限制，可以发布 2000 字的长微博。但是，随着人们生活节奏的加快，人们喜欢利用碎片时间浏览微博信息。因此，微博文案要求简洁明了，避免冗长。但精简并不意味着内容的缺失，而要求提炼出最具价值的信息，用少量的文字表达丰富的内容。

例如，使用简短的句子和段落，避免复杂的句式和过多的修饰词。同时，要善于抓住重点，突出核心信息，让用户在短时间内抓住文案的主旨，如小米手机的微博文案就简洁明了，如图 6-28 所示。

图 6-28　内容简洁的微博文案

2. 主题明确

在撰写微博文案时，要围绕明确的主题来展开，包括文案的定位、写作目的和目标人群。文案的定位，即文案想要传达的核心信息是什么；写作目的，即是为了推广产品、宣传品牌，还是为了吸引用户参与活动等；确定目标人群，即了解用户的需求和兴趣，以便更好地吸引他们的注意力。

例如，小米手机的微博文案"一花一世界，一叶一春天。用#小米 15Ultra#浮动长焦，将每一寸春光写进镜头，在花叶的舒展中描摹春的轮廓。周末快到了！拿起手机，拍下枝头的春意。"文案的定位是宣传小米新品手机的拍摄功能，目的是推广小米 15Ultra 手机，目标受众是爱好摄影的用户。

3. 话题选择

在微博文案中，选择适当的话题非常重要。营销者应选择热门话题或与目标受众相关的话题，这样能够提升文案的吸引力和流量。尤其是结合热门话题或节日热点，能快速引发用户关注和参与。选择话题时，还要注意话题的相关性，确保文案内容与话题紧密相连。

例如，花西子 2025 年 3 月 8 日发布的微博，其文案为"花开有信，妳本绚烂；采撷东方美，绘就好气色；花西子邀卿执掌东方韵色　悦己而容，不必追赶花期　你即是春天本身，3·8 致敬每一份「向上生长」的力量~#三八妇女节# #花西子好气色防晒粉饼#"，其内容与话题紧密相关。

4. 互动设计

在微博营销中，营销者常采用设置问答、投票、抽奖等形式，以增加用户的参与度和互动性，提升文案的传播效果。互动设计可以激发用户的参与热情，让他们成为内容的传播者。问答形式可以引导用户思考和讨论，投票形式可以让用户表达自己的观点和态度，抽奖形式则可以吸引用户参与活动，增加文案的曝光度。例如，小鹏汽车发布的设置抽奖活动的微博文案如图 6-29 所示。

图 6-29　互动形式的微博文案

5. 内容多样

在撰写微博文案时，营销者可以结合图片、视频、链接等形式，丰富内容表现形式，增强文案吸引力。图片可以直观地展示产品或活动的场景，视频可以更生动地传达信息，链接可以引导用户进一步了解相关内容。不同的内容形式可以满足不同用户的需求，提升文案的趣味性与视觉呈现力。

6. 素材积累

营销者平时应多积累热点、段子、案例等素材，以便在撰写微博文案时能够快速找到灵感。积累的素材能够帮助营销者在撰写文案时更加得心应手。热点素材可以让文案更具时效性，段子素材可以增加文案的趣味性，案例素材可以为文案提供实际的参考和借鉴。营销者可以通过关注时事热点、收集有趣的段子、研究成功的案例等方式来积累素材。

二、微博事件营销的策略

在微博这个充满活力的平台上，事件营销已成为众多个人或企业吸引用户关注、提升影响力的有效手段。营销者通过精心策划和执行具有话题性的事件，能够迅速引发众人围观，形成强大的传播效应。

1. 定位事件主题

在微博营销中，精准定位事件主题非常关键，它为事件营销指明了方向。方向明确才能进一步实现营销内容的有效触达，让用户产生深度共鸣。定位事件主题可以从 3 个方面来考虑，如图 6-30 所示。

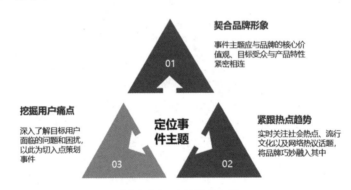

图 6-30　定位事件主题

2. 策划事件内容

精彩的内容能吸引用户的目光，激发他们的参与热情。因此，营销者要精心雕琢事件内容，从制造话题冲突到设计互动环节，再到讲好品牌故事，每一步都是在为用户打造一场难忘的体验盛宴。

（1）制造话题冲突

在策划事件内容时，可以设置具有争议性或反差性的话题，激发用户的讨论热情。例如，某汽车品牌发起"续航超 2000 千米，新能源车是否将彻底淘汰燃油车？"的话题，引发用户对汽车行业未来格局走向的热议。

（2）设计互动环节

设计互动环节能有效增强用户的参与感，如发起微博投票、话题挑战、创意征集等活动。例如，某汽车品牌在微博发起"为新车命名"的创意征集活动，吸引众多车迷参与，增强了用户对品牌的认同感。

（3）讲好品牌故事

营销者可以将事件包装成富有创意的故事，传递品牌的理念与情感。例如，某锅具品牌在微博上发布品牌创始人的创业历程，让用户了解每款锅具背后的匠心精神，通过生动的故事让用户对品牌产生更深层次的情感连接。

3. 多渠道传播推广

营销者可以借助微博自身资源、KOL 以及跨平台联动等力量，让事件信息触达更多潜在用户，以最大程度地实现事件营销的价值。

在微博事件营销中，营销者可充分利用微博功能提升曝光。创建"#品牌名称+事件主题#"这类话题标签，借助微博热搜将话题推至前列，吸引用户点击观看。同时，与大 V、网红、行业专家等关键意见领袖合作，邀请他们参与分享，利用其影响力扩大传播。

此外，还可以整合微信公众号、抖音等社交媒体及线上线下渠道实现跨平台联动，多平台同步宣传，全方位提升营销效果。

4. 舆情管理与危机公关

在微博事件营销中，监测与评估策略及危机公关策略至关重要。

一方面，营销者需要紧密开展监测与评估工作，通过舆情监测工具结合人工巡查，密切关注微博舆情动态，及时察觉潜在危机与负面信息，同时实时掌握用户对营销活动的反馈评价，并据此灵活调整策略。还要构建科学评估指标体系，全面考量曝光量、互动量、参与人数、转化率等，经数据分析明晰活动优劣，为后续营销活动提供改进依据，并根据监测评估结果优化营销策略，提升营销效果与投资回报率。

另一方面，面对危机事件，企业要迅速响应，即刻发布官方声明，澄清事实，防止危机扩散恶化，以展现负责的态度与解决问题的决心。同时，真诚与用户沟通交流，耐心倾听诉求，解答疑问、处理不满，用真诚赢得用户的理解与信任，及时化解危机、重塑品牌形象。此外，针对危机给用户造成的损失与不便，积极采取补救措施，如提供赔偿、诚恳道歉、改进服务等，降低用户的损失与不满情绪，重拾其对品牌的信心。

课堂讨论

若某环保公益组织策划微博事件营销时，采用制造话题冲突的形式，应如何设计兼具争议性与正向引导的话题，避免引发舆论争议？请举例说明。

AI 营销：使用 DeepSeek 辅助微博事件营销

使用 DeepSeek 辅助微博事件营销的方法如下。

（1）前期策划

营销者在 DeepSeek 中输入相关行业、品牌、目标受众等信息，让其生成一些独特的事件创意。例如，输入提示词"请生成美妆品牌针对年轻女性的微博互动事件"，DeepSeek 可能会给出"创建话题#美妆变身挑战#，邀请用户分享自己从素颜到化妆后的对比照片，参与抽奖"等创意。

利用 DeepSeek 分析微博用户数据，包括年龄、性别、地域、兴趣爱好、消费习惯等，构建目标受众画像。例如，DeepSeek 分析出某电子产品的目标受众主要是 18~35 岁的男性，他们对科技资讯、游戏等内容感兴趣，且常活跃于晚上 8 点到 11 点，这样在策划事件时就能更有针对性。

（2）内容创作

确定事件主题后，可以输入关键词和相关要求，让 DeepSeek 生成微博文案。例如，举办"新品试用活动"，输入"新品试用""产品特点""活动规则"等关键词，以及想要的语言风格，就会生成相应的文案。

还可以让 DeepSeek 生成一些具有吸引力和传播性的话题标签。例如，输入"宠物用品促销活动"，可能生成"#宠物爱用品#""#宠物超值购#"等标签，这些标签要简洁易记，能准确传达事件主题。

如果事件营销需要图片或视频辅助，可以让 DeepSeek 生成相关的脚本描述。例如，输入提示词"宣传品牌服装的短视频脚本，突出时尚感和舒适感"，它会给出包含场景、人物、动作、台词等内容的脚本框架，方便进一步制作短视频。

（3）传播推广

营销者可以根据目标受众的活跃时间和平台特点，借助 DeepSeek 制订详细的传播计划。例如，DeepSeek 分析出目标受众在周二、周四晚上活跃，就可以安排在这些时间段发布重要内容，同时规划好不同阶段的传播重点和节奏。

通过 DeepSeek 分析微博上的用户数据，可以找出在相关领域有影响力的专业博主。例如，在美食领域，输入"美食博主""粉丝量大""互动率高"等条件，DeepSeek 可以筛选出适合合作推广美食相关事件的博主名单，便于邀请他们参与事件传播。

（4）效果监测与评估

在事件营销过程中，营销者可以利用 DeepSeek 实时监测微博数据，如阅读量、点赞数、评论数、转发数、话题热度等。若发现某个时间段数据增长缓慢，可及时分析原因，是内容不够吸引人，还是发布时间不合适等。

DeepSeek 可以对用户的评论和反馈进行情感分析和语义理解，了解用户对事件的看法、意见和建议。例如，DeepSeek 可以分析出用户对活动规则有疑问，或对产品有特定的需求和期望，以便及时调整和改进营销策略。

在微博事件营销结束后，营销者可以使用 DeepSeek 综合各项数据，评估事件营销的效果，如计算转化率、投资回报率等关键指标，判断是否达到预期目标，为后续营销活动提供经验参考。

三、使用 AIGC 工具撰写微博营销文案

在网络营销时代，AIGC 为内容营销带来深刻的变革。微博作为拥有庞大用户基数和强大传播力的社交平台，对营销文案的质量、创新性与时效性有着极高的要求，AIGC 工具的介入恰好为满足这些要求提供了有力支持。

在使用 AIGC 撰写微博营销文案前，营销者需清楚创作的基本流程，从明确需求与目标到文案创作完成，每一步都环环相扣，如图 6-31 所示。

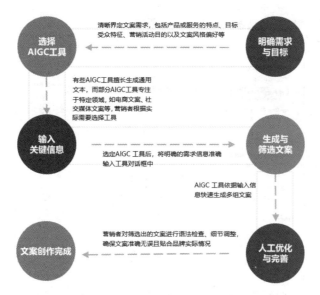

图 6-31　使用 AIGC 工具撰写微博营销文案的基本流程

微博营销形式多样，不同的场景对文案撰写有着不同的要求。

1. 产品推广文案

无论是新品上市还是现有产品促销，AIGC 工具都能辅助撰写微博营销文案。下面以豆包为例，介绍如何生成微博产品推广文案，方法如下。

打开豆包，输入提示词"我是一位微博运营者，主营产品是 2~10 岁儿童玩具，目前新上市一款儿童益智玩具，目标受众是年轻的爸爸妈妈群体，营销目的是推广新产品，促进产品销售，请为我生成几组微博产品推广文案，要求文案风格亲切、具有吸引力和引导性。"大致说明身份、目的及要求，豆包就会从不同切入点生成几类产品推广文案，如亲子陪伴系列、成长痛点系列、情感共鸣系列等，如图 6-32 所示。

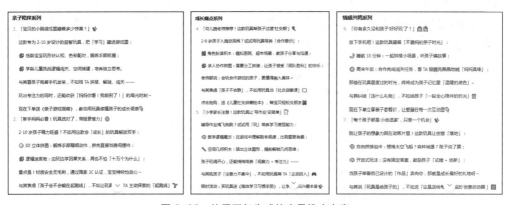

图 6-32　使用豆包生成的产品推广文案

2. 话题互动文案

微博上的话题互动是提升品牌热度与用户参与度的重要方式。AIGC 工具可以辅助创作能够引发讨论的话题文案。以豆包为例，输入提示词"请围绕儿童益智玩具产品，生成微博话题互动文案"，豆包就会从成长方向、干货方向、情感方向、创意方向、痛点解决方向 5

个维度生成不同的话题互动文案，如图 6-33 所示。

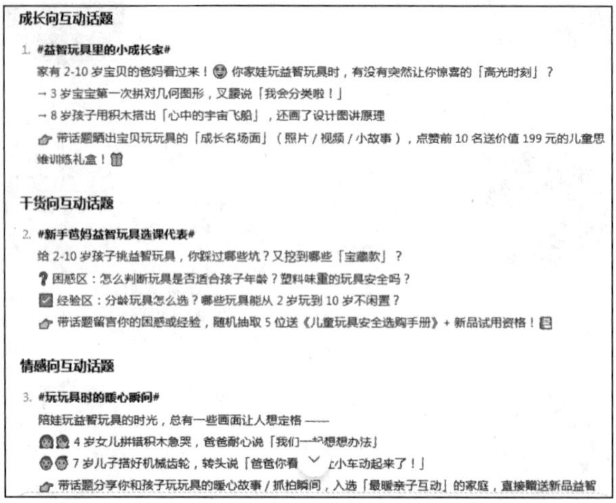

图 6-33　使用豆包生成的话题互动文案（部分内容）

AIGC 工具从不同维度出发创作互动文案，结合晒图、留言、故事分享等多元形式，搭配具体奖励机制（如试用资格、育儿手册、优惠券等），既能强化品牌互动属性，又能自然植入产品卖点（如分龄设计、安全材质、多元玩法等）。营销者可以根据需要选择不同的话题互动文案，或者输入产品功能特点、风格要求等，以进一步完善文案。

3. 热点借势文案

微博热点瞬息万变，在微博运营中，借势热点能让品牌迅速获得更多曝光。借助 AIGC 工具，营销者能够更快、更好地创作热点借势文案。以豆包为例，输入提示词"**请围绕儿童益智玩具产品，生成微博热点借势文案**"。豆包经过深度思考，结合 2025 年 4 月热点事件与育儿趋势，从教育新政、环保行动、阅读启蒙、健康防护、公益关怀等维度设计生成了微博借势文案，如图 6-34 所示。

营销者还可补充产品具体功能（如是否支持 AR、材质细节等），或者调整促销力度，对文案进行进一步优化完善，使其更符合实际要求。

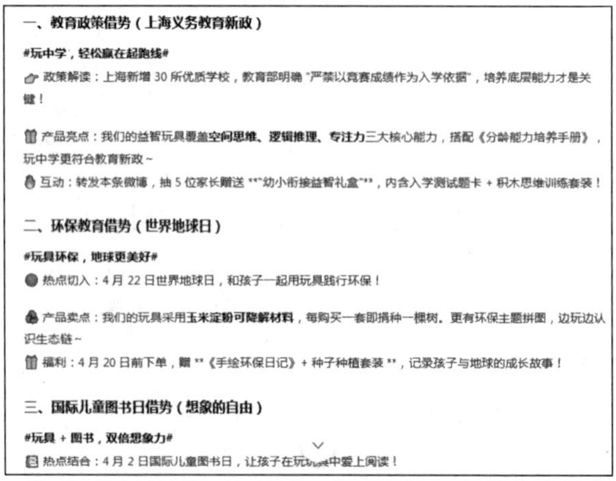

图 6-34　使用豆包生成的热点借势文案（部分内容）

四、使用 AIGC 工具撰写微博事件营销策划方案

在微博事件营销中，策划方案的科学性直接决定了营销效果。AIGC 工具凭借数据驱动、快速迭代和多维度整合的能力，正在重塑策划逻辑，推动营销领域从"经验驱动"向"智能驱动"转型。AIGC 工具通过处理海量数据、模拟传播路径、预判风险，为营销者打开"可能性边界"。

1. 使用 AIGC 工具策划微博事件营销的基本流程

AIGC 工具通过"数据输入—智能生成—人工校准—动态优化"的闭环，将传统策划周期从数天缩短至数小时甚至更短，同时提升方案的精准度与创意度，其核心流程主要包括以下几个方面。

（1）数据驱动下的主题定位

AIGC 工具首先通过全网舆情分析（如微博热词、竞品动态、用户痛点等），结合品牌调性生成多个候选主题。以儿童玩具为例，生成的主题如下。

- 热点借势型：基于微博实时热搜，生成"#玩具环保，地球更美好#"话题（结合世界地球日热点）。
- 情感共鸣型：通过母婴论坛数据挖掘，生成"#玩玩具的暖心瞬间#""#爸爸带娃益智玩具翻车现场#"等话题（聚焦亲子陪伴）。
- 行业破圈型：分析玩具行业趋势，生成"#AI 编程积木挑战赛#"话题（融合 STEM 教育热潮）。

AIGC 通过自然语言处理技术提取用户评论关键词，机器学习模型评估主题传播潜力，从而淘汰传播风险高或与品牌调性不符的方案。

（2）自动化内容矩阵搭建

借助 AIGC 工具可以快速生成事件营销的核心内容模块，包括话题文案、视觉素材、互动机制等。随着 AIGC 与物联网的发展，智能体逐步融入生活与产业，成为人机协作、虚实融合的关键桥梁。智能体搭建 AIGC 工具能快速生成文案和素材，优化创作流程，提升效率。

AI 营销：智能体在微博事件营销中的应用

企业可以打造高度个性化的 AI 智能体。智能体是实现智能化、自动化的核心技术载体，其价值在于将复杂任务拆解为"感知—决策—行动"的闭环，并通过自主学习适应动态环境。从简单的规则引擎到具备认知能力的 AI 系统，智能体的搭建需要结合场景需求选择技术路径，平衡效率、精度与可解释性。

在微博营销场景中，智能体通过整合多模态 AIGC 技术与动态策略算法，构建了"感知—决策—生成—执行"的全链路闭环，其核心架构包括三大模块：多模态内容生成引擎、动态策略决策系统和微博生态对接模块。

（1）多模态内容生成引擎

多模态内容生成引擎整合文本、图片、视频素材生成技术，实现自动化内容生产。文本内容生成依托 DeepSeek、豆包、文心一言、GPT-4 等大语言模型，根据预设模板快速生成适配内容；图片素材生成通过文心一格、豆包、DALL-E3 等模型生成海报、插画；视频素材生成利用可灵 AI、即梦 AI、腾讯智影、Runway 等工具实现"文字—语音—视频"的一

键生成。

（2）动态策略决策系统

动态策略决策系统基于数据驱动优化策略。热点捕捉通过自然语言处理技术实时监控微博热搜与用户评论，触发内容策略调整；用户画像分析结合行为数据动态匹配内容风格；互动机制设计借助强化学习优化抽奖、用户生成内容征集等规则。

（3）微博生态对接模块

微博生态对接模块能够实现与微博平台的深度集成。通过 API 集成自动发布内容、抓取互动数据，并投放广告；舆情监控实时监测负面关键词，触发应急响应。

智能体的核心价值在于提升内容生产效率、增强用户触达精准度，并通过数据驱动的策略调整持续优化营销效果，为品牌在微博生态中构建智能化、规模化的营销体系提供技术支撑。

（3）多维度传播策略规划

规划微博事件营销的传播策略时，营销者可以精准匹配 KOL 矩阵、爆破点流量布局、跨平台生态联动，形成"微博引爆—全域扩散—数据回流"的立体化传播网络。

①KOL 矩阵传播

在微博平台上，营销者可以根据粉丝画像匹配微博博主，例如，儿童玩具品牌账号可以匹配母婴博主、玩具测评达人等。借助 AIGC 工具深度分析用户画像与传播效果预测，构建不同层次的 KOL 协作体系，实现传播声量与转化效率的最优平衡。

例如，头部 KOL 可策划为顶层信任背书层，结合 KOL 个人 IP 故事包装，强化专业可信度。腰部 KOL 为内容扩散层，如针对测评博主，自动生成"开箱测评+玩法攻略"等模板，附带产品图吸引目标受众的关注。

②爆破点流量布局

AIGC 工具通过性价比模型与用户行为预测，锁定三大核心流量入口，实现"黄金位置曝光+精准人群渗透"。

- 微博热搜卡位策略。企业要优先争夺热搜榜第 3~5 位（性价比区间），避免首位高成本竞争，同时享受"用户主动搜索+被动曝光"双重流量；结合热搜关键词自动生成"热点关联文案"，例如，"#六一礼物怎么选#与其买零食，不如送孩子一套能玩 5 年的益智积木"，搭配动态表情包，提高点击转化率。

- 精细化广告投放

企业将目标受众分为 3 层模型，即基础层、行为层和定制层，根据不同的人群特征发送不同的营销推广信息。

- 话题生态深度绑定

企业要与微博达人，如"母婴育儿""玩具测评"等话题主持人达成独家合作，定制专属子话题（如"#益智玩具成长日记#"），获得首页推荐位与置顶曝光。

③跨平台生态联动

AIGC 工具能够打破平台壁垒，生成适配不同生态的内容形态，形成"微博引爆—多平台承接—流量回流"的传播闭环。多平台承接环节包括微信公众号长图文解析，深度沉淀内容。例如，AIGC 自动生成文章主题"玩具选购指南""分龄玩法攻略"，在文末嵌入微博话题链接，如"2~10 岁儿童益智玩具怎么选？这 5 个维度帮你避坑"，引导用户回流参与互动。

另外，还有抖音、快手等娱乐内容平台、小红书精致化"种草"平台等，通过跨平台联动促进营销信息的传播扩散。

为了流量回流，营销者可为每个平台链接添加专属参数，实时监测各渠道流量贡献，优化资源分配。

（4）风险预判与应急预案

在 AIGC 驱动的微博事件营销中，风险预判与应急预案通过整合历史案例、实时数据与智能算法，实现"预防—响应—修复"全链路闭环，保障活动平稳运行。

①多维度风险预判

系统通过三大模块识别核心风险，即舆情风险、技术风险与效果风险。

- 舆情风险：涵盖产品安全、内容争议与竞品攻击，依托行业案例库自动匹配应对策略。
- 技术风险：监控 API 接口故障（如抽奖工具连续报错）和内容生成异常等，自动触发拦截或备用方案。
- 效果风险：监测用户参与度与转化效率，通过强化学习模拟传播路径，提前定位奖品吸引力不足、卖点模糊等问题。

②动态应急预案生成

针对不同风险等级，系统生成分层应对方案。

- 舆情危机：在产品安全事件中，即时发布可视化检测报告，启动工程师直播；出现争议内容时，下架问题内容并联动 KOL 发起正向话题。
- 效果优化：当用户参与度不足时，在预热期追加虚拟代言、提升奖品价值；在爆发期解锁隐藏福利、激活腰部 KOL 二次传播；在长尾期整合用户生成内容，延续热度。当转化低效时，自动调整卖点，并定向投放限时折扣素材。

③技术故障：预设多套备用方案（如抽奖工具切换），建立"敏感词库+AI 初审+人工复核"3 层合规机制。

2. 使用 AIGC 工具策划微博事件营销的核心模块

利用 AIGC 工具策划微博事件营销时，通常包含六大标准化模块，每个模块均具备可复用性与可调整性。AIGC 生成微博事件营销策划方案的核心模块如表 6-2 所示。

表 6-2　AIGC 生成微博事件营销策划方案的核心模块

模块	AIGC 生成内容示例	人工校准重点
项目背景	简要说明微博平台特性（如母婴话题日均阅读量 1.2 亿），结合行业发展趋势（如 STEAM 玩具增长 30%）、品牌近期战略（如新品上市）等，介绍项目背景	确认数据的时效性，补充品牌内部机密信息
目标设定	量化目标：如 7 天内话题阅读量破 2000 万，互动量（转发+评论+点赞）超 100 万，带动天猫旗舰店转化率提高 15%等	对齐品牌年度 KPI，调整目标可行性
核心创意	提出营销事件的核心创意，例如，"玩具盲盒+知识闯关"的事件模型，用户购买盲盒后，需通过微博上传孩子完成闯关任务的视频解锁奖励	评估创意与品牌调性的契合度，规避低俗风险
传播策略	分阶段策略：预热期（KOL 剧透+悬念海报）、爆发期（微博热搜+虚拟形象联动）、长尾期（用户生成内容合集二次传播）	优化 KOL 合作层级，调整预算分配比例

模块	AIGC 生成内容示例	人工校准重点
执行细节	生成倒计时海报发布时间表（精确到分钟）、抽奖工具链接（自动适配微博抽奖平台 API）、客服应答话术库（含 100 多个常见问题回复）	校准品牌话术规范，补充人工客服应急流程
预算与风险防范	自动拆分预算：KOL 合作 40%、流量投放 30%、奖品成本 20%、应急储备 10%，风险清单包含"竞品恶意差评""技术故障"应对方案	审核预算的合理性，补充法律合规性审查环节

3. 运用 AIGC 工具撰写微博事件营销策划方案的步骤

尽管 AIGC 工具能够完成策划方案的大部分工作，但只是作为辅助，人工干预仍是确保方案落地效果的关键。运用 AIGC 工具辅助撰写微博营销策划方案的一般步骤如下。

（1）明确目标与信息输入

营销者需要清晰地确定微博事件营销的目标，如增加品牌曝光度、提升产品销量、吸引新用户关注等。以某儿童玩具品牌为例，其目标确定为在微博上通过事件营销吸引 5000 名新粉丝关注，并提升品牌在受众群体中的知名度。

营销者还需要将详细的品牌信息，包括品牌定位、产品特点、目标受众特征等提供给 AIGC 工具。如果要推广新品儿童益智玩具，需要告知其产品材质的功能性、安全性、环保性等，目标受众主要是一二线城市中高等学历的爸爸妈妈等。并且，提示词还要包含"避免使用过于夸张的营销话术""禁止提及竞品负面信息"等。

（2）创意生成与筛选

AIGC 工具基于输入的提示词信息，能够生成多个事件创意。以 DeepSeek 为例，关于儿童玩具生成多个事件主题，如"【玩具实验室】全民测评挑战赛""【未来建筑师】亲子共创计划""【育儿研究所】知识共创计划""【绿色成长计划】城市打卡行动"等。

营销者可以对这些创意进行筛选，从可行性、与品牌的契合度、对目标受众的吸引力、风险可控性等方面进行综合考量。例如，对于品牌契合度来说，创意能否传递出品牌的核心价值，如环保、亲子陪伴等。

（3）方案细化与完善

在确定创意主题后，可以利用 AIGC 工具进一步细化方案。以 DeepSeek 为例，在对话框中输入提示词"请以【绿色成长计划】城市打卡行动为营销事件主题，生成活动详细流程，包括活动预热期、正式开展期和结束后的复盘期的具体安排。"DeepSeek 即可生成详细的方案，如图 6-35 所示。

同时，借助 AIGC 工具可以生成宣传文案、海报设计思路、互动环节设置等内容。例如，利用 DeepSeek、豆包、文心一言等生成富有感染力的微博宣传文案，突出活动的趣味性及环保意识的培养；利用豆包、即梦 AI、可灵 AI 等设计具有吸引力的活动海报、视频素材等。

（4）数据验证与优化

AIGC 工具可以通过对微博平台历史数据的分析，预测活动可能达到的效果，如参与人数、曝光量等。企业根据这些预测数据，可对方案进行优化调整。例如，如果预测参与人数未达到预期目标，可考虑增加奖品的吸引力，或者与更多同领域的微博大 V 合作进行宣传。

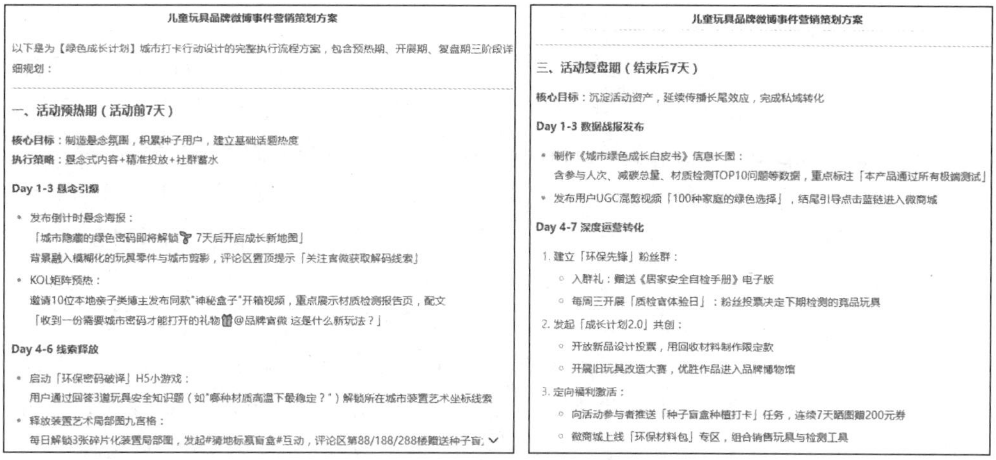

儿童玩具品牌微博事件营销策划方案

以下是为【绿色成长计划】城市打卡行动设计的完整执行流程方案，包含预热期、开展期、复盘期三阶段详细规划：

一、活动预热期（活动前7天）

核心目标：制造悬念氛围，积累种子用户，建立基础话题热度
执行策略：悬念式内容+精准投放+社群蓄水

Day 1-3 悬念引爆

- 发布倒计时悬念海报：
  「城市隐藏的绿色密码即将解锁 7天后开启成长新地图」
  背景融入模糊化的玩具零件与城市剪影，评论区置顶提示「关注官微获取解码线索」
- KOL矩阵预热：
  邀请10位本地亲子类博主发布同款"神秘盒子"开箱视频，重点展示材质检测报告页，配文
  「收到一份需要城市密码才能打开的礼物@品牌官微 这是什么新玩法？」

Day 4-6 线索释放

- 启动「环保密码破译」H5小游戏：
  用户通过回答3道玩具安全知识题（如"哪种材质高温下最稳定？"）解锁所在城市装置艺术坐标线索
- 释放装置艺术局部图九宫格：
  每日解锁3张碎片化装置局部图，发起#猜地标赢盲盒#互动，评论区第88/188/288楼赠送种子盲

儿童玩具品牌微博事件营销策划方案

三、活动复盘期（结束后7天）

核心目标：沉淀活动资产，延续传播长尾效应，完成私域转化

Day 1-3 数据战报发布

- 制作《城市绿色成长白皮书》信息长图：
  含参与人次、减碳总量、材质检测TOP10问题等数据，重点标注「本产品通过所有极端测试」
- 发布用户UGC混剪视频「100种家庭的绿色选择」，结尾引导点击蓝链进入微商城

Day 4-7 深度运营转化

1. 建立「环保先锋」粉丝群：
   - 入群礼：赠送《居家安全自检手册》电子版
   - 每周三开展「质检官体验日」：粉丝投票决定下期检测的竞品玩具
2. 发起「成长计划2.0」共创：
   - 开放新品设计投票，用回收材料制作限定款
   - 开展旧玩具改造大赛，优胜作品进入品牌博物馆
3. 定向福利激活：
   - 向活动参与者推送「种子盲盒种植打卡」任务，连续7天晒图赠200元券
   - 微商城上线「环保材料包」专区，组合销售玩具与检测工具

图 6-35　DeepSeek 生成的微博事件营销策划方案

在活动执行过程中，营销者可持续利用 AIGC 工具对实时数据进行监测和分析，及时发现问题并做出调整。如果发现某个时间段用户参与度较低，可通过 AIGC 工具生成新的互动话题，激发用户兴趣；如果发现 AIGC 工具生成的客服话术较为机械，可人工优化，加入情感化表达，提升用户的好感度。

任务实施：使用 AIGC 工具为皮影戏撰写微博事件营销策划方案

1. 实训目标

通过实施本任务，熟练掌握 AIGC 工具在微博事件营销策划中的应用方法，深入理解传统文化传播的营销策略与创意要点。能够运用 AIGC 工具，结合皮影戏的历史文化内涵、艺术特色及现代受众需求，独立完成兼具创新性与可行性的皮影戏微博事件营销策划方案，有效提升皮影戏的社会关注度与文化影响力，增强文化类微博事件营销的策划与执行能力，为传统文化的创新推广提供实践经验。

2. 实施步骤

（1）收集皮影戏相关资料

全面收集皮影戏的资料，包括其起源与发展历史、制作工艺（如选皮、制皮、画稿、过稿、雕刻、上色等流程）、表演特色（独特的唱腔、操作技巧）、经典剧目，以及在当代的传承现状。同时，调研当前文化类微博事件营销的成功案例，分析其创意亮点、传播策略和受众反馈，总结可供借鉴的经验，整理形成详细的资料文档，为后续策划提供素材支撑。

（2）借助 AIGC 工具撰写策划方案

以 DeepSeek 为例，根据整理的皮影戏资料，输入提示词“*我要为皮影戏撰写微博事件营销策划方案，目标受众为青少年和年轻上班族，旨在提升皮影戏的知名度与文化影响力，请从活动主题、活动形式、传播渠道、预算安排等方面进行策划，要求方案具有创新性、可操作性，融入现代流行元素和互动环节*”。

获取 AIGC 工具生成的策划方案初稿后，结合实际情况，补充具体的合作资源（如与学校、社区、文化场馆的合作意向）、实地调研数据（如目标受众的兴趣偏好）等内容，优化方案的逻辑性与可行性，确保方案既能突出皮影戏特色，又能契合市场需求。

（3）方案完善与优化

基于皮影戏的文化特性与目标受众需求，对 AIGC 工具生成的策划方案进行系统性优化。首先，结合历史数据与行业趋势，对活动时间、地点、参与人员安排等细节进行调整，确保活动具备可操作性；其次，通过分析热门文化事件传播案例，优化传播策略，精准匹配微博平台，设计"#皮影戏新国潮#"等吸睛话题；最后，细化预算分配，对场地租赁、物料制作、宣传推广等费用进行精准核算，通过多维度优化提升方案的质量与实用性。

（4）模拟执行与复盘

以模拟的形式对策划方案进行推演，按照方案设定的流程和时间节点，模拟活动的筹备、开展和结束全过程，检验方案在实际操作中的可行性。记录模拟过程中出现的问题，如环节衔接不畅、互动效果不佳等。模拟结束后，对整个过程进行复盘分析，总结经验教训，再次使用 AIGC 工具对方案进行优化，为未来实际的皮影戏微博事件营销活动提供更完善的参考。

任务小结

本任务系统地探讨了 AIGC 技术如何赋能微博营销全流程，解析其在提升文案传播效率、优化事件营销策略、增强品牌影响力等方面的实践路径与创新价值。通过本任务的学习，能够掌握 AIGC 驱动的微博营销全流程操作技能，提升热点敏感度、文案创作力与微博事件策划能力，为网络营销实践提供技术支撑与创新思路。

综合实训：使用 AIGC 工具撰写杭州西湖小红书笔记

一、实训目标

熟练掌握 AIGC 工具在小红书笔记创作中的应用，能够灵活运用 AIGC 工具生成高质量、符合小红书平台风格的文案内容；学会分析小红书平台用户的兴趣点和需求，创作具有吸引力、感染力和互动性的小红书笔记，有效提升杭州西湖相关内容在平台上的曝光度、点赞量、收藏量和评论量；培养创意策划和文案优化能力，能够对 AIGC 工具生成的初稿进行二次创作和完善，使笔记更具个性和独特价值。

二、实训思路

（1）资料收集

全面收集杭州西湖的相关资料，包括历史文化背景、著名景点（如断桥残雪、苏堤春晓、三潭印月等）、美食特色、周边游玩攻略、不同季节的景观特点等。同时，调研小红书平台上关于杭州西湖的热门笔记，分析其标题、内容结构、语言风格、图片选择和话题标签等要素。

（2）编写提示词

以豆包为例，根据收集的资料，输入提示词"我要撰写一篇关于杭州西湖的旅游攻略小红书笔记，目标受众为年轻的旅游爱好者，重点突出西湖的必去景点、特色美食和拍照打卡点，语言风格活泼有趣，使用小红书流行的表达方式，吸引用户点赞、收藏和评论"。

（3）笔记优化

获取 AIGC 工具生成的笔记初稿后，对内容进行仔细审核和优化。检查信息的准确性和完整性，补充个人真实的游玩体验、实用的小贴士等内容，使笔记更具可信度和实用性。调整语言表达，使其更加生动形象、富有感染力。选择与内容相符的高清图片或视频，对图片进行适当的美化处理。

（4）发布笔记

在小红书平台上发布优化后的笔记，选择合适的发布时间（如周末或晚上用户活跃时段）。积极与评论区的用户互动，回复他们的提问和留言，进一步提升笔记的热度和影响力。

三、实训总结与反思

实训总结：结合实训过程，梳理 AIGC 工具在整合杭州西湖景点信息、生成小红书笔记创意时的高效表现，思考其如何助力提升内容产出效率。同时，总结旅游类小红书营销的核心要点，如怎样挖掘景点特色、传递实用价值，并引发用户共鸣。

问题反思：回顾实训中遇到的挑战，例如，AIGC 工具生成内容存在的原创性不足、情感共鸣弱等问题。分析在图片生成、话题标签选择等环节的不足，思考通过哪些方法可以提升笔记的传播效果。

未来展望：基于 AIGC 技术的发展趋势，大胆设想其在小红书旅游营销中的创新应用场景，如虚拟导游互动、沉浸式游览体验等。探讨 AIGC 深度数据分析将如何推动旅游营销向个性化、精准化方向发展。

四、实训评估

内容质量：评估笔记内容的准确性、完整性、吸引力和实用性。是否清晰地介绍了杭州西湖的景点、美食等信息，是否提供了有价值的旅游攻略和建议，语言表达是否生动有趣、符合小红书风格。

AIGC 工具应用：考察对 AIGC 工具的使用熟练程度，提示词的输入是否准确、有效，生成的内容是否符合预期，以及对生成内容的优化和完善能力。

平台数据表现：分析笔记在小红书平台上的曝光量、点赞量、收藏量、评论量等数据指标，评估笔记的传播效果和影响力。

互动效果：评估与用户的互动情况，包括回复评论的及时性和质量，是否能够引导用户进行深入的讨论和交流，以及是否能够吸引新的用户关注。

个人能力提升：总结实训过程中个人在文案创作、信息整合、数据分析、平台运营等方面的能力提升情况，以及对 AIGC 技术在网络营销中应用的理解和掌握程度。

思考题

1. 撰写小红书笔记时，需要掌握哪些写作要点？
2. 如何借助 AIGC 工具策划微博事件营销方案？
3. 假设你是一位网络营销者，请借助 AIGC 工具撰写一篇推广某品牌新款手机的微信公众号文章。

PART 07

项目七
AIGC＋网络广告营销

学习目标

知识目标

➢ 了解网络广告营销的特点，以及网络广告的类型和计费方式。

➢ 掌握网络广告策划的流程和创意设计技巧。

➢ 掌握使用 AIGC 工具撰写网络广告投放方案的方法。

➢ 掌握使用 AIGC 工具生成与优化网络广告创意的方法。

➢ 掌握使用 AIGC 工具制作与优化网络广告的方法。

能力目标

➢ 能够设计网络广告创意。

➢ 能够使用 AIGC 工具撰写网络广告投放方案。

➢ 能够使用 AIGC 工具生成与优化网络广告创意。

➢ 能够使用 AIGC 工具制作与优化网络广告。

素养目标

➢ 培养关注客户体验、提升服务质量的职业素养。

➢ 培养审美思维，提升自己的审美素养。

项目导图

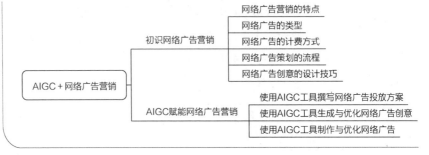

案例导入

趣丸科技"起飞平台"：智能营销"大脑"驱动广告行业降本增效新变革

趣丸科技基于自身在人工智能、大数据、音视频等技术领域的多年积累，自主研发了"多模态 AI 数据应用一站式管理平台"（以下简称"起飞平台"）。作为一个通过数据与 AIGC 赋能广告主高效投放和优化决策的一站式广告营销平台，起飞平台能进一步帮助广告主降本增效，实现生意新增长。值得一提的是，凭借优秀的技术实力，起飞平台已获得中国信息通信研究院"以数据为中心的人工智能应用"优秀案例。

案例导入

作为广告主的智能营销"大脑"，起飞平台可以提供创意内容制作、实时数据分析、智能投放等核心功能。例如，在创意内容制作方面，起飞平台提供多款 AIGC 赋能的素材创建服务，可基于产品特点、受众画像分析生成短视频脚本、广告图、软文等内容，能够帮助广告主轻松解决内容创作难题，使推广营销取得良好效果。

在 AI 驱动趣丸科技自身业务效率的同时，起飞平台的商业化潜力也在加速释放，让市场看到研发垂直专用模型技术落地的商机。目前，起飞平台客户数呈稳步增长趋势，已经帮助主要客户将营销推广效率提升了 120%。把握流量新机会，发现增长新可能，趣丸科技将坚定技术投入，探索通用大模型技术，不断打磨技术底座，以科技创新驱动高质量增长。

启发思考

随着 AIGC 在网络广告营销中的应用，像"起飞平台"这样的工具可能会改变广告行业的竞争格局，这会对传统广告公司和营销人员带来哪些挑战与机遇？

任务一　初识网络广告营销

知识储备

随着互联网的普及和移动设备的广泛使用，网络广告的影响力不断扩大，其形式和策略也日益丰富多样。营销者通过了解网络广告营销的特点与网络广告的类型，能够更好地选择适合自己的广告形式；掌握网络广告的计费方式有助于优化广告预算，提高投资回报率；掌握网络广告创意设计技巧，能够应对网络广告营销实践中的多种挑战，提升网络广告营销效果。

一、网络广告营销的特点

网络广告不仅仅是传统广告形式在网络空间的简单延伸，而是凭借一系列独有的特质，成为企业拓展市场、提升品牌影响力的强大驱动力。网络广告营销不仅打破了时间与空间的限制，在互动性、精准度等维度也实现了质的飞跃，为企业与用户搭建起一座高效沟通的桥梁。网络广告营销的主要特点如下。

1. 双向互动性

双向互动性是网络广告区别于传统广告的一个显著特点。互联网使广告媒体从过去的单向传播、用户被动接受信息逐渐发展为双向、用户主动的互动模式。用户可以主动搜索信息，企业也可以随时获得用户的反馈，与目标用户进行互动交流。

网络广告为企业与用户搭起了一条随时可以互动交流的渠道：对企业而言，网络广告为提高用户对其商品的认知、培养用户的忠诚度、实施客户关系管理增加了有力的手段；对用户来说，网络广告为其提供了获得所需信息及购买商品的便捷渠道。

2. 广泛传播性

网络广告传播速度快且范围广，其覆盖广度与传播区域是传统广告难以企及的。互联网凭借 TCP/IP 等统一通信协议将全球范围内的计算机用户无缝连接，形成一个规模庞大、覆盖广泛的全球性信息传输网络。而移动网络则借助 4G、5G 等先进通信技术，让搭载各类 App 的移动设备，如智能手机、平板电脑等，成为网络中的活跃节点。

网络广告通过互联网与移动网络进行传播，无论是广告主还是广告受众，都不受地域限制，只要具备上网条件，即可随时随地通过浏览器、各类 App 等载体浏览广告。而传统广告（如电视广告、报刊广告等）则会受到信号转接或发行区域的限制，只能在某个范围内进行传播。

3. 实时可控性

网络广告营销具有突出的实时性与可控性的特点。实时性体现在广告内容能即刻发布，企业可紧跟热点、把握时机，瞬间将信息传递给受众。例如，新品发布时，网络广告能在数分钟内上线。

在可控性方面，广告主可随时调整投放策略。依据实时数据反馈，若某时段转化率高，就加大该时段的投放力度；若某版广告点击率欠佳，可迅速修改文案、图片，甚至暂停投放，重新规划目标人群，精准调控广告投放的方方面面，以实现最佳营销效果。

4. 精准定向性

借助大数据和先进的技术手段，网络广告能根据用户的年龄、性别、兴趣爱好、地理位置、浏览历史、购买行为等多维度信息进行精准定向投放。这种精准性能显著提高广告的转化率，同时减少资源浪费。例如，向喜欢运动的用户推送运动装备广告，提升广告的针对性和效果。

5. 形式多样性

网络广告的营销形式丰富多样，包括图片广告、视频广告、动画广告、信息流广告、弹窗广告、H5 广告等。不同形式的广告可以满足不同用户的偏好和广告主的需求，以更具吸引力的方式呈现广告内容。

6. 效果可衡量

网络广告的效果可以通过数据分析工具进行实时监测，如曝光量、点击率、转化率等指标。企业可以清晰地了解广告投放的效果，评估广告投放的价值，为后续的广告策略调整与优化提供依据。

二、网络广告的类型

网络广告的类型丰富多样，常见的类型主要有以下几种。

1. 展示广告

在网络世界，展示广告通常以多种形式存在于网页的各个角落，是品牌向用户传递核心信息的有力载体，能够开启品牌与消费者的首次对话。展示广告主要包括横幅广告、插播广告和弹窗广告。

（1）横幅广告

横幅广告通常位于网页的顶部、底部或侧边栏，以水平或垂直的长方形展示，是最常见的展示广告形式之一，内容多为品牌宣传或产品推广等，如图 7-1 所示。

图 7-1　横幅广告

（2）插播广告

插播广告是指在网页加载或视频播放暂停时弹出的广告，会占据整个屏幕或部分屏幕，具有较强的视觉冲击力，但可能会对用户体验产生一定的干扰。

（3）弹窗广告

弹窗广告是指用户打开网页时自动弹出的小窗口广告，内容可以是图片、文字或视频等，如图 7-2 所示。由于容易引起用户反感，现在很多浏览器都有弹窗拦截功能。

2. 视频广告

无论是在视频播放前、播放中巧妙插入，还是融入信息流中，视频广告都能凭借动态画面、声音与情节，将品牌故事、品牌理念融入故事中，让用户沉浸其中，深刻记住品牌形象。视频广告包括贴片广告、中插广告和信息流视频广告。

（1）贴片广告

贴片广告是在视频内容播放前或播放结束时播放的广告，时长通常为 15 秒、30 秒或 60 秒等，是视频平台常见的广告形式，如图 7-3 所示。用户在观看视频前需要先观看广告，具有较高的曝光率。

图 7-2　弹窗广告　　　　　　　　　　图 7-3　贴片广告

（2）中插广告

中插广告是在视频播放过程中插入的广告，一般会在视频的适当节点出现，如电视剧的剧情间隙。中插广告能够在用户观看视频的过程中吸引其注意力，但也可能打扰用户，降低用户的观看体验。

（3）信息流视频广告

信息流视频广告是以视频形式出现在社交媒体、资讯平台等信息流中的广告，与用户浏览的内容自然融合，形式较为隐蔽，容易被用户接受。图 7-4 为抖音平台上的信息流视频广告。

图 7-4   抖音平台上的信息流视频广告

3. 搜索引擎广告

当用户在搜索引擎中输入问题、寻找答案时，搜索引擎广告就会精准地出现在搜索结果页面。它基于用户的搜索意图，借助关键词进入用户的视野，实现需求与供应的高效对接。搜索引擎广告包括关键词广告与品牌专区广告。

（1）关键词广告

关键词广告是广告主通过购买搜索引擎的关键词来实现的。当用户在搜索引擎中输入相关关键词进行搜索时，广告会以搜索结果的形式展示在页面的显著位置，通常标注为"广告"或"推广"字样，如图 7-5 所示。

（2）品牌专区广告

品牌专区广告为知名品牌在搜索引擎结果页面提供了专门展示区域，通常包括品牌Logo、官方网站链接、品牌介绍及相关产品或服务信息等，能够提升品牌形象和知名度，如图 7-6 所示。

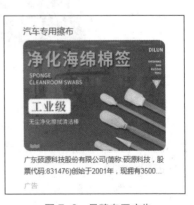

图 7-5   关键词广告   图 7-6   品牌专区广告

4. 社交媒体广告

如今，社交媒体已经深度融入人们的生活和工作中，社交媒体广告顺势而生，它能精准触达目标用户，引发互动与共鸣，提升品牌在社交网络中的知名度与影响力。

（1）微信广告

微信广告包括朋友圈广告、公众号广告、小程序广告等。朋友圈广告可以根据用户的年龄、性别、地域、兴趣爱好等进行精准投放；公众号广告一般展示在公众号文章底部或文中，形式多样，如图片广告、视频广告等，如图 7-7 所示；小程序广告则在小程序内的特定位置展示。

（2）微博广告

微博广告有粉丝通、超级粉丝通、话题广告等形式，如图 7-8 所示。粉丝通可以将广告推送至目标用户的微博首页，超级粉丝通提供更精准的定向投放功能，话题广告则是在热门话题页面展示广告内容。

图 7-7　微信公众号广告　　　　　　　　　图 7-8　微博广告

（3）抖音广告

抖音广告包括开屏广告、信息流广告、挑战赛广告、贴纸广告等。开屏广告在用户打开抖音应用时立即展示，具有强烈的视觉冲击力；信息流广告展示在抖音的视频流中，与普通视频内容融合在一起；挑战赛广告通过发起特定的挑战话题吸引用户参与，以达到品牌推广的目的；贴纸广告则是用户在拍摄视频时可以使用的品牌专属贴纸，以提升品牌曝光度。

5. 信息流广告

在内容营销时代，信息流广告以自然、和谐的方式与用户浏览的资讯、动态融为一体。它既不突兀，也不干扰用户，就在不经意间将品牌信息渗透进用户心中，悄然影响用户决策。

信息流广告通常以文字、图片或视频等形式出现在社交媒体、资讯平台、短视频平台等的内容信息流中，与用户浏览的内容风格一致，具有较高的原生性和隐蔽性，能让用户在不知不觉中接受广告信息。例如，今日头条、抖音等平台上都有大量的信息流广告。

6. 电子邮件广告

电子邮件广告是一种较为传统但仍然具有重要价值的网络广告形式。广告主通过收集目标用户的电子邮件地址，向他们发送定制化的广告邮件，推送产品信息、促销活动、品牌资讯等内容。电子邮件广告具有成本低、精准度高、可个性化定制等优点。

7. H5 广告

H5 广告是基于 HTML5 技术开发的广告，具有跨平台、自适应屏幕、互动性强等特点。H5 广告可以在手机、平板电脑、计算机等多种设备上流畅展示，并且可以通过添加动画、音频、视频、小游戏等元素，吸引用户参与和分享。

8. 电商广告

随着电商业务的蓬勃发展，电商广告越来越多。电商广告是指企业在第三方电商平台上发布的各种广告。电商广告能通过精准的关键词策略和流量引导，使商家的商品在琳琅满目的货架中脱颖而出，快速吸引目标消费者，促成交易。电商广告的代表有万相台关键词推广、京准通搜索快车等。

（1）万相台关键词推广

万相台关键词推广（原淘宝直通车）的主流资源位是淘宝搜索，消费者在淘宝网搜索关键词展现商品，商家在关键词推广场景中设置关键词和商品等，就可以使商品精准展现在淘宝搜索结果页。这种广告无点击不扣费，营销推广精准可控，能够满足多样化的推广诉求。

（2）京准通搜索快车

京准通搜索快车是京东精准定向的竞价推广工具，精细化投放站内搜索广告资源，精准触达京东搜索用户。拥有京东海量的搜索资源，助力商品、店铺推广。商家可通过关键词定向、商品定向、智能出价等核心功能快速获取目标客户，有效获客，促进转化。

三、网络广告的计费方式

网络广告的计费方式决定了广告主需要为广告投放支付的费用，不同的计费方式适用于不同的广告目标和预算。常见的网络广告计费方式包括以下几种，如表 7-1 所示。

表 7-1　网络广告的计费方式

计费方式	含义与特点	适合目标与应用场景
CPC（Cost Per Click，每点击成本）	广告主根据用户点击广告的次数来支付费用，此计费方式计费精准，以结果为导向，只有当用户点击广告时，广告主才支付费用	适合以获取流量和潜在客户为目标的广告主，搜索引擎广告通常采用 CPC 计费方式
CPM（Cost Per Mille，千人成本）	广告主根据广告被展示的次数来支付费用，每展示 1000 次广告就需要支付一定的费用，此计费方式能够确保广告的曝光量，广告主可以根据预算控制广告成本	适合以提升品牌知名度和曝光量为目标的广告主，在一些大型的媒体网站或视频网站上，品牌广告通常采用 CPM 计费方式
CPS（Cost Per Sale，按销售计费）	广告主根据用户通过广告链接完成的销售数量来支付费用，此计费方式只有在实际产生销售时广告主才需要付费，风险较小	适合以提高销售量和转化率为目标的广告主，主要应用于电商领域

计费方式	含义与特点	适合目标与应用场景
CPA（Cost Per Action，每行动成本）	广告主根据用户完成特定行动（如注册、下载、购买等）的数量来支付费用，此计费方式具有成本可控的特点	适合以获取潜在客户信息或推广特定行动为目标的广告主，主要是一些应用商店或软件下载平台，广告主常采用此计费方式
CPT（Cost Per Time，按时间计费）	广告主根据广告展示的时间长度支付费用，通常按天、周、月或季度计费，广告主支付固定的费用，无须担心广告效果的波动，是一种相对省心的投放方式	适用于需要长时间展示以提升品牌知名度的广告，视频网站首页横幅广告、App开屏广告等
CPK（Cost Per Keyword，按关键词计费）	广告主为每个关键词所支付的费用，通常用于搜索引擎广告，此计费方式竞争性强，热门关键词竞争激烈，可能导致较高的费用，但广告主可以根据关键词的表现动态调整出价和广告内容	适用于百度、谷歌等搜索引擎的关键词广告，还适用于电商平台的产品推广，通过精准关键词吸引目标受众

四、网络广告策划的流程

网络广告策划是指根据广告主的营销计划和广告目的，在市场调查的基础上对广告活动进行整体的规划或战略布局，是从全局角度展开的一种运筹和规划，是对整个网络广告活动协调安排的过程。网络广告策划主要包括以下几个环节，如图7-9所示。

图7-9　网络广告策划的流程

1. 设定广告目标

广告目标的作用是通过信息沟通使消费者产生对品牌的认识、情感、态度和行为的变化，从而实现企业的营销目标。企业在不同发展时期有不同的广告目标，如品牌认知目标、产品促销目标、客户关系维护目标、引导客户行为目标等。对于产品销售类广告，在产品的不同发展阶段，广告的目标也不同，可分为提供信息、说服购买和提醒使用等。

营销者还要明确网络广告的目标受众，确定网络广告希望让谁来看，受众来自哪个群体、哪个区域，以及受众的年龄、性别、兴趣爱好、消费习惯等。只有精准锁定目标受众，网络广告才能击中他们的需求痛点，引导他们参与广告信息活动，从而有效实现广告目标。

2. 开展市场调研

明确广告目标之后，接下来营销者就要深入市场，分析竞争对手动向，看清自身优劣势。开展市场调研能够为广告策划提供坚实的基础与支撑，找准网络广告营销的发力点。

（1）分析行业动态

只有精准把握行业动态，广告策划才能顺势而为，借势而上，抢占先机。企业开展行业动态分析，需着眼市场规模与增长趋势，如新能源汽车行业，要了解扩张幅度及未来走向；梳理行业竞争格局，如智能手机行业，要对比品牌优劣势；关注政策法规与技术革新的影响，如环保政策、AI 技术对相关行业的影响。

（2）研究竞争对手

营销者还要梳理行业内主要的竞争对手，分析其市场份额、产品特点、营销策略等。例如，在智能手机行业，对比各大品牌的市场占有率、产品差异化优势及广告投放策略，找出自身品牌的竞争优势与营销突破点。

（3）评估自身品牌与产品

企业还要评估自身品牌与产品，审视品牌定位与形象，确认是否契合受众，若有偏差就借助网络广告来重塑；深度提炼产品功能、价格等优势卖点用于宣传；判断产品所处的生命周期阶段，针对导入期到衰退期各阶段制定适配的广告策略。

3. 制定广告策略

在制定广告策略这一环节，营销者需要综合考量投放平台、创意设计、投放时间与预算，精心雕琢每个细节，让广告从构思走向实操，以最佳效果展示给目标受众。

（1）选择广告投放平台

企业在选择广告投放平台时，可以从三方面着手：第一，依据目标受众的特征与习惯，例如，目标受众为注重生活品质和个性化表达的年轻女性，可以选择小红书平台；第二，适配平台特性与广告形式，例如，精美的图文广告更适合发布在小红书上；第三，考量平台流量、质量及成本，在预算内权衡选择性价比高的平台组合。

（2）策划广告创意

营销者要围绕品牌核心卖点与目标受众需求，从创意构思、文案撰写到视觉设计与多媒体元素运用，全面策划广告创意。结合情感共鸣与价值传递，撰写简洁有力的文案，突出产品优势；设计统一的视觉风格，运用动画、音效等元素来增强广告的表现力与互动性，最终传递品牌价值，激发受众的购买欲望。

（3）规划投放时间与预算

营销者要围绕目标受众上网活跃时间规律及产品销售淡旺季、特殊节假日等因素，制定广告投放时间计划。此外，还要做好广告预算，首先确定企业整体促销预算，然后确定网络广告的预算，按照投放平台、广告形式、创意制作等合理分配预算，同时建立灵活的预算调整机制，根据实时数据反馈（如点击率、转化率、曝光量等）动态优化资源配置，确保广告投放效果最大化。

4. 执行广告投放

执行广告投放环节包括广告素材制作与审核、广告平台投放与操作、广告效果监测与优化。

（1）广告素材制作与审核

企业需要组建专业的广告制作团队，严格把控广告质量，确保广告符合品牌形象和广告目标。团队根据广告创意设计方案，完成广告素材的制作，包括图片处理、视频剪辑、文案撰写、排版等。营销者还要对广告素材进行严格审核，检查广告内容是否符合法律法规、行业规范，有无虚假宣传、侵权等问题；同时，还要核对广告中的产品信息、价格、链接等是否准确无误，以免误导消费者。

（2）广告平台投放与操作

营销者需在选定的广告投放平台创建账户，填写品牌与产品信息，完成基础设置；接着按照投放策略搭建不同广告计划与广告组，依据产品系列、目标受众群体、投放地域等划分，便于精准管理；最后在各广告组内设置投放时间、地域定向、受众定向、出价策略、投放形式与展示位置等参数，确保广告精准触达目标受众，提升投放效果。

（3）广告效果监测与优化

营销者要充分利用广告投放平台提供的数据分析工具，实时监测广告投放数据，包括曝光量、点击率、转化率、花费金额等关键指标。关注数据变化趋势，及时发现数据异常波动情况。若发现广告投放效果不佳，如点击率过低、转化率远低于预期等，要迅速排查问题，如广告创意缺乏吸引力、投放定向不准确、竞争对手干扰等，需要针对问题及时调整广告投放策略。

 课堂讨论

在制定广告策略时，选择广告投放平台要进行多维度考量。如果有一家专注于销售手工定制饰品的小型企业，目标受众为追求个性、活跃于社交媒体的年轻群体，请结合平台特性、受众习惯及成本因素，讨论如何合理选择广告投放平台组合。

5. 评估广告效果

广告效果评估阶段包括设定评估指标、数据收集与分析、经验总结与策略优化。

（1）设定评估指标

营销者需要根据实际情况设定评估指标，主要包括曝光量与展示次数、点击率、转化率与投资回报率等。

- 曝光量与展示次数：衡量广告在目标受众面前的展示频率，反映广告的覆盖范围。通过曝光量数据，可以了解广告在不同平台、时间段的传播广度。

- 点击率：点击率=点击量÷曝光量×100%，能够体现广告对受众的吸引力与兴趣激发程度。较高的点击率表明广告创意、文案或展示形式能够有效吸引受众的注意力，引导其进一步了解广告内容。

- 转化率：根据不同的广告目标，转化率有不同的定义，如注册转化率（注册用户数÷点击量×100%）、购买转化率（购买用户数÷点击量×100%）等。转化率是评估广告营销效果的核心指标，能直接反映广告对目标受众行为的影响，即广告目标实现的程度。

- 投资回报率是指通过投资而应返回的价值，即企业从一项投资活动中得到的经济回报。投资回报率=（广告收益-广告成本）÷广告成本×100%。在广告领域，它反映了广告投入与广告所带来的收益之间的关系，用于衡量广告投入所带来的经济效益。

（2）数据收集与分析

营销者要善于从多渠道收集数据，例如，从广告投放平台、网站分析工具、社交媒体平台等收集相关数据，确保数据的完整性与准确性，然后运用数据挖掘、统计分析等方法对收

集到的数据进行深入剖析。通过对比不同广告组、不同投放时间段、不同目标受众群体的数据，找出影响广告效果的关键因素，挖掘数据背后的潜在规律与趋势。

（3）经验总结与策略优化

营销者要梳理广告投放过程中取得良好效果的策略与创意，总结成功经验，如某种广告创意形式、特定投放时段或精准受众定位方式带来了高点击率与转化率，在后续广告策划中可进一步强化与拓展。

当广告效果不符合预期时，要深入分析问题根源，是广告目标设定不合理、市场调研不充分、广告创意缺乏吸引力，还是投放执行环节出现偏差等。

基于经验总结与问题分析，营销者要制定针对性的优化策略。通过调整广告目标与定位，改进广告创意与内容，优化投放平台与时间选择，完善预算分配与出价策略等，不断提升网络广告策划与投放效果，实现品牌营销目标的持续优化与提升。

五、网络广告创意的设计技巧

网络广告创意是介于广告策划与广告表现制作之间的艺术构思活动，根据广告主题精心策划，运用艺术手段与网络工具对材料进行创造性组合，以塑造出具体可感的形象。在网络广告营销实践中，巧妙运用网络广告创意的设计技巧，才能打造出具有强大吸引力与影响力的网络广告，实现营销价值的最大化。

1. 创意构思技巧

网络广告的创意构思需要挖掘独特的路径，才能展现产品或服务的魅力。营销者可以通过挖掘独特卖点、运用情感共鸣，以及制造话题与悬念等技巧，为广告注入灵魂，使其在众多广告中崭露头角，引发受众的关注。

（1）挖掘独特卖点

每种产品或服务都有其独特之处，可以是产品的创新性功能、卓越的品质、独特的设计，或者服务的个性化与高效性，这些都属于产品的独特卖点。

（2）运用情感共鸣

情感是连接广告与受众的强大纽带。在创意构思中，巧妙融入情感元素能引发受众的共鸣，使广告更具感染力与记忆点，可以从亲情、友情、爱情、梦想、情怀等方面着手。

（3）制造话题与悬念

好奇心是人类的天性，在广告创意中制造话题与悬念，能够有效激发受众的好奇心，促使其主动关注广告内容。话题可结合当下社会热点、流行趋势或大众普遍关心的问题，如环保、科技发展等。悬念的设置则可通过巧妙的文案表述、神秘的视觉元素等方式来实现。

例如，一则汽车广告在预热阶段仅展示汽车局部极具科技感的设计，并配文"颠覆想象的出行变革即将来临，你准备好了吗"，引发受众对汽车全貌及独特性能的强烈好奇，吸引他们持续关注后续发布的广告信息。

2. 表现形式技巧

通过视觉与文案两大关键维度的精彩呈现，营销者可以将广告创意以最直观、最具冲击力的方式传递给受众，瞬间抓住他们的注意力，引发情感共鸣，促使或引导他们产生预期行为。常见的创意表现形式分为以下两种。

（1）视觉表现

视觉表现包括色彩运用、图像与图形设计、排版布局等。

- 色彩运用：不同的色彩能够为广告营造出截然不同的氛围与情感基调。色彩不仅能够瞬间吸引受众的目光，还能在潜意识中影响受众对广告内容的感知与理解。合理运用色彩，使其与广告主题、品牌形象完美契合，是打造具有强烈视觉冲击力的广告的关键一步。

- 图像与图形设计：在网络广告的视觉呈现中，高质量、富有创意的图像和图形是传递信息的有力载体。它们能以直观、生动的方式展示产品特点、塑造品牌形象，让受众在短时间内迅速理解广告的核心内容，激发他们的兴趣与购买欲望。

- 排版布局：在网络广告设计中，排版布局也非常重要，它负责协调各个元素的位置与关系。合理的排版布局能使广告元素层次分明、重点突出，引导受众的视线按照预设的路径来流动，从而更高效地传递信息，提升广告的传播效果。

课堂讨论

假设某企业要为一个环保公益项目设计网络广告，在视觉表现方面，如何运用色彩、图像与图形设计以及排版布局来突出项目的主题，才能吸引受众关注，引发他们对环保问题的重视，加深他们对品牌的认知？

（2）文案表现技巧

简洁明了、生动有趣且具备行动号召力的文案能精准传达广告的核心信息，打破受众与广告之间的隔阂，激发受众的情感共鸣，引导他们采取实际行动。

- 简洁明了：在网络信息的洪流中，受众的注意力转瞬即逝，简洁明了的广告文案能迅速抓住受众的心，让他们在短时间内理解广告的核心要点。摒弃冗长复杂的表述，用最精练的语言传递关键信息，是在有限时间内赢得受众关注的制胜法宝。

- 生动有趣：面对铺天盖地的广告信息，受众很容易产生审美疲劳与抵触心理，而生动有趣的文案能为广告注入更多的活力与趣味性，吸引受众观看。营销者可以巧妙运用修辞手法，赋予文案独特的表现力，让受众在轻松、愉悦的氛围中接受广告信息，从而增强广告的传播效果。

- 具备行动号召力：广告的最终目的是促使受众采取行动，无论是购买产品、注册会员，还是参与活动。因此，广告文案要具备强大的行动号召力，明确传达行动指令，运用富有吸引力的词汇激发受众的行动欲望，将受众从单纯的信息接收者转化为实际行动的参与者，从而实现广告的营销价值。

3. 提升广告创意效果

在这个科技飞速发展的时代，网络技术为网络广告创意的提升带来了无限可能。借助动态效果、交互技术及 AIGC 技术，营销者的广告创意能够突破传统的束缚，以更新颖、更生动、更个性化的方式呈现给受众。

（1）动态效果与交互技术

动态效果与交互技术的出现，为网络广告创意注入了全新的活力。动画与视频的生动展示，让产品特点与使用场景跃然于受众眼前；交互技术的应用，使受众从被动的信息接收者转变为主动的参与者，极大地增强了广告的趣味性与沉浸感。

（2）AIGC 技术

人工智能技术的迅猛发展催生了 AIGC 这一新兴力量，为网络广告创意设计带来了巨大的变革。从文案生成到图像与视频生成，再到个性化创意推荐，AIGC 技术凭借其强大的数据处理能力与智能算法，能够快速、高效地生成多样化的创意内容，为营销者提供丰富的灵感源泉，也极大地提升了广告创意的精准度与个性化水平。

- 文案生成：在广告文案创作的过程中，AIGC 能够根据营销者输入的广告主题、品牌信息、目标受众等要素，运用自然语言处理技术自动生成多种风格的广告文案。例如，使用 DeepSeek 能够在短时间内输出大量符合要求的文案初稿，为营销者节省了大量的时间与精力。

- 图像与视频生成：借助生成对抗网络等深度学习技术，AIGC 在图像与视频生成领域展现出了惊人的实力。它能根据产品描述自动生成逼真的产品渲染图、富有创意的海报，甚至是动态的广告视频片段。AIGC 技术的应用，不仅节省了设计时间与成本，还为创意设计带来了更多新颖、独特的视觉元素，让广告在视觉呈现上更具创新性与吸引力。

- 个性化创意推荐：AIGC 能深入分析海量用户数据，精准洞察用户兴趣偏好与行为习惯，进而为不同用户生成个性化广告创意，使文案、图像等元素契合个人需求，提升广告的精准度和点击率，实现营销效果最大化。

4．注重一致性与连贯性

在网络广告创意设计中，营销者要确保广告在不同平台、不同形式以及不同阶段的一致性与连贯性。一致性体现在广告的品牌形象、核心信息、创意风格等方面应保持统一，无论受众在哪个渠道接触到广告，都能形成对品牌的清晰认知。例如，某品牌在社交媒体平台上的信息流广告、搜索引擎广告以及官方网站上的展示广告，都采用相同的品牌标识、主色调和核心宣传口号，强化品牌形象记忆。

连贯性则要求在系列投放或营销活动不同阶段投放的广告，其创意具有逻辑关联与递进关系，逐步引导受众深入了解品牌与产品。例如，在某上市新品的网络广告推广中，前期通过悬念式广告引发受众好奇心，中期展示产品特点与优势，后期推出促销活动广告，各个阶段的广告创意相互衔接，共同推动营销目标的实现。

任务实施：京东网络广告解析

1．任务目标

通过对京东网络广告的深入解析，全面了解网络广告的特点、类型及策划流程，明晰网络广告与传统广告的区别，熟悉京东广告的呈现形式与特点；提升资料收集整理、数据分析、团队协作与实践应用能力；培养行业洞察力与创新意识，强化责任意识和职业道德观念。

2．实施步骤

（1）前期准备

自由分组，4 人一组，收集京东在官网、搜索引擎、社交媒体等多平台的广告案例，同时分析京东的市场、用户画像及销售数据，借助工具剖析广告曝光量、转化率等，总结投放特点。

（2）特点剖析

探究京东依托用户数据实现精准投放的策略，探讨其优势与不足；分析广告中点击跳转等互动元素对用户参与度和广告效果的提升作用；通过监测曝光量等关键指标，讨论基于数据反馈的广告策略优化方法。

（3）类型分析

分别研究京东在搜索引擎的关键词及文案策略、各大网站展示广告的视觉创意、社交媒体平台的内容营销及 KOL 合作，以及电商平台广告的形式与转化率，探讨对应的效果评估方式。

（4）模拟策划流程

依据京东市场数据设定广告目标，如提升销量；借助用户画像分析受众特征，制定个性化策略；围绕广告目标和受众设计广告创意；模拟投放，监测效果并记录关键指标。

（5）总结与汇报

撰写包含案例分析和策划流程的报告，进行成果展示与经验分享。教师点评，指出任务实施过程中的优缺点并提出建议，全班共同探讨网络广告未来趋势与创新方向。

任务小结

本任务深入探究了网络广告营销的全貌，从阐释网络广告营销的特点、网络广告的类型及多元计费方式，讲解网络广告一般策划流程，以及创意设计从构思、表现到技术运用的技巧，既深化了对网络广告营销的认知，也为实际开展网络广告营销工作锻炼了实操能力。

任务二　AIGC 赋能网络广告营销

知识储备

在互联网时代，网络广告营销是企业的重要推广渠道。AIGC 凭借其强大的数据分析能力、高效的内容生成能力，以及智能的优化策略，为网络广告营销的各个环节注入了新的活力。在网络广告营销中应用 AIGC 技术，能够帮助营销者把握市场、生成创意、优化投放、提升效果，实现营销价值最大化，是在市场竞争中突围的关键。

一、使用 AIGC 工具撰写网络广告投放方案

在网络广告营销体系中，投放方案对广告精准触达目标受众至关重要。AIGC 工具的应用给网络广告投放环节带来了重大变革，借助智能算法与深度洞察分析，能够帮助营销者构建高效、精准的投放方案，推动网络广告投放进入新阶段。

1. 精准洞察市场与受众

AIGC 工具通过对海量数据的深度挖掘与分析，能够精准洞察市场动态与受众需求。通过整合多平台数据，包括社交媒体、电商平台、搜索引擎等，从宏观层面把握行业趋势，了解市场的发展方向与潜在机会。同时，对受众的年龄、性别、地域、兴趣爱好、消费习惯等

多维度信息进行细致的剖析，构建精准的受众画像。

例如，在美妆行业，营销者可以借助 AIGC 工具分析社交媒体上的热门话题和用户讨论，发现年轻女性对天然成分、可持续包装的美妆产品关注度飙升。结合电商平台销售数据，明确不同地区、不同消费层次的女性对各类美妆产品的偏好差异。基于这些分析，在为美妆品牌制定广告投放方案时，就能精准定位目标受众，如将主打天然成分的高端护肤品广告，重点投放给一线城市、有一定消费能力且关注环保的年轻女性群体。

2. 智能制定投放策略

依据对市场和受众的精准洞察，营销者借助 AIGC 工具能够智能制定全面且个性化的网络广告投放策略。AIGC 工具综合考虑广告目标（如提升品牌知名度、促进产品销售、增加用户参与度等）、预算限制、投放渠道特点等因素，可以制订出最优的投放计划。

在渠道选择上，AIGC 工具通过对比不同平台的用户活跃度、流量质量、广告成本等数据，为品牌匹配最合适的投放渠道组合。例如，针对一款面向年轻职场女性的时尚轻奢护肤品，AIGC 工具分析小红书、微博、抖音等渠道数据后，建议将广告预算的 50%投放在小红书平台，借助其"种草"属性与用户对美妆护肤内容的高关注度进行精准推广；将广告预算的 35%投放在抖音平台，利用短视频的强视觉冲击力和广泛传播性吸引目标受众；将广告预算的 15%投放在微博平台，通过话题讨论与名人效应提升品牌热度，以精准触达目标受众。

在投放时间安排上，AIGC 工具可依据受众的上网行为数据，确定最佳投放时段。例如，通过分析发现，某类受众在晚上 8 点至 11 点之间使用移动设备上网的频率最高，且对广告的互动性较强，那么在投放方案中就会将重点广告时段设置在这个时间段，并采用互动性强的广告形式，如短视频广告搭配互动游戏元素。

AI 营销：使用 DeepSeek 辅助撰写网络广告投放方案

使用 DeepSeek 可以辅助营销者撰写网络广告投放方案，方法如下。

（1）分析热点话题与行业趋势

营销者可以使用 DeepSeek 分析近期的热点话题与行业发展趋势，用于精准确定目标受众群体，了解并掌握目标受众群体的特征与需求。

打开 DeepSeek，按照"身份+任务（要求）"的格式设置提示词。例如，在对话框中输入提示词"我是一位美妆行业的网络营销者，请结合近期社交媒体上的热门话题和用户讨论，分析年轻女性最关注美妆产品的哪些方面"，选择"深度思考（R1）"+"联网搜索"模式，然后单击"生成"按钮❶，如图 7-10 所示。

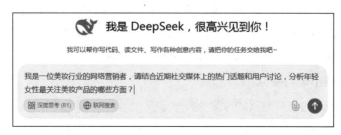

图 7-10　输入提示词

此时，DeepSeek 就会进行深度思考，分析出年轻女性对美妆产品的集中关注点，如成分安全与功效透明化、性价比与平替经济、情绪价值与社交属性、社交媒体驱动的细分需求、品牌价值观与可持续理念、短视频与 KOL“种草”影响等，如图 7-11 所示（部分内容）。

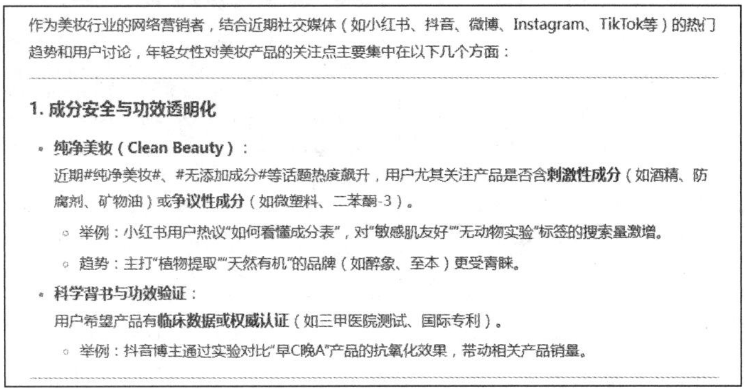
作为美妆行业的网络营销者，结合近期社交媒体（如小红书、抖音、微博、Instagram、TikTok等）的热门趋势和用户讨论，年轻女性对美妆产品的关注点主要集中在以下几个方面：

1. 成分安全与功效透明化

- **纯净美妆（Clean Beauty）**：
  近期#纯净美妆#、#无添加成分#等话题热度飙升，用户尤其关注产品是否含**刺激性成分**（如酒精、防腐剂、矿物油）或**争议性成分**（如微塑料、二苯酮-3）。
  - 举例：小红书用户热议“如何看懂成分表”，对“敏感肌友好”“无动物实验”标签的搜索量激增。
  - 趋势：主打“植物提取”“天然有机”的品牌（如醉象、至本）更受青睐。
- **科学背书与功效验证**：
  用户希望产品有**临床数据或权威认证**（如三甲医院测试、国际专利）。
  - 举例：抖音博主通过实验对比“早C晚A”产品的抗氧化效果，带动相关产品销量。

图 7-11　DeepSeek 进行热点话题与趋势分析

（2）明确目标受众与群体特征

确定“注重品牌价值观与可持续理念”的广告选题，接着输入提示词“**请针对注重品牌价值观与可持续理念方面的化妆品广告，分析其目标受众的特征**”。DeepSeek 经过深度思考，生成的内容为“目标受众群体的特征不仅体现在人口统计学层面，还反映在其价值观、消费行为和社会影响力上”，如图 7-12 所示（部分内容）。

（3）策划广告投放渠道组合

接着输入提示词“**请针对此目标群体在不同平台的用户活跃度、流量质量等数据，为美妆品牌匹配最合适的投放渠道组合**”。DeepSeek 经过深度思考，制定出差异化渠道投放策略，如图 7-13 所示（部分内容）。

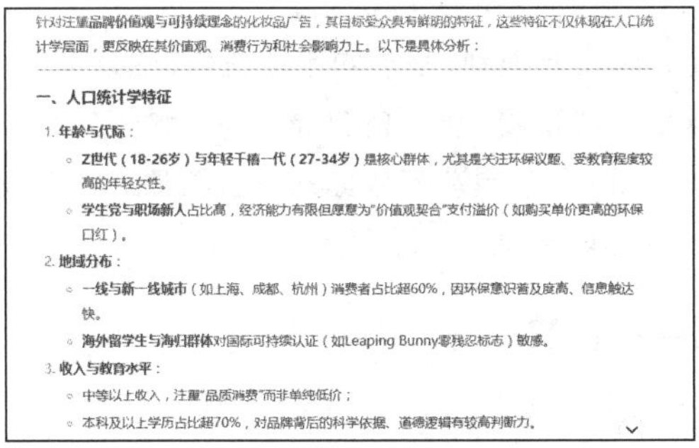
针对注重品牌价值观与可持续理念的化妆品广告，其目标受众具有鲜明的特征，这些特征不仅体现在人口统计学层面，更反映在其价值观、消费行为和社会影响力上。以下是具体分析：

一、人口统计学特征

1. **年龄与代际**：
   - **Z世代（18-26岁）与年轻千禧一代（27-34岁）**是核心群体，尤其是关注环保议题、受教育程度较高的年轻女性。
   - **学生党与职场新人**占比高，经济能力有限但愿意为“价值观契合”支付溢价（如购买单价更高的环保口红）。
2. **地域分布**：
   - **一线与新一线城市**（如上海、成都、杭州）消费者占比超60%，因环保意识普及度高、信息触达快。
   - **海外留学生与海归群体**对国际可持续认证（如Leaping Bunny零残忍标志）敏感。
3. **收入与教育水平**：
   - 中等以上收入，注重“品质消费”而非单纯低价；
   - 本科及以上学历占比超70%，对品牌背后的科学依据、道德逻辑有较高判断力。

图 7-12　DeepSeek 分析得出的目标受众及特征

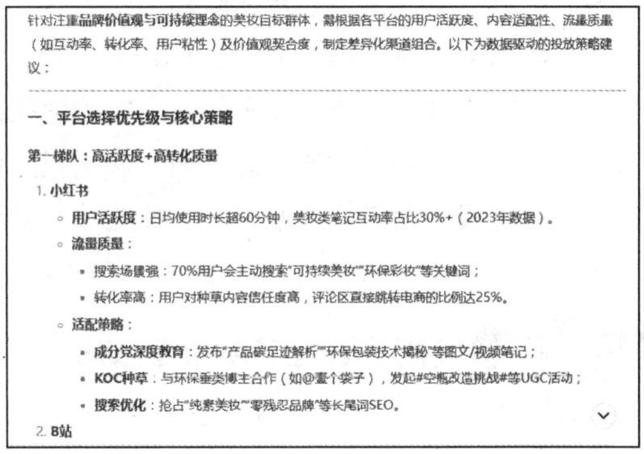
针对注重品牌价值观与可持续理念的美妆目标群体，需根据各平台的用户活跃度、内容适配性、流量质量（如互动率、转化率、用户粘性）及价值观契合度，制定差异化渠道组合。以下为数据驱动的投放策略建议：

一、平台选择优先级与核心策略

第一梯队：高活跃度+高转化质量

1. **小红书**
   - **用户活跃度**：日均使用时长超60分钟，美妆类笔记互动率占比30%+（2023年数据）。
   - **流量质量**：
     - 搜索场景强：70%用户会主动搜索“可持续美妆”“环保彩妆”等关键词；
     - 转化率高：用户对种草内容信任度高，评论区直接跳转电商的比例达25%。
   - **适配策略**：
     - **成分党深度教育**：发布“产品碳足迹解析”“环保包装技术揭秘”等图文/视频笔记；
     - **KOC种草**：与环保垂类博主合作（如@壹个袋子），发起#空瓶改造挑战#等UGC活动；
     - **搜索优化**：抢占“纯素美妆”“零残忍品牌”等长尾词SEO。
2. **B站**

图 7-13　DeepSeek 生成的差异化广告投放策略

除了平台选择优先级与核心策略外，还有渠道组合分配建议，如图 7-14 所示。

（4）确定最佳投放时间

选择好投放渠道后，还要确定广告的最佳投放时间。输入提示词“**请针对此目标群体的上行网行为等特征，确定网络广告的最佳投放时间**”。DeepSeek 经过深度思考，结合社交媒体平台用户活跃度数据及目标人群的作息规律，分平台制定出广告最佳投放时间建议，如

图 7-15 所示（部分内容）。

二、渠道组合分配建议（以预算100%为基准）

平台	预算占比	核心目标	关键指标追踪
小红书	35%	搜索占位+深度种草	笔记收藏率、关键词排名变化
B站	20%	价值观共鸣+品牌信任建立	视频完播率、弹幕互动量
抖音	25%	爆款内容测试+泛人群触达	挑战赛参与量、GPM（千次播放成交额）
微信	15%	私域留存+高净值用户复购	社群活跃度、小程序复购率
微博	5%	事件营销声量引爆	热搜停留时长、话题阅读增量

图 7-14　DeepSeek 提供的投放渠道组合分配建议

二、分平台最佳投放时间建议

1. 小红书：深度种草与搜索场景

- **黄金时段**：
  - **工作日**：12:00—14:00（午休）、20:00—22:00（晚间深度浏览）；
  - **周末**：10:00—12:00（早起护肤时段）、15:00—17:00（下午茶时间）。
- **策略**：
  - 提前1小时发布笔记（如11:00发布午间内容），抢占信息流前排；
  - 地球日/世界海洋周期间，全天候推送"环保礼盒"内容。

2. 抖音：爆款内容与挑战赛

- **黄金时段**：
  - **工作日**：7:30—9:00（早高峰）、18:30—20:30（晚高峰通勤）、21:00—23:00（睡前娱乐）；
  - **周末**：14:00—16:00（午后休闲）、20:00—22:00（家庭观影时段）。
- **策略**：
  - 挑战赛内容在周五18:00启动，利用周末扩散；

图 7-15　DeepSeek 提供的分平台最佳投放时间建议

最后结合实际情况，对这些内容进行整理与优化，即可撰写出完整的网络广告投放方案。

二、使用 AIGC 工具生成与优化网络广告创意

广告创意可以说是广告的灵魂，是吸引受众目光、触动其心弦的核心要素。AIGC 工具凭借先进的技术，能够深度介入广告创意环节。一方面，AIGC 工具能快速生成多样化的创意素材，涵盖文案、图像、视频等多种形式，为广告创意提供丰富的选择；另一方面，AIGC 工具通过对广告投放后的数据进行监测与分析，能够精准洞察受众反馈，依据数据结果对创意进行针对性优化，提升创意的吸引力与传播效果。

1. 高效生成多元创意

在广告创作流程中，创意构思是极具挑战性且对广告成效起决定性作用的关键环节。在传统广告创作模式下，创意团队需要投入大量的时间与精力。而当下，AIGC 工具凭借对海量数据的深度挖掘分析能力，为广告的创意构思带来了全新的变革。

AIGC 工具能够突破传统创意生成的思维定式与资源限制，基于对市场趋势、受众偏好、行业动态等多维度数据的智能解析，快速且持续地生成新颖、多元的创意灵感，涵盖文案表述、视觉呈现、情节设计等广告创意的核心要素。AIGC 工具能有效提升广告创意的产出效率与创新水平，让营销者的网络广告在竞争激烈的市场环境中脱颖而出。

AI 营销：使用 DeepSeek 辅助撰写网络广告文案

DeepSeek 可以辅助营销者撰写网络广告文案，方法如下。

（1）输入提示词生成文案

打开 DeepSeek，选择“深度思考（R1）”模式，按照“身份+任务+要求”的格式设置提示词，在对话框中输入“**我是一位美妆行业的网络营销者，请针对某品牌防晒霜，从成分安全与功效透明化方面入手，生成广告宣传文案，目标受众为 20~30 岁的年轻女性，要求能够戳中用户痛点，吸引用户的注意**”，然后单击生成按钮⬆，如图 7-16 所示。

DeepSeek 经过深度思考后生成广告文案，如图 7-17 所示。

| 图 7-16 输入提示词 | 图 7-17 DeepSeek 生成的防晒霜广告文案 |

（2）文案优化

营销者还可以对生成的文案进行优化，在 DeepSeek 对话框中输入提示词"请对上述文案进行优化，能够最大程度地激发目标受众的购买欲望"。DeepSeek 经过深度思考后，对广告文案进行优化，如图 7-18 所示。

图 7-18 使用 DeepSeek 优化广告文案

2. 智能优化创意表现

优质的广告创意并非诞生即完美，广告投放后的持续优化对于维持其传播效力、达成营销目标非常关键。AIGC 工具凭借其强大的实时数据监测及智能分析功能，能深度参与广告创意的全生命周期管理。

在广告投放过程中，AIGC 工具能紧密追踪受众对广告创意的反馈数据，涵盖点击率、转化率、停留时间、互动频次等关键指标。通过对这些数据的深度挖掘与多维度分析，AIGC 工具能够敏锐洞察广告创意在实际传播中存在的问题，如受众对特定元素关注度低、创意信息传递模糊、与目标受众偏好存在偏差等。

基于精准的问题诊断，AIGC 工具运用算法模型与策略框架，能迅速制定针对性的优化方案，从文案调整、视觉元素优化、呈现形式创新等方面入手，推动广告创意不断迭代升级，确保其在复杂多变的网络环境中始终保持强劲的吸引力与影响力，持续高效地服务于品牌营销战略。

三、使用 AIGC 工具制作与优化网络广告

借助 AIGC 工具，营销者能够将原本烦琐、复杂的网络广告制作任务变得高效、智能，还能通过持续优化，确保广告完美契合受众需求，发挥出最大的效能。

1. 简化广告制作流程

借助 AIGC 工具，营销者能够大大简化网络广告的制作流程，大幅提高广告制作效率。

从广告素材的收集、整理，到广告的组合、排版，借助 AIGC 工具都能高效完成。

在素材收集阶段，AIGC 工具能根据广告商的需求，自动从品牌素材库、网络资源等渠道搜索合适的图片、视频、音频等素材，并进行筛选与整理。还可以对 AIGC 工具提出具体的要求，使其生成符合条件的图片、视频或音频素材。

例如，使用豆包生成图片，在对话框中输入提示词"我是一位网络营销者，要制作一则汽车广告，请帮我筛选出符合高端电动车型特点的高清图片"。生成图片后，还可以对其进行不断优化，如选择图片比例、风格，丰富图片背景等，如图 7-19 所示。

图 7-19　使用豆包筛选并优化图片

在广告组合与排版环节，AIGC 工具根据预设的广告模板和设计规则，能够自动对各类素材进行组合和排版。它能根据广告尺寸、投放平台要求等，智能调整素材的大小、位置、比例等，确保广告在不同平台上都能呈现出最佳的视觉效果。例如，为社交媒体平台制作信息流广告时，AIGC 工具会根据平台规定的尺寸，自动对产品图片、文案、行动号召按钮等元素进行合理排版，生成美观且符合平台风格的广告。

2. 实时优化广告效果

AIGC 工具能够借助实时数据反馈，密切关注广告投放效果，一旦发现效果出现波动，能够迅速做出反应，精准调整广告策略，确保广告在整个投放周期内持续高效运行，为营销目标的达成保驾护航。

在广告投放过程中，AIGC 工具会根据广告投放平台反馈的实时数据，如曝光量、点击率、转化率等，及时发现广告存在的问题，并迅速进行优化调整。

若发现广告在某个地区的点击率远低于平均水平，AIGC 工具会分析该地区受众的特点、投放环境等因素，自动调整广告投放策略，如更换更适合该地区受众的广告创意素材，调整投放时间或出价策略，以提升广告在该地区的吸引力和竞争力。

同时，AIGC 工具还能根据实时数据动态调整广告预算分配。例如，AIGC 工具发现某个投放渠道的转化率较高，会自动将更多预算分配到该渠道，以获取更多优质流量，提升整体广告效果。通过这种实时优化机制，能够确保网络广告在整个投放周期内始终保持最佳表现，从而实现广告营销价值的最大化。

任务实施：使用 AIGC 工具制作推广阿克苏红枣的抖音信息流广告

1. 任务目标

本任务的目的是使用 AIGC 工具制作产品类信息流广告，通过使用 DeepSeek 撰写抖音广告文案、即梦 AI 生成视觉素材，以及剪映创作短视频，完成以"推广阿克苏红枣"为主题的抖音信息流广告创作。

2. 实施步骤

（1）前期准备

资料收集：收集阿克苏红枣的产品信息、产地特色、营养价值等资料；收集抖音平台上类似农产品的广告案例，分析其成功要素。

工具准备：准备 AIGC 工具，如文案工具 DeepSeek、图片生成工具即梦 AI、视频编辑工具剪映等。

（2）市场调研

使用 AIGC 工具分析抖音平台上农产品的市场动态和用户需求。通过问卷调查、评论分析等方式收集用户对阿克苏红枣的反馈和建议。

利用 AIGC 工具生成目标用户画像，包括年龄、性别、地域、消费习惯、兴趣爱好等。讨论如何根据用户画像制定个性化的广告策略。

（3）生成创意内容

文案创作：使用 DeepSeek 生成广告文案，突出阿克苏红枣的核心价值和独特卖点，如"新疆特产，天然甜润"。根据抖音用户的语言风格和偏好，调整文案的语气和表达方式。

视觉设计：借助即梦 AI 生成阿克苏红枣的视觉素材，如高清图片、短视频片段等。结合品牌元素（如新疆风情、红枣采摘场景等），设计吸引人的广告封面和视频内容。

创意脚本：使用 DeepSeek 生成创意脚本，规划广告视频的结构和内容，包括开场、主体、结尾等部分。确保脚本内容符合抖音用户的观看习惯，具有较强的吸引力和互动性。

（4）广告制作与优化

视频制作：使用剪映将生成的视觉素材和文案整合成完整的广告视频。添加背景音乐、特效等元素，提升视频的吸引力和感染力。

初步测试：在小范围内测试广告视频，收集反馈意见，评估广告的吸引力和用户参与度。根据反馈意见，对广告内容进行优化调整。

（5）广告投放与效果监测

投放策略制定：根据用户画像和市场调研结果制定广告投放策略，选择合适的投放时间和目标受众。确定投放预算，合理分配广告费用。

正式投放：在抖音平台上正式投放广告，实时监测广告效果。使用数据分析工具记录广告的曝光量、点击率、转化率等关键指标。

效果评估与优化：根据监测数据评估广告效果，分析成功和不足之处。提出优化建议，调整广告内容和投放策略，进行二次投放并再次评估效果。

（6）项目总结与汇报

小组汇报：每个小组撰写详细的项目报告，包括市场调研、创意设计、广告制作、投放效果等内容。进行小组汇报，展示项目成果，分享经验和心得。教师对每个小组的项目报告和汇报进行点评，指出优点和不足，提供改进建议。

任务小结

本任务深入探究了 AIGC 在赋能网络广告营销中的应用，阐释了 AIGC 工具在撰写广告投放方案、创意生成，以及广告制作与优化过程中的关键作用。AIGC 有效提升了内容创作的效率，以及广告投放的精准度与营销效果，为企业带来了更高效、更具竞争力的营销解决方案，帮助企业实现更高的投资回报率。

综合实训：使用 AIGC 工具撰写某品牌手机网络广告投放方案

一、实训目标

本次实训旨在系统学习网络广告投放方案的组成要素和撰写规范，包括市场分析、投放策略制定、预算分配、效果监测等核心内容；全面掌握 AIGC 工具在网络广告投放方案撰写中的应用，明晰使 AIGC 工具与传统方案撰写方式的差异。同时，培养创新思维，强化数据思维与职业素养。

二、实训思路

（1）明确品牌与需求

确定实训所针对的某品牌（以 OPPO 手机品牌为例），深入了解其产品特点、核心卖点、市场定位和近期营销目标，明确广告投放方案需要解决的核心问题和预期达到的效果。

（2）使用 AIGC 工具进行市场分析

设计详细的提示词，如"我要为 OPPO 手机撰写网络营销广告投放方案，需要分析当前手机市场竞争情况、目标受众需求特点，请提供全面的市场分析内容，包括市场规模、主要竞争对手策略、目标受众年龄、性别、消费习惯、兴趣爱好等方面"，将提示词输入 AIGC 工具，获取市场分析相关内容，并对其进行整理和补充完善。

（3）运用 AIGC 工具制定投放策略

根据市场分析结果和品牌需求，再次设计提示词，例如"基于前面的市场分析，为 OPPO 手机制定网络广告投放策略，涵盖投放渠道选择（如社交媒体平台、搜索引擎、短视频平台等）、广告形式（如信息流广告、搜索广告、视频广告等）、投放时间安排、目标受众定位等内容，要求广告投放策略具有针对性和可操作性"，利用 AIGC 工具生成广告投放策略，结合实际情况进行调整与优化。

（4）借助 AIGC 工具规划预算与效果监测

设计提示词"为 OPPO 手机网络广告投放制定预算分配方案，预估各渠道投放费用，并设计广告效果监测指标和评估方法，包括曝光量、点击率、转化率、投资回报率等"，将其输入 AIGC 工具，生成预算规划和效果监测相关内容，确保预算合理、监测指标全面。

（5）方案整合与优化

将 AIGC 工具生成的市场分析、投放策略、预算规划和效果监测等内容进行整合，形成完整的广告投放方案初稿。然后，结合实际案例和行业经验，对方案进行全面审查和优化，提升方案质量。

三、实训总结与反思

各组撰写实训报告，总结在实训过程中的收获，包括对 AIGC 工具功能的新认识、方案撰写效率和质量的提升等；记录实训过程中遇到的困难，如提示词设计难以精准引导 AIGC 工具生成理想内容等，并详细阐述解决策略。

各组进行最终的总结汇报，展示完成的广告投放方案成果，分享团队在分工协作、沟通协调方面的经验，探讨 AIGC 工具在网络广告投放方案撰写中的优势与局限性，以及未来发展趋势和改进方向。

四、实训评估

方案完整性与规范性：评估广告投放方案是否包含市场分析、投放策略、预算规划、效果监测等核心内容，格式是否符合行业规范，逻辑结构是否清晰，语言表达是否准确、流畅。

AIGC 工具运用能力：考察对 AIGC 工具的操作熟练程度，包括提示词设计的合理性、准确性，能否有效引导 AIGC 工具生成有价值的内容，以及对 AIGC 工具生成内容的筛选、整合和优化能力。

方案可行性与创新性：评估广告投放方案是否具有针对性和可操作性，预算分配是否合理，效果监测指标和方法是否科学。同时，考量方案在投放渠道选择、广告形式创新等方面是否具有创新性。

总结反思深度：根据撰写的实训报告和总结汇报内容，评估其对实训过程的反思深度，是否能够客观分析自身不足，提出切实可行的改进措施，以及对 AIGC 在网络营销领域应用的思考是否具有前瞻性。

思考题

1. 在网络广告营销中，网络广告创意的设计技巧有哪些？
2. 如何使用 AIGC 工具制作与优化网络广告？
3. 假设你是一位网络营销者，需要为某旅游景点制作网络营销广告，请借助 AIGC 工具设计广告创意并创作广告素材。

PART 08

项目八
AIGC + 网络营销策划与应用

学习目标

知识目标

➢ 了解网络营销策划的基本流程。

➢ 掌握使用 AIGC 工具撰写网络营销策划书的方法。

➢ 了解品牌推广、新品营销和公益活动营销的实施要点。

➢ 掌握 AIGC 辅助品牌推广策划、新品推广策划和公益活动策划的方法。

能力目标

➢ 能够使用 AIGC 工具撰写网络营销策划书。

➢ 能够借助 AIGC 工具进行品牌推广策划和新品推广策划。

➢ 能够借助 AIGC 工具进行公益活动策划。

素养目标

➢ 培养社会责任感，积极投身公益事业，为推进社会和谐进步贡献力量。

➢ 树立明确的目标意识，通过科学、合理的规划确定正确的努力方向。

项目导图

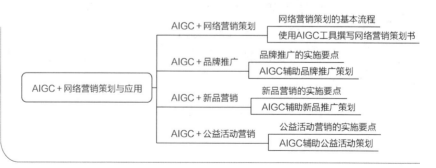

案例导入

中花菜籽油：AIGC 驱动下重塑品牌传奇

在竞争激烈的食用油市场中，传统品牌如何突破发展瓶颈，实现从区域品牌向全国性品牌的跨越，是众多传统企业面临的重要课题。2024 年，湖北荆门拥有 50 年历史的中花菜籽油品牌，借助 AIGC 技术开启了一场全方位的品牌重塑之旅，实现华丽转身。

中花菜籽油在过去的发展历程中，凭借优质产品在荆门及周边地区积累了良好的口碑，但随着市场环境的变化和竞争的加剧，品牌发展逐渐陷入瓶颈。为了打破这一局面，中花菜籽油决定围绕"淳"字实施品牌重塑策略，而 AIGC 技术成为这场变革的关键助力。

在品牌策略制定阶段，语言类 AIGC 工具发挥了重要作用。通过对海量市场数据的深度分析，AIGC 不仅能够快速提取消费者对食用油产品的核心需求和偏好，还能精准挖掘中花菜籽油的独特价值点。以往需要市场调研团队花费一周时间完成的策略梳理工作，在 AIGC 的帮助下缩短至 3 天，大大提高了工作效率。

案例导入

同时，AIGC 工具还能根据不同的营销场景和目标受众快速生成多样化的创意文案。从产品包装上的宣传语到社交媒体上的推广文案，创意文案的产出数量提升了 5 倍，为品牌传播提供了丰富的素材。

在品牌视觉形象塑造方面，图像类 AIGC 工具展现出强大的创造力。基于"淳"字的内涵，AIGC 工具设计出上百个品牌符号方案，涵盖了传统元素与现代设计风格的融合。经过筛选和优化，最终确定了极具辨识度的品牌标识，将"淳"的理念以直观的视觉形式呈现给消费者，如图 8-1 所示。

此外，AIGC 工具还开发出"淳厚农民"IP 形象（见图 8-2），通过一系列生动有趣的创意海报，讲述中花菜籽油从原料种植到生产加工的全过程，传递出品牌对品质的坚守和对消费者的承诺。这些海报在社交媒体上广泛传播，引发了消费者的共鸣。

图 8-1　中花菜籽油品牌标识

图 8-2　"淳厚农民"IP 形象

为了给消费者带来全方位的品牌体验，中花菜籽油还尝试运用音乐类 AIGC 工具和视频类 AIGC 工具助力。音乐类 AIGC 工具根据品牌调性和目标受众的喜好创作了专属的品牌音乐，旋律轻松愉悦，歌词朗朗上口，使消费者在听到音乐的瞬间就能联想到中花菜籽油。视频类 AIGC 工具则批量生产品牌故事和社媒互动素材库，从产品的历史传承到生产工艺的展示，从消费者的真实反馈到健康饮食的科普，丰富多样的视频内容在各大视频平台和社交媒体上广泛传播，进一步提升了品牌的知名度和影响力。

从社交媒体上的话题营销到线下门店的场景化展示，中花菜籽油在所有触点都传递着"淳"的品牌文化。在线上，通过 AIGC 工具生成的个性化内容与消费者进行互动，引发消费者的参与和分享；在线下，门店的装修风格、产品陈列等都围绕"淳"字进行设计，营造出温馨、自然的消费氛围。

这场基于 AIGC 技术的品牌重塑取得了显著成效。项目周期从原本的 3 个月大幅缩短到一个月，方案迭代速度从 3 天一次提升到当日多轮，极大地提高了项目推进效率。创意产出数量提升了 5 倍，维度扩展了 3 倍，品牌传播内容更加丰富多样。在市场层面，品牌识别度迅速提升，品牌声量大幅放大，成功实现了从地方品牌向全国性健康品牌的过渡。

如今，中花菜籽油不仅在全国各大商超的货架上占据一席之地，还赢得了越来越多消费者的认可和喜爱，成为食用油市场上的一匹"黑马"。中花菜籽油的成功转型案例为传统品牌借助 AIGC 技术实现转型升级提供了宝贵的经验。

启发思考

从区域市场到全国市场的跨越中，AIGC 营销内容如何兼顾不同地域消费者的文化差异与消费习惯？

任务一 AIGC + 网络营销策划

知识储备

随着人工智能的发展，营销者需要熟练运用 AIGC 工具开展网络营销策划工作。通过深度挖掘海量数据的价值，精准预测市场趋势与消费者需求，进而生成创新的营销策略与内容，为品牌打造差异化竞争优势，从而最大程度地提升网络营销效果。

一、网络营销策划的基本流程

网络营销策划是一个系统性的工程，其基本流程包括市场调研、明确营销目标、制定营销策略、创意与内容创作、执行与数据监控、效果评估等环节。

1. 市场调研

在开展网络营销策划之前，深入的市场调研与分析是必不可少的。通过对目标受众、竞争对手及行业趋势的全面剖析，营销者能够精准把握市场动态，为后续营销策略的制定提供坚实的数据支持和理论依据。

（1）目标受众分析

深入了解目标受众是网络营销策划的关键，只有对其进行深入剖析，精准掌握用户的多维度特征，营销举措才能有的放矢。营销者需要从多渠道收集用户数据，涵盖年龄、性别、地域、消费习惯、兴趣爱好等，分析并了解目标受众在网络上的行为习惯，如常用的社交媒体平台、浏览的网站类型、搜索关键词的习惯等，以便精准定位。

（2）竞争对手研究

剖析竞争对手能够为企业提供差异化竞争思路。营销者需要重点分析对手的网络营销策略、产品特性、价格策略、促销活动、渠道布局等，找出自身优势与劣势，以及竞争对手的薄弱之处，以便制定差异化的营销方案。以手机行业为例，对比不同品牌手机在配置、价格、营销卖点上的差异，学习对手的优势，挖掘自身竞争空间，为营销策划提供参考。

（3）行业趋势洞察

行业动态的更迭、技术革新的浪潮以及政策法规的调整，都会深刻影响企业的营销走向。营销者要时刻关注行业发展趋势，具备敏锐的洞察力，保持对网络营销策划的前瞻性与适应性。例如，随着 5G 技术的普及，相关智能设备市场迎来了机遇，企业可据此调整产品研发与营销方向，提前布局，抢占市场先机。

2. 明确营销目标

基于市场调研的成果，明确且合理的营销目标是策划网络营销活动的关键。网络营销目标不仅要贴合企业整体战略方向，还要具备可衡量性与时效性。常见的营销目标有提升品牌知名度，设定在特定时段内使品牌搜索量增长一定比例；或者是提高产品销量，规定某产品在计划周期内的销售额度提升目标。

营销者在制定营销目标时，需要遵循 SMART 原则，即明确性（Specific）、可衡量性（Measurable）、可实现性（Attainable）、相关性（Relevant）和时效性（Time-bound），确保营销目标具有方向性和可操作性，为整个营销策划奠定清晰的行动指南。

3. 制定营销策略

明确营销目标后，营销者需要制定切实可行的营销策略，主要涵盖品牌定位、产品策略、价格策略、渠道策略、促销策略等（见表 8-1），这些营销策略直接影响着营销活动的成效。

表 8-1 网络营销策略类型

营销策略	说明	应对措施
品牌定位	明确品牌的核心价值和独特卖点，确定品牌在市场中的定位	品牌定位要与目标受众的需求和偏好相匹配
产品策略	开发新产品或改进现有产品，以满足目标受众的需求	根据市场需求和竞争状况优化产品特性，提升产品竞争力
价格策略	合理选择定位策略，如渗透定价与撇脂定价等，能够帮助企业在不同的市场阶段实现不同的营销目标	产品定价时，不仅要考虑企业的成本与利润目标，还需兼顾市场需求以及竞争对手的价格态势
渠道策略	选择合适的营销渠道，如社交媒体、搜索引擎、内容平台等	根据目标受众的媒体使用习惯，确定主要的营销渠道组合
促销策略	运用限时折扣、满减优惠、送赠品、抽奖等多样化的促销方式，吸引目标受众的关注，刺激其产生购买行为	根据品牌与产品特点，以及用户需求制定促销策略

4. 创意与内容创作

在竞争激烈的网络营销环境中，独特的创意与优质的内容能够牢牢吸引住目标受众的目光，实现品牌价值的传递。品牌故事的塑造与内容创作规划相辅相成，营销者通过创作富有创意、贴合受众喜好的内容，能够加深品牌与消费者之间的情感连接，提升品牌影响力。

品牌故事往往承载着品牌的价值观和文化内涵。一个生动且富有感染力的品牌故事，能够引发消费者的情感共鸣，让品牌在消费者心中留下深刻印象。例如，李宁运动品牌在 2024 年发布了《以我为名》品牌精神宣言短片，创始人李宁出镜，讲述了运动员们的故事，短片诠释了"一切皆有可能"的品牌主张，传递了运动的深层意义，彰显了个体探寻自我的力量，提升了品牌的美誉度。

随着互联网技术的飞速发展，内容创作形式愈发丰富多样。营销者需要根据品牌定位和营销策略，创作有吸引力的营销内容，如文章、视频、图片、海报等。创作的内容要具有相关性、价值性和趣味性，能够吸引目标受众的关注并引发共鸣。

5. 执行与数据监控

制定好营销策略，完成内容创作后，便进入到执行与数据监控阶段。科学、合理的执行计划能够确保营销活动有序推进，而有效的数据监控则能帮助营销者及时发现问题、调整策略，保障营销目标的顺利达成。

执行计划是将营销策划转化为实际行动的具体指南。通过将复杂的营销活动细化为一个个具体任务，明确每个任务的责任人、时间节点及执行标准，能够使整个团队协同高效作业。以社交媒体推广计划为例，详细规定每周发布内容的主题、发布时间，并指定专人负责执行，确保推广工作有条不紊地进行。因此，制订详尽且可操作的执行计划是营销活动成功实施的基础。

策划方案的落地执行是实现营销目标的关键步骤，而有效的监控机制则是确保执行过程顺利进行的重要保障。营销者通过合理的任务分解、资源分配，以及实时监控与调整，能够有效提升营销活动的执行效率与效果。

营销者可以运用数据分析工具实时监测网络营销活动效果，关注重要数据指标，如网站流量、转化率、销售额等。如果发现某一渠道引流效果不佳，需要及时调整策略，优化执行方案。

6. 效果评估与总结

有些网络营销活动是长期的，营销者需要持续运营，并定期对营销效果进行评估，根据评估结果及时调整营销策略和计划，以实现最终营销目标。网络营销活动结束后，还要全面、客观地进行效果分析。通过对活动效果的量化分析与经验总结，能够为未来的营销活动提供宝贵的经验借鉴，持续提升营销策划的质量与效果。

课堂讨论

请分享近期知名品牌的一些网络营销活动案例，分析其促销策略是如何结合品牌定位和目标受众需求设计的？如果让你为同类型产品重新设计促销策略，你会做出哪些调整？

二、使用 AIGC 工具撰写网络营销策划书

随着人工智能技术的飞速发展，AIGC 工具在网络营销策划中的应用日益广泛，为网络营销者带来了诸多便利，极大地提升了他们撰写网络营销策划书的效率与质量。AIGC 工具凭借其强大的数据分析、创意生成及实时优化能力，正在革新着网络营销策划的流程与方法。

借助 AIGC 工具，营销者能够高效创作网络营销策划书。首先，在明确需求时，利用 AIGC 工具分析市场数据，精准洞察目标。在搭建框架阶段，借助其智能规划功能，构建清晰、合理的架构。在内容填充环节，依靠 AIGC 工具生成丰富、贴合需求的文案。最后，凭借 AIGC 工具提出的优化建议完善策划书，提升专业性与实用性。

利用 AIGC 工具撰写网络营销策划书的流程与方法如下。

1. 明确需求与框架搭建

运用 AIGC 工具撰写网络营销策划书时，首要步骤是明确营销活动的需求。营销者需要精准定位推广产品、目标受众、营销目标等关键信息。以此为基础，借助 AIGC 文本生成工具（如 DeepSeek、豆包、文心一言等），输入详细的指令，快速获取涵盖市场分析、策略制定、执行计划等主要板块的策划书框架。该框架能为后续的内容撰写搭建坚实的结构基础，确保策划书逻辑清晰、条理分明。

2. 内容填充与优化

在框架搭建完成后，进入内容填充与优化阶段。此阶段要充分发挥各类 AIGC 工具的优势，从不同维度为策划书注入丰富且高质量的内容。通过数据驱动的分析与创意生成，结合文本、图像等多元形式，使策划书的内容既有深度又具吸引力。

营销者可以借助可灵 AI、即梦 AI、Midjourney 等工具生成图片、视频等网络营销活动中所需要的视觉元素，如生成产品宣传图、活动海报等视觉素材，为策划书增添直观的视觉吸引力与强大的说服力，使策划内容更生动形象地展现在受众面前。

3. 人工审核与完善

尽管 AIGC 工具具有强大的生成能力，但人工审核与完善环节不可或缺。初步完成策划书撰写后，营销者需要秉持严谨的态度，对 AIGC 工具生成的内容进行全面审核。从数据准确性到策略合理性，从内容连贯性到语言规范性，都要逐一排查。对于不符合企业实际情况或逻辑存在瑕疵的部分，需要手动进行修改与完善，确保策划书能够切实指导网络营销实践。

课堂讨论

使用 AIGC 工具生成营销内容虽然高效，但可能缺乏情感共鸣。结合实际案例，讨论如何在利用 AIGC 工具的基础上，为营销内容注入人文关怀和品牌温度？

AI 营销：使用 DeepSeek 撰写网络营销策划书

某企业新创立的服装品牌想快速打开市场，提升品牌知名度，可以借助 DeepSeek 来撰写网络营销策划书，方法如下。

（1）输入提示词

打开 DeepSeek，按照"身份＋背景＋任务（要求）"的格式拟定提示词，在对话框中输入"我是一位网络营销者，需要为一家新的服装品牌做网络营销推广，网络营销目标是在未来3 个月内将品牌在目标市场的知名度提升30%，需要通过社交媒体广告和内容营销吸引潜在目标受众，请为我策划一份网络营销策划书。"选择"深度思考（R1）"＋"联网搜索"选项，然后单击"发送"按钮，如图 8-3 所示。

图 8-3　在 DeepSeek 对话框中输入提示词

此时，DeepSeek 会生成网络营销策划书的内容框架，包括市场分析与目标人群定位、核心营销策略、执行计划与预算分配、预期效果与监测指标、风险与应对、预算概算等项目，如图 8-4 所示（只截取部分内容）。

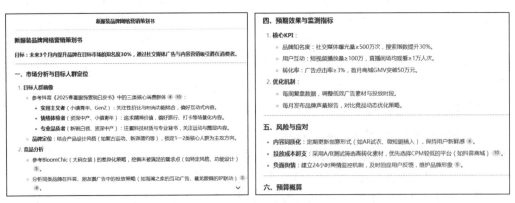

图 8-4 DeepSeek 生成的网络营销策划书内容框架

（2）内容填充与优化

营销者可以根据自身实际情况，对生成的策划书进行内容填充与优化，如根据品牌定位精准定位目标受众。在 DeepSeek 对话框中输入"策划书中的服装品牌定位为新中式复古风，将传统经典元素与现代设计相结合，以独特的形式表达当代女性的自信，品牌设计理念强调年轻人的个性与自我表达，目标受众主要是具有较高的审美能力和认知水平，热爱生活、热爱时尚，追求品质生活的年轻用户群体，请对上述策划书中的市场分析与人群定位进行优化，精准定位目标消费群体。"然后单击"发送"按钮⬆。

此时，DeepSeek 会对市场分析和目标人群定位进行内容丰富与优化，尤其是目标人群精准定位，包括核心人群画像、用户需求与行为特征等详细信息，如图 8-5 所示。

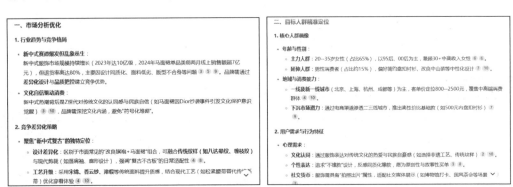

图 8-5 DeepSeek 优化网络营销策划书内容

营销者还可将其他 AIGC 工具制作的视觉素材（如产品宣传图、活动海报等）填充到策划书中，为策划书增添直观的视觉吸引力与强大的说服力，使策划内容更生动、更形象地展现在受众面前。

最后，营销者需要对 AIGC 工具生成的内容认真审核，严格把关，确保逻辑清晰、语言规范、数据准确、结构完整、符合要求。

任务实施：利用 AIGC 工具撰写"轻上"网络营销策划书

"轻上"是一款专注"轻生活饮料"的品牌，秉持着"轻上只做 0 添加蔗糖、0 添加香精、0 添加色素、0 添加防腐剂的产品"理念。品牌旨在采用天然原料，为消费者呈上天然、营养、健康，能减轻身体负担的产品，助力"点亮轻生活"。

1. 任务目标

通过实施本任务，让同学们能够熟练运用 AIGC 工具完成"轻上"网络营销策划书的撰写工作。通过借助 AIGC 工具精准定位目标受众群体，制定针对性的营销策略，最终实现提升品牌影响力与产品销量的目标。

2. 实施步骤

（1）前期准备

收集"轻上"品牌产品信息、销售数据等资料，运用 AIGC 工具调研饮料行业市场动态与竞争格局，确定文案生成、数据分析、创意设计等适用的 AIGC 工具并熟悉操作。

（2）数据深度分析

利用数据分析类 AIGC 工具挖掘"轻上"用户数据，绘制用户画像；分析竞品营销策略，明确"轻上"的优劣势；借助 AIGC 工具预测行业趋势，为营销指明方向。

（3）创意内容生成

使用文案生成工具，围绕"轻上"的核心价值生成宣传文案；借助创意设计工具，结合品牌元素生成视觉素材；通过 AIGC 工具，依据市场热点生成具有创新性的营销活动方案，提升用户参与度。

（4）撰写营销策划书

整合 AIGC 工具生成的分析结果与创意内容，结合"轻上"实际情况确定营销目标和策略等；按搭建策划书的内容框架，运用 AIGC 工具优化语言与逻辑；审核完善内容，确保策划书的质量。

（5）方案实施与监控

依照策划书执行网络营销活动，运用 AIGC 工具实时监控曝光量、转化率等数据，并根据数据反馈及时调整营销策略与内容。

（6）总结与优化

总结 AIGC 工具应用经验，提升 AIGC 工具运用能力，探索更多应用场景；根据经验和市场变化优化营销策划书，定期更新 AIGC 工具使用策略。

任务小结

本任务的重点是探索 AIGC 工具在网络营销策划中的应用。先梳理网络营销策划的基本流程，涵盖市场调研、明确营销目标、制定营销策略等内容；再将 AIGC 工具融入各环节，用于数据挖掘、创意生成、文案优化，辅助完成网络营销策划书的撰写。AIGC 与传统策划的结合提升了策划效率与精准度，为营销创新提供思路，帮助营销者掌握新方法，适应网络营销环境的变化，推动品牌与销量的提升。

任务二　AIGC＋品牌推广

知识储备

　　随着数字化时代的到来，品牌推广不再仅仅是将产品信息传递给消费者的过程，而是一种深度的、全方位的与消费者建立情感连接和价值共鸣的策略。营销者需要熟练掌握运用 AIGC 工具进行品牌推广的能力，通过 AIGC 工具快速处理和分析大量数据，生成创意内容，优化推广策略，从而为品牌打造差异化竞争优势，实现品牌形象塑造与推广的目标。

一、品牌推广的实施要点

　　品牌推广是将品牌信息传递给目标受众，提升品牌知名度、美誉度和忠诚度的过程。营销者只有精准把握品牌定位与目标受众，整合多渠道资源，打造优质内容，并持续监测优化推广效果，才能让品牌深入人心。

1. 明确品牌定位

　　品牌定位是品牌推广的基石，企业需要精准界定品牌的核心价值、独特卖点，以及在市场中的差异化竞争优势。通过市场调研、数据分析等方式，深入了解目标受众的年龄、性别、消费习惯、兴趣爱好等特征，确保品牌推广方向准确无误，让推广内容能精准触达目标受众，引发共鸣。

　　例如，完美日记精准锁定 18~25 岁追求时尚、消费力有限的年轻学生与职场新人。针对此类目标受众，提炼"平价美妆，打造精致日常"的核心价值，推出潮流彩妆。它以简约的包装结合社交媒体素人测评、教程分享，塑造"轻松变美"形象，精准触达目标群体，快速打开市场。

　　此阶段，营销者首先要精准定位目标受众，针对目标受众提炼品牌核心价值，然后进一步塑造品牌立体形象，提升消费者对品牌的认知与辨识度，具体步骤如图 8-6 所示。

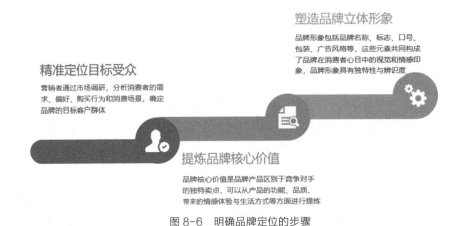

图 8-6　明确品牌定位的步骤

2. 制定推广策略

　　当确定品牌定位后，如何将品牌的魅力与价值传递给目标受众，就需要一套行之有效的推广策略。从选择契合受众的推广渠道，到精心设计有吸引力的内容，再到合理分配推广预算，每一个环节都至关重要。

（1）选择推广渠道

根据目标受众的媒体使用习惯和品牌预算，营销者可以选择多种渠道进行推广。常见的渠道包括社交媒体平台（如微信、微博、抖音等）、搜索引擎（如百度、360等）、内容展示平台（如公众号等）、线下活动（如新品发布会、品牌展会等），以及传统媒体（如电视、报纸、杂志、户外广告等）。

例如，一个面向年轻消费者的时尚品牌，可以在抖音、小红书等平台上进行短视频和图文推广，吸引年轻消费者的关注和互动。

（2）制定内容策略

内容是品牌推广的核心，营销者要根据品牌定位和目标受众的需求，制定有价值、有吸引力的内容策略，涵盖产品介绍、品牌故事、用户评价、使用教程、行业资讯、生活方式等。例如，运动品牌可以通过发布运动员的训练故事、运动健身教程等吸引运动爱好者，传递品牌倡导的健康、活力的生活方式。

（3）确定推广预算

品牌推广需要一定的资金投入，企业要根据品牌的市场目标、发展阶段和财务状况，合理制定推广预算。预算分配要根据不同推广渠道的效果和成本进行优化，确保投入的资金都能发挥最大的价值。例如，初创品牌在推广初期可以将大部分预算投入到社交媒体广告和内容营销上，以快速提升品牌知名度，吸引用户关注。

3. 策略执行与监控

在策略执行过程中离不开数据监控与策略调整。营销者要将品牌推广策略转化为具体行动，并通过数据实时监控效果，根据反馈灵活调整与优化，是确保品牌推广成功的关键所在。

（1）执行计划

营销者要将品牌推广策略细化为具体的执行计划，明确各项任务的责任人、时间节点和执行标准。例如，制订每周的社交媒体发布计划，包括发布的内容主题、发布时间、发布频率等；安排线下活动的策划、筹备和执行流程，确保活动顺利进行。

（2）监控效果

营销者可以通过各种数据分析工具和指标实时监控品牌推广的效果，常见的监控指标包括品牌知名度（如品牌搜索量、品牌提及量等）、品牌美誉度（如用户评价、口碑传播等）、用户参与度（如社交媒体互动量、网站流量等）、销售转化率等。例如，通过监测社交媒体平台上的用户互动数据，了解用户对品牌内容的反馈和参与情况，及时调整内容策略。

（3）调整优化

根据监控结果，营销者能够及时发现问题并调整优化推广策略和执行计划。例如，如果发现某个推广渠道的效果不佳，可以适当减少该渠道的投入，增加其他效果更好的渠道的投入；如果用户对某种内容形式的反馈不好，可以尝试调整内容风格或主题等。

课堂讨论

对于预算有限的中小型企业，在社交媒体推广渠道选择上，微信、微博、抖音、小红书各有哪些优劣势？如何根据品牌特性组合渠道，实现"小预算大曝光"？

二、AIGC 辅助品牌推广策划

从市场调研到创意构思，从策略优化到效果评估，AIGC 工具的使用贯穿品牌推广策划的全流程，为品牌推广注入新的活力与智慧。

1. AIGC 辅助市场调研

AIGC 工具具备强大的数据处理与分析能力，能够帮助营销者进行市场调研与分析。AIGC 在市场调研与分析中的应用如表 8-2 所示。

表 8-2　AIGC 在市场调研与分析中的应用

应用	说明	举例
市场趋势分析	AIGC 可以通过分析大量的市场数据、消费者行为数据和行业报告，帮助营销者了解市场趋势和消费者需求的变化	例如，通过分析社交媒体上的热门话题、消费者对不同产品的评价和反馈，AIGC 可以预测未来一段时间内消费者对某种产品或服务的需求趋势，为品牌定位提供参考依据
竞品分析	AIGC 可以快速收集和分析竞争对手的品牌信息、产品特点、市场策略等，帮助企业找到自身竞争优势和差异化定位	例如，通过分析竞争对手的广告文案、产品功能、用户评价等，AIGC 可以生成一份详细的竞品分析报告，为品牌制定差异化策略提供支持
消费者画像构建	AIGC 可以根据消费者的年龄、性别、所在地域、兴趣爱好、消费行为等多维度数据，构建精准的消费者画像	例如，在电商平台上，AIGC 可以根据消费者在平台上的购买记录、浏览历史等数据，生成详细的消费者画像，包括消费者的消费偏好、购买频率、品牌忠诚度等信息

2. 借助 AIGC 工具生成推广内容

在品牌推广的内容创意创作阶段，营销者借助 AIGC 能够拓宽创意思路，提升内容创作效率。无论是品牌故事、广告文案，还是营销活动主题，AIGC 都能快速输出大量创意灵感。在内容创作方面，AIGC 能自动生成图文、视频脚本、音频文案等内容。

AIGC 在内容生成方面的应用如表 8-3 所示。

表 8-3　AIGC 在内容生成方面的应用

应用	说明	举例
创意生成	AIGC 可为品牌推广提供创意灵感，帮助策划人员突破思维定式，生成新颖、独特的推广创意	例如，豆包可根据品牌故事、产品特点和目标受众的兴趣爱好，生成创意的广告概念、活动主题、营销活动方案等
内容创作	AIGC 可生成多种类型的品牌推广内容，如文案、图片、视频、音乐等	例如，文心一言可根据品牌定位和推广主题，生成吸引人的广告文案、产品介绍文案、社交媒体文案等；可灵 AI 可根据品牌风格和内容需求，生成高质量的图片和视频素材，提高内容创作的效率和质量
渠道优化	AIGC 可根据品牌目标受众的媒体使用习惯和不同推广渠道的效果数据，为品牌推荐最适合的推广渠道，并优化渠道组合	例如，DeepSeek 可根据消费者的所在地域、年龄、兴趣爱好等数据，分析不同社交媒体平台的用户特征和流量分布，为品牌选择最合适的平台进行推广；还可根据各渠道的转化率、成本等数据，优化渠道投放策略，提升推广效果和投资回报率

3. 借助 AIGC 工具进行效果评估

在品牌推广过程中，营销者借助 AIGC 工具能够不断优化执行流程，实时进行效果监测与分析，还可运用智能客服与用户互动，AIGC 在效果评估阶段的应用如表 8-4 所示。

表 8-4　AIGC 在效果评估阶段的应用

应用	说明	举例
优化执行流程	AIGC 可通过分析历史项目数据和执行流程，为品牌推广的执行计划提供优化建议	例如，DeepSeek 可根据以往项目的任务完成时间、资源分配情况等数据，预测当前项目的执行进度和可能出现的问题，提前调整执行计划，确保项目按时完成
效果监测与分析	AIGC 可实时监测品牌推广的效果数据，并通过数据分析模型，对数据进行深度分析和解读	例如，因赛 AI 可根据品牌推广的各项指标数据，生成详细的分析报告，包括品牌知名度的变化趋势、用户参与度的提升情况、销售转化率的分析等，帮助品牌及时了解推广效果，为策略的调整优化提供依据
与用户互动	AIGC 可应用于品牌推广中的用户互动环节	例如，Kore.ai 被广泛应用于企业网络营销场景，通过自然语言处理技术，能够实现客户服务自动化与员工自助服务，如智能客服机器人能够自动回答用户的问题，提高用户咨询的效率和满意度

AIGC 技术为品牌推广策划提供了强大的支持，但需要注意的是，AIGC 只是辅助工具，品牌推广的成功还需要结合品牌自身的资源、团队能力和市场环境等因素，综合运用多种手段和策略，才能实现品牌推广的目标。

任务实施：使用 AIGC 工具撰写农产品品牌推广策划方案

1. 任务目标

通过实施本任务，让同学们熟练掌握使用 AIGC 工具完成农产品品牌推广策划方案的撰写方法。借助 AIGC 工具精准定位目标受众群体，制定针对性的推广策略，最终实现提升农产品品牌知名度与产品销量的目标。

2. 实施步骤

（1）前期准备

资料收集：收集农产品品牌的产品信息、销售数据、产地特色等资料。

市场调研：运用 AIGC 工具调研农产品行业市场动态与竞争格局，了解消费者需求和市场趋势。

工具选择：确定文案生成、数据分析、创意设计等适用的 AIGC 工具，并熟悉其操作方法。

（2）数据深度分析

用户画像绘制：利用数据分析类 AIGC 工具挖掘目标用户数据，绘制详细的用户画像，包括年龄、性别、消费习惯、偏好等。

竞品分析：分析竞争对手的推广策略、产品特点和市场表现，明确自身品牌的优势与不足。

趋势预测：借助 AIGC 工具预测农产品行业的发展趋势，为推广策略提供方向性指导。

（3）创意内容生成

文案创作：使用文案生成工具，围绕农产品的核心价值和品牌故事生成宣传文案，突出产品的新鲜、绿色、健康等特点。

视觉设计：借助创意设计工具，结合品牌元素（如产地风光、农产品特色等）生成吸引人的视觉素材，如海报、视频等。

活动方案策划：通过 AIGC 工具，依据市场热点和季节特点生成具有创新性的推广活动方案，如线上促销、线下体验活动等，提升用户参与度。

（4）撰写推广策划书

整合内容：将 AIGC 工具生成的分析结果与创意内容进行整合，结合农产品品牌的实际情况，确定推广目标、策略和渠道等。

框架搭建：按照标准的策划书框架搭建内容，包括背景分析、目标设定、策略制定、执行计划、预算安排等。

优化与审核：运用 AIGC 工具优化策划方案的语言表达和逻辑结构，确保内容清晰、有说服力。审核完善内容，确保策划方案的质量。

（5）方案实施与监控

执行推广活动：依据策划方案执行农产品品牌的推广活动，包括线上广告投放、社交媒体推广、线下活动等。

实时监控：运用 AIGC 工具实时监控推广活动的曝光量、点击率、转化率等数据指标，及时了解活动效果。

调整优化：根据数据反馈，及时调整优化推广策略和内容，确保活动达到预期效果。

（6）总结与优化

经验总结：总结 AIGC 工具在农产品品牌推广策划中的应用经验，针对遇到的问题提升工具运用能力，探索更多应用场景。

策略更新：根据市场变化和推广经验，定期更新推广策划方案，持续优化推广效果。

任务小结

本任务重点阐述了品牌推广的实施要点与 AIGC 技术如何辅助营销者进行品牌推广策划，从市场趋势分析、竞品分析、消费者画像构建，到创意生成、内容创作、渠道优化，再到优化执行流程、效果监测与分析、与用户互动，全方位展示了 AIGC 在品牌推广中的强大应用潜力。通过学习本任务，不仅能够掌握品牌推广的核心要点，还能深入了解 AIGC 技术如何为品牌推广赋能，开启品牌推广的智能化新时代。

任务三　AIGC＋新品营销

知识储备

新品营销并非简单的产品推广，而是一项复杂且系统的工程，它需要企业在瞬息万变的市场中精准把握每一个关键节点。AIGC 技术以其智能分析与高效创意生成能力，为新品营销注入了全新活力。借助 AIGC 工具，营销者能够打造更精准、更具影响力的新品营销策划方案。

一、新品营销的实施要点

新品营销是指企业为了将新开发的产品推向市场，实现产品的商业价值和市场份额增长，而进行的一系列综合性市场营销活动。它涵盖了从产品前期的市场调研、定位，到上市后的推广、销售及售后反馈等多个环节，旨在让消费者了解、接受并购买新品，建立品牌与消费者之间的联系。

新品营销的实施要点主要包括以下几个方面。

1. 市场调研与定位

市场调研是新品营销的基础。企业可以通过问卷调查、深度访谈、小组讨论等方式，收集目标受众的数据，分析目标市场的需求与偏好，精准洞察消费者的需求与痛点。此外，还要研究竞争对手的新品策略，分析其优势与不足。了解竞品的定价、渠道、促销手段，找出差异化竞争点。同时，还要关注行业动态和市场趋势，结合新品的特点预测未来的发展。

例如，某智能家居企业计划推出新型智能门锁，经线上问卷调查发现消费者高度关注安全性，通过深度访谈了解到年轻上班族有对远程授权开锁的需求。经过研究竞品得知，市场上产品定价多在 1500~3000 元，功能较单一且缺乏生态联动。结合全屋智能化趋势，企业将新品定位为"高安全性全屋智能联动门锁"，面向 28~45 岁中高收入人群，为后续产品的研发和营销提供了方向。

2. 产品价值提炼

企业要想使新品吸引消费者的注意，赢得消费者的青睐，关键在于塑造独一无二的价值内核。营销者应全面且深入地探索产品的多重价值维度，不仅要聚焦产品本身的技术优势、功能创新等实用属性，还要挖掘其能够引发消费者情感共鸣的精神内涵，以及对社会发展、生活方式变革产生的积极意义。

企业需要深入挖掘产品的功能特性、情感价值和社会价值。以智能扫地机器人为例，其功能特性在于解放双手、实现全屋智能清扫；情感价值是为忙碌的都市人营造整洁、舒适的居家环境，带来生活品质提升的满足感；社会价值则体现在推动智能家居行业发展，引领便捷生活潮流。将这些价值以简洁有力的语言提炼成产品卖点，能够有效地触动消费者。

营销者要制定清晰的价值主张，明确告诉消费者新品能为他们带来什么好处。通过宣传文案、广告等方式，将价值主张传递给目标受众。

3. 营销策略制定

新品营销策略包括产品定价策略、渠道策略等。

（1）产品定价策略

产品定价策略是指企业根据成本、市场需求和竞争状况制定合理的产品价格。例如，企业可以采用成本导向定价法、需求导向定价法及竞争导向定价法等不同的定价策略，以吸引不同层次消费者的关注。

- 成本导向定价法以产品研发、生产、营销等成本为基础，加上预期利润从而确定价格。
- 需求导向定价法是根据消费者对产品价值的认知和需求强度来定价，如限量版高端产品可采用高定价策略。

- 竞争导向定价法则是参考竞争对手的价格，制定与之相适应的价格。

（2）渠道策略

不同的营销渠道适用于不同的产品和目标受众。线上渠道如电商平台、社交媒体、短视频平台等，具有传播范围广、互动性强的特点，适合面向年轻消费群体推广时尚、数码等产品；线下渠道如实体店、展会、活动现场等，能够提供直观的产品体验，适合家居、汽车等需要消费者实际感受的产品。

企业可采用线上线下融合的全渠道营销模式，确保新品快捷地触达消费者。例如，小米通过线上官网、电商平台销售产品，同时在线下开设小米之家，为消费者提供新品体验和购买服务，扩大市场覆盖范围。

4. 活动策划与执行

营销活动是新品从实验室走向市场的关键枢纽。在主题设计环节，需要精准剖析产品核心卖点与目标用户痛点，打造直击人心的传播主题。例如，某科技品牌通过大数据分析发现，82%的都市通勤族将"隔绝嘈杂，沉浸自我"视为耳机使用的核心需求，于是提炼出"一键降噪，世界静音"的活动主题，既突出了新一代智能降噪耳机强大的降噪功能，又能精准地契合目标人群的痛点。

在活动形式规划上，企业可采用"三位一体"的创新策略：首先，举办沉浸式线上发布会，通过虚拟展厅、3D 产品拆解演示等形式，借助科技类头部媒体直播，吸引超 50 万潜在消费者关注；其次，开展"降噪体验官"招募活动，邀请 1000 名用户免费试用 7 天，鼓励用户分享使用体验，以真实口碑促进转化；最后，联合咖啡连锁店推出"安静空间计划"，在门店设置专属体验区，消费者到店体验耳机即可获得饮品折扣券，实现线上线下流量联动。

在营销活动执行阶段，企业需要构建"全链路精细化管理"模式：在时间管理上，运用项目管理工具制作可视化进度表，实时跟踪各环节的进展；在资源调配方面，搭建智能仓储与物流管理系统，确保产品和物料及时供应；在效果评估环节，运用热力图分析用户行为数据，针对不同渠道的推广素材进行转化率对比测试，快速筛选出最优方案。同时，建立"实时反馈—敏捷优化"机制，通过小程序实时收集用户体验反馈，结合社交媒体舆情监测，每半天进行一次策略调整，以保障营销活动高效推进。

5. 效果评估与优化

企业还要对新品营销活动进行阶段性的效果评估与优化，通过销售数据、市场份额、消费者反馈等指标分析营销活动的成功与不足之处。分析销售数据可以了解产品的销售情况和市场接受度；收集消费者反馈能够发现产品和营销活动存在的问题，以及时优化产品和推广策略。例如，某食品企业推出新口味零食后，通过消费者问卷调查发现，部分消费者认为包装设计不够吸引人，企业根据这一反馈及时调整包装，提升产品销量。根据评估结果，对营销策略进行优化改进，以提升营销效果。

课堂讨论

以智能穿戴设备新品为例，除了功能、情感和社会价值外，还可以从哪些创新维度提炼产品卖点？如何通过 AIGC 辅助挖掘该新品的差异化价值主张？

二、AIGC 辅助新品推广策划

AIGC 工具不仅能够提高营销效率，还能为新品推广策划带来全新的视角和创意。

1. 内容生成

借助 AIGC 工具，营销者能够快速生成海量的新品推广创意内容。在文案创作方面，通过输入产品特点、目标受众等信息，AIGC 工具能生成多样化的广告语、产品介绍、社交媒体文案等。

例如，针对某品牌空气净化器，通过在豆包中输入提示词，可生成系列广告语，如图 8-7 所示。在视觉设计上，AIGC 工具可根据产品风格和营销主题，生成海报、宣传视频、产品图等素材，如在即梦 AI 中输入提示词"古风，耳饰，长吊坠"，生成的产品图如图 8-8 所示。

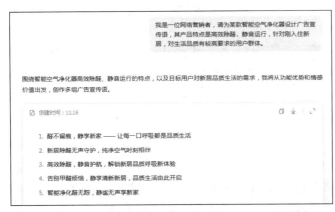

图 8-7　豆包生成的广告语

图 8-8　即梦 AI 生成的产品图

借助 AIGC 工具，营销者不仅可以根据品牌风格和目标受众进行个性化定制，而且能对生成的内容进行优化和改进，确保每一条信息都能精准触达消费者的内心。

2. 精准营销

借助 AIGC 工具，企业能够分析消费者的行为数据、兴趣偏好等信息，从而实现精准营销。通过机器学习算法，AIGC 工具可以构建消费者画像，了解消费者的购买历史、浏览行为、社交媒体数据等，预测消费者对新品的感兴趣程度和购买可能性。

例如，电商平台根据消费者的历史购买记录和浏览行为，利用 AIGC 工具向其推荐相关新品，提高销售转化率。同时，AIGC 工具可以为不同的消费者提供个性化的营销内容和推荐方案，提升消费者的购物体验。

3. 舆情监测

企业可以利用 AIGC 工具实时监测社交媒体、论坛、新闻网站等平台上关于新品的舆情信息。通过自然语言处理技术分析用户评论的情感倾向，及时发现消费者对新品的正面评价和负面反馈。

例如，某手机品牌推出新款手机后，AIGC 工具监测到社交媒体上有部分用户反映手机续航能力不足，企业可以及时回应并采取改进措施，避免负面舆情扩散。同时，AIGC 工具能够帮助企业主动引导舆论，通过发布正面内容、与用户互动等方式，提升新品的口碑和品牌形象。

4. 方案优化

AIGC 工具可以对不同的新品推广营销方案进行模拟和评估，为企业选择最优方案提供参考。通过建立数学模型和仿真算法，AIGC 工具可以预测不同营销渠道、促销活动、定价策略等组合下的销售效果和投资回报率。

例如，企业制定了两种新品推广方案，AIGC 工具可以模拟两种方案在不同市场环境下的实施效果，分析哪种方案能够带来更高的销售额和利润，帮助企业优化营销决策。此外，AIGC 工具还可根据市场动态和消费者反馈实时调整营销方案，提升营销活动的适应性和有效性。

任务实施：使用 AIGC 工具撰写邻水脐橙推广策划方案

1. 任务目标

通过实施本任务，学会使用 AIGC 工具完成新品的市场分析、推广方案的创意构思、文案撰写与视觉设计，挖掘新颖的推广思路，增强营销策划能力。结合邻水脐橙特色（果圆皮薄、汁浓味甜、营养丰富、富含多种维生素等），通过 AIGC 工具产出完整且具有实操性的推广策划方案，涵盖推广目标、策略规划、执行计划等内容。

2. 实施步骤

（1）前期准备

选择 AIGC 工具：选择 2~3 款适合营销策划的 AIGC 工具，并熟悉其操作方法。

产品信息收集：使用 AIGC 工具收集邻水脐橙的产品信息，包括产地优势、种植技术、营养价值、口感特点等，整理形成产品知识库。

市场调研与用户定位：利用 AIGC 工具进行市场调研，分析脐橙市场现状、竞争态势、目标消费群体特征及需求，生成市场分析报告。

（2）策略制定

创意生成：借助 AIGC 工具的创意生成功能，提出邻水脐橙的营销目标、定位及差异化竞争策略，确定品牌的核心卖点。

选择渠道：运用 AIGC 工具规划线上线下推广渠道组合，如社交媒体营销、电商平台促销、线下品鉴会等，制定针对性的推广策略。

（3）方案撰写

生成方案框架：使用 AIGC 工具撰写邻水脐橙推广策划方案，内容包含项目背景、市场分析、推广目标、策略规划、执行计划、预算安排、效果评估等板块。

文案生成与优化：利用 AIGC 工具生成并优化文案，确保方案逻辑清晰、内容翔实、语言专业。使用 AIGC 工具创作短视频脚本、社交媒体文案等推广内容，增强传播吸引力。

视觉素材创作与优化：运用 AIGC 图像生成工具（如即梦 AI）设计邻水脐橙推广海报、产品包装图等视觉素材，突出产品特色与品牌调性。

（4）方案优化

小组成员共同评测方案，收集反馈意见，使用 AIGC 工具对方案进行修改完善。

通过 PPT 等形式展示邻水脐橙推广策划方案，运用 AIGC 工具辅助制作 PPT，提升展示效果。

任务小结

本任务阐述了新品营销的实施要点与 AIGC 工具在新品推广策划环节中的应用。通过本任务的学习，我们不仅能够掌握新品营销的核心要点，还了解了运用 AIGC 工具辅助新品推广策划的方法。面对市场竞争，运用 AIGC 技术能够缩短策划周期、提升产品竞争力，助力新品精准触达目标客户群，实现高效推广与品牌增值。

任务四　AIGC＋公益活动营销

知识储备

在社会责任与品牌价值深度交融的时代，公益活动营销已经成为企业塑造社会形象、连接公众情感的关键路径。营销者既要学习传统公益活动营销的实施要点，又要借助 AIGC 工具，以其智能分析、高效创意生成的优势为公益活动策划赋能，为企业探索出兼顾社会效益与商业价值的营销新渠道。

一、公益活动营销的实施要点

如今，公益活动不仅是企业履行社会责任的重要方式，还是塑造良好的品牌形象、提升社会影响力的有效手段。AIGC 技术不仅可以提升公益活动的策划效率，还能通过精准的内容和策略更好地触达目标受众，激发全社会参与。

1. 明确目标与定位

在策划公益活动时，企业必须清晰地定义活动的目的、期望达成的效果以及目标受众，这样才能确保活动的方向和资源投入的合理性。

（1）明确目标

公益活动的目标应遵循 SMART 原则，常见目标如表 8-5 所示。

表 8-5　企业做公益活动的常见目标

目标	说明
提升品牌社会形象	通过公益活动展示企业的社会责任感，增强品牌在消费者心中的好感度
促进社会问题解决	针对某一社会问题（如环保、教育等）提出解决方案，推动社会进步
增加社会参与度	吸引更多人关注和参与公益活动，形成良好的社会氛围
建立长期合作关系	与公益组织、媒体、志愿者等建立长期合作关系，为未来的公益活动奠定基础

（2）精准定位

营销者需要明确活动的定位，包括活动的主题、形式与受众。

- 主题定位：选择一个具有吸引力和影响力的主题，如"环保行动"等，确保主题与社会热点和公众关注点相契合。

- 形式定位：根据目标受众和资源情况，选择合适的活动形式，如线下活动、线上宣传、公益众筹等。
- 受众定位：明确活动的主要受众群体，如青少年、职场人士、社区居民等，并根据受众特点制定针对性的营销策略。

2. 选择合作伙伴

公益活动的成功离不开合作伙伴的支持。选择合适的合作伙伴不仅可以扩大活动的影响力，还能为活动提供丰富的资源和专业支持。合作伙伴的选择应基于活动目标、资源需求和双方的契合度，合作伙伴主要包括公益组织、企业、媒体等。

（1）公益组织

公益组织是公益活动的核心合作伙伴，它们具有丰富的公益经验和专业的执行团队，能够为活动提供专业的策划、组织和执行支持。选择公益组织时，应考虑其在相关领域的专业能力、声誉和资源网络。

（2）企业

企业可以通过赞助、合作等方式参与公益活动，不仅可以提升自身的社会形象，还能为活动提供资金、物资和技术支持。选择企业合作伙伴时，应考虑其品牌价值观与活动目标的一致性，及其在市场中的影响力和资源实力。

（3）媒体

媒体是公益活动传播的重要渠道，选择合适的媒体合作伙伴可以扩大活动的曝光度，吸引更多社会关注。媒体合作伙伴的选择应基于其受众群体、传播渠道和影响力。例如，选择具有广泛受众的电视媒体、社交媒体或行业专业媒体，以确保活动信息能够有效触达目标受众。

3. 制定传播策略

只有通过有效的传播策略，才能将公益活动的信息传递给更多的人，激发社会参与。企业在制定传播策略时，应考虑目标受众、传播渠道和内容。

（1）目标受众分析

企业要深入了解目标受众的需求、兴趣和行为习惯，制定针对性的传播内容和渠道策略。例如，针对青少年群体，可以通过社交媒体平台和短视频平台进行传播；针对职场人士，可以通过企业内部渠道和行业媒体进行推广。

（2）传播渠道选择

根据目标受众的特点选择合适的传播渠道，主要包括以下渠道。

- 社交媒体平台：如微博、微信、抖音等，具有广泛的受众群体和强大的传播能力。
- 传统媒体：如电视、报纸、杂志等，具有较高的权威性和可信度。
- 线上平台：如公益众筹平台、活动报名平台等，为活动提供直接参与的渠道。
- 线下活动：如社区活动、校园活动等，增强活动的互动性和参与感。

（3）内容创意与制作

营销者需要制作吸引人的传播内容，包括文案、图片、视频等。内容应具有情感共鸣，能够激发目标受众的关注和参与。例如，通过讲述真实的公益故事、展示活动的影响力和成果等方式，增强内容的感染力。

4. 活动执行与管理

活动执行是公益活动落地的关键环节。通过有效的执行和管理，确保活动顺利进行，达到预期目标。活动执行与管理需要关注活动的前期准备和现场执行等环节。

（1）前期准备

前期准备环节包括制订计划、资源筹备与宣传推广。

- 制订计划：包括活动的时间表、任务分工、预算安排等，确保活动的各个环节有序推进。
- 资源筹备：包括资金、物资、人员等资源的筹备，确保活动的顺利开展。
- 宣传推广：通过各种渠道进行宣传推广，提前吸引目标受众的关注和参与。

（2）现场执行

现场执行涉及人员安排、流程管理与应急处理等。

- 人员安排：确保活动现场有足够的人力支持，包括志愿者、工作人员等，确保活动的各个环节顺畅进行。
- 流程管理：严格按照活动计划进行流程管理，确保活动的各个环节有序进行。
- 应急处理：制定应急预案，以应对可能出现的突发情况，确保活动安全、顺利地开展。

5. 活动评估与反馈

评估与反馈是公益活动营销的最后环节。通过科学的评估方法和有效的反馈机制，可以全面了解活动的效果，为未来的公益活动提供改进方向。评估与反馈不仅有助于提升活动的质量，还能增强活动的可持续性。

（1）评估指标

评估指标涵盖传播效果、社会影响力与品牌提升等方面。

- 传播效果：通过媒体曝光量、社交媒体互动量、参与人数等指标评估活动的传播效果。
- 社会影响力：通过活动对社会问题的解决效果、公众对活动的认知度和认可度等指标评估活动的社会影响力。
- 品牌提升：通过品牌知名度、美誉度和消费者忠诚度等指标评估活动对品牌的影响。

（2）反馈机制

反馈机制涉及参与者反馈、合作伙伴反馈与社会反馈。

- 参与者反馈：通过问卷调查、访谈等方式收集参与者对活动的反馈意见，了解其意见和建议。
- 合作伙伴反馈：与合作伙伴进行沟通，了解他们在活动中的体验和建议，为未来的合作提供参考。
- 社会反馈：关注社会对活动的评价和反馈，及时调整活动策略和改进方向。

课堂讨论

针对"银发族"参与度低的环保公益活动，请讨论如何结合 AIGC 技术，在社交媒体平台设计既符合老年人使用习惯又具有传播力的内容。

二、AIGC 辅助公益活动策划

借助 AIGC 工具，营销者能够更精准地洞察目标受众的需求，生成高质量的创意内容，智能化制定传播策略，提升公益活动的策划效率和效果。AIGC 技术的应用不仅能节省时间和成本，还能更好地激发社会参与，推动公益活动的成功举办。

AIGC 辅助公益活动策划需要一个清晰的实施步骤，从数据收集与分析到目标受众洞察，再到创意内容生成和传播策略制定，每一步都至关重要。AIGC 辅助公益活动策划的基本流程如图 8-9 所示。

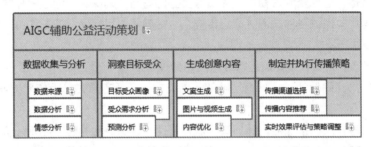

图 8-9　AIGC 辅助公益活动策划的基本流程

1. 数据收集与分析

数据是 AIGC 技术的核心驱动力。在公益活动策划中，收集和分析高质量的数据是活动成功的基础。通过收集用户的社交媒体行为、兴趣爱好、参与历史等数据，AIGC 工具能够更精准地洞察目标受众的需求，为公益活动策划提供坚实的数据支持。

- 数据来源：收集社交媒体平台、公益组织数据库、企业内部数据等多渠道的数据，确保数据的全面性和准确性。
- 数据分析：利用 AIGC 工具对收集到的数据进行分析，生成用户画像，包括年龄、性别、所在地域、兴趣爱好、参与历史等信息。
- 情感分析：通过情感分析工具，分析公众对公益话题的情感倾向，了解公众的关注点和痛点。

2. 洞察目标受众

了解目标受众是公益活动策划的关键。通过 AIGC 工具生成目标受众画像，策划人员能够更深入地理解公众对公益话题的关注点和期望，从而制定出更具针对性的活动策略。

- 目标受众画像：基于收集到的数据，利用 AIGC 工具生成目标受众的详细画像，包括年龄、性别、所在地域、兴趣爱好、参与历史等信息。
- 受众需求分析：通过 AIGC 工具分析目标受众的需求和兴趣，挖掘出公众对公益话题的关注点和期望。
- 预测分析：基于历史数据和市场趋势，AIGC 工具可以预测公众对公益活动的参与意愿和行为模式，为活动策划提供科学依据。

3. 生成创意内容

借助 AIGC 工具可以生成公益活动的创意内容，包括文案、图片和视频等，还可以对这些内容进行不断优化和改进，帮助营销者提升公益活动内容的吸引力与感染力。

- 文案生成：AIGC 工具可以根据公益活动的主题和目标受众，生成吸引人的宣传文案、广告语和社交媒体帖子。策划人员可以根据实际需求选择最合适的文案进行修改和优化。
- 图片与视频生成：AIGC 工具可以生成与公益活动相关的图片和视频内容。这些生成的内容可以用于社交媒体推广、广告投放和品牌宣传等场景。
- 内容优化：AIGC 工具可以通过情感分析和效果预测，对生成的内容进行优化和改进，提升内容的吸引力和感染力。

4. 制定并执行传播策略

AIGC 工具能够辅助营销者制定并执行公益活动的传播策略，主要体现在以下几个方面。

- 传播渠道选择：AIGC 工具可以根据活动的主题和目标受众的特点，推荐最适合的传播渠道，包括社交媒体平台、传统媒体、线上平台和线下活动等。
- 传播内容推荐：AIGC 工具可以根据活动的主题和目标受众的兴趣，推荐最适合的传播内容，包括文案风格、图片类型和视频形式等。
- 实时效果评估与策略调整：AIGC 工具可以通过实时数据分析，评估传播效果，并根据数据反馈及时调整传播策略，确保活动的传播效果最大化。

AIGC 技术为公益活动策划带来了诸多便利，但在应用过程中，营销者也需要注意一些问题。首先要注意内容的真实性与合规性，营销者务必对 AIGC 生成的内容严格审核，确保信息真实准确；同时开展合规性检查，使活动内容与宣传材料契合法律法规和道德规范，杜绝虚假宣传等问题。还要注重用户体验，营销者要借助 AIGC 工具优化社交媒体互动，及时回应公众评论、私信，增强公众参与感与满意度；优化活动流程与体验，保障各环节顺畅，提升公众的体验感。

另外，市场与公众需求持续变化，要求公益活动策划持续优化调整。AIGC 工具可对活动传播效果与公众反馈进行实时监测，帮助营销者及时发现问题，依据数据反馈动态调整活动策略与内容，让活动始终保持最佳效果，发挥 AIGC 在公益活动策划中的优势。

AI 营销：使用豆包撰写公益活动策划书

近年来，全球气候变化问题日益严峻，空气污染、温室效应加剧等环境危机频发，给人类的生存与发展带来巨大挑战。某汽车企业肩负着推动行业绿色转型、助力生态环境保护的社会责任。为积极响应国家"双碳"战略目标，践行绿色发展理念，该企业特别发起"绿色出行，守护蓝天"环保公益活动，希望通过推广新能源汽车技术、倡导环保驾驶，引导公众选择绿色出行方式，为守护蓝天、建设美丽家园贡献力量。

下面使用豆包撰写公益活动策划书，方法如下。

（1）输入提示词

打开豆包网页版，在对话框中输入提示词"我是一位网络营销者，需要为某汽车企业策划一项公益活动，主题是'绿色出行，守护蓝天'环保公益活动，请为我撰写此公益活动策划方案，此次活动的目标是提升汽车品牌的知名度，更好地宣传推广新能源汽车。"单击"发送"按钮◉，如图 8-10 所示。

此时，豆包会生成公益活动策划书的内容框架，包括活动背景、活动目标、活动时间与地点、活动内容、宣传推广、预算规划以及效果评估，如图 8-11 所示（只截取部分内容）。

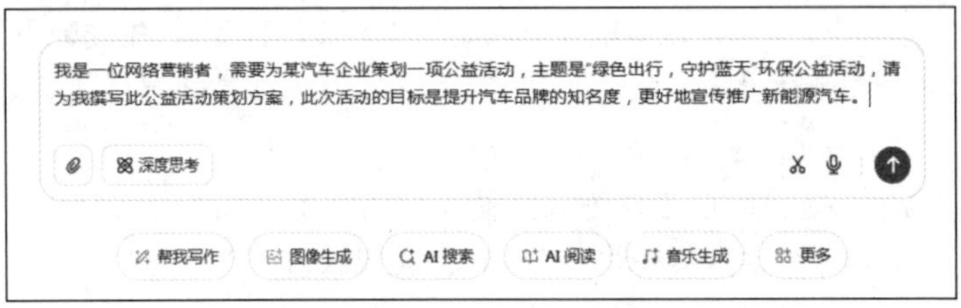

图 8-10　在豆包中输入提示词

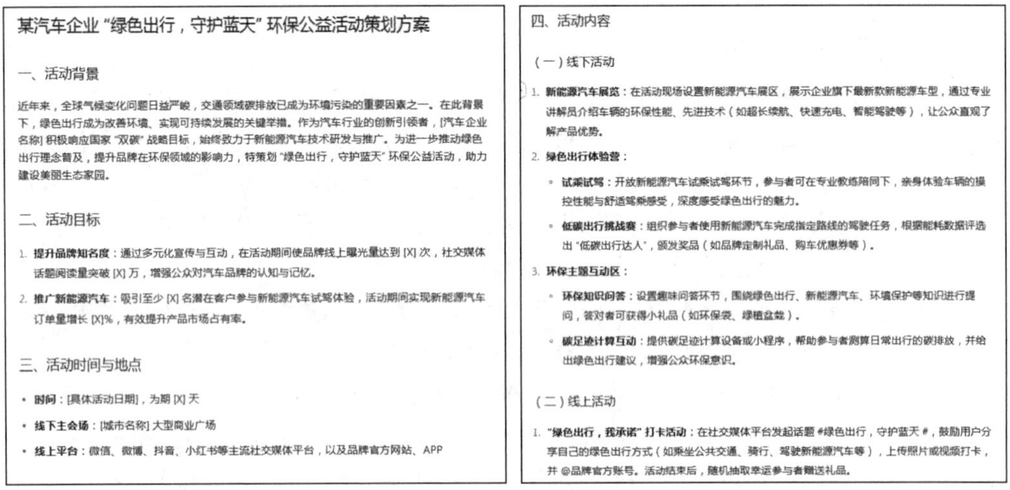

某汽车企业"绿色出行，守护蓝天"环保公益活动策划方案

一、活动背景

近年来，全球气候变化问题日益严峻，交通领域碳排放已成为环境污染的重要因素之一。在此背景下，绿色出行成为改善环境、实现可持续发展的关键举措。作为汽车行业的创新引领者，[汽车企业名称] 积极响应国家"双碳"战略目标，始终致力于新能源汽车技术研发与推广。为进一步推动绿色出行理念普及，提升品牌在环保领域的影响力，特策划"绿色出行，守护蓝天"环保公益活动，助力建设美丽生态家园。

二、活动目标

1. **提升品牌知名度**：通过多元化宣传与互动，在活动期间使品牌线上曝光量达到 [X] 次，社交媒体话题阅读量突破 [X] 万，增强公众对汽车品牌的认知与记忆。
2. **推广新能源汽车**：吸引至少 [X] 名潜在客户参与新能源汽车试驾体验，活动期间实现新能源汽车订单量增长 [X]%，有效提升产品市场占有率。

三、活动时间与地点

- **时间**：[具体活动日期]，为期 [X] 天
- **线下主会场**：[城市名称] 大型商业广场
- **线上平台**：微信、微博、抖音、小红书等主流社交媒体平台，以及品牌官方网站、APP

四、活动内容

（一）线下活动

1. **新能源汽车展览**：在活动现场设置新能源汽车展区，展示企业旗下最新款新能源车型，通过专业讲解员介绍车辆的环保性能、先进技术（如超长续航、快速充电、智能驾驶等），让公众直观了解产品优势。
2. **绿色出行体验营**：
   - **试乘试驾**：开放新能源汽车试乘试驾环节，参与者可在专业教练陪同下，亲身体验车辆的操控性能与舒适驾乘感受，深度感受绿色出行的魅力。
   - **低碳出行挑战赛**：组织参与者使用新能源汽车完成指定路线的驾驶任务，根据能耗数据评选出"低碳出行达人"，颁发奖品（如品牌定制礼品、购车优惠券等）。
3. **环保主题互动区**：
   - **环保知识问答**：设置趣味问答环节，围绕绿色出行、新能源汽车、环境保护等知识进行提问，答对者可获得小礼品（如环保袋、绿植盆栽）。
   - **碳足迹计算互动**：提供碳足迹计算设备或小程序，帮助参与者测算日常出行的碳排放，并给出绿色出行建议，增强公众环保意识。

（二）线上活动

1. **"绿色出行，我承诺"打卡活动**：在社交媒体平台发起话题 #绿色出行，守护蓝天 #，鼓励用户分享自己的绿色出行方式（如乘坐公共交通、骑行、驾驶新能源汽车等），上传照片或视频打卡，并 @品牌官方账号。活动结束后，随机抽取幸运参与者赠送礼品。

图 8-11　豆包生成的公益活动策划书内容框架

（2）内容填充与方案优化

营销者可以根据实际情况，对生成的策划书进行内容填充与方案优化，如活动目标：通过多元化宣传与互动，在活动期间使品牌线上曝光量达到 500 万次，社交媒体话题阅读量突破 1000 万，增强公众对汽车品牌的认知与记忆；活动时间：2025 年 5 月 1 日—5 月 17 日；活动地点：上海；活动预算：280 万元等。优化后的方案如图 8-12 所示（只截取部分内容）。

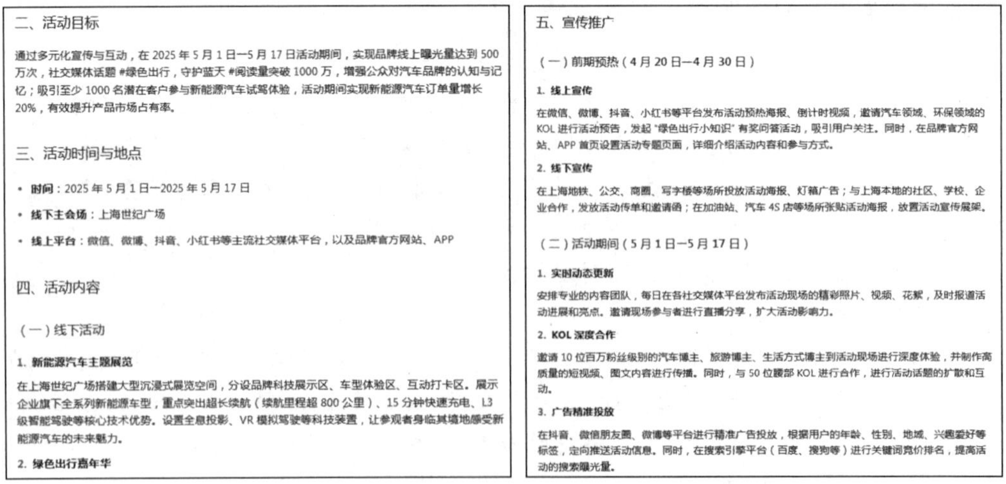

二、活动目标

通过多元化宣传与互动，在 2025 年 5 月 1 日—5 月 17 日活动期间，实现品牌线上曝光量达到 500 万次，社交媒体话题 #绿色出行，守护蓝天 #阅读量突破 1000 万，增强公众对汽车品牌的认知与记忆；吸引至少 1000 名潜在客户参与新能源汽车试驾体验，活动期间实现新能源汽车订单量增长 20%，有效提升产品市场占有率。

三、活动时间与地点

- **时间**：2025 年 5 月 1 日—2025 年 5 月 17 日
- **线下主会场**：上海世纪广场
- **线上平台**：微信、微博、抖音、小红书等主流社交媒体平台，以及品牌官方网站、APP

四、活动内容

（一）线下活动

1. 新能源汽车主题展览

在上海世纪广场搭建大型沉浸式展览空间，分设品牌科技展示区、车型体验区、互动打卡区。展示企业旗下全系列新能源车型，重点突出超长续航（续航里程超 800 公里）、15 分钟快速充电、L3 级智能驾驶等核心技术优势。设置全息投影、VR 模拟驾驶等科技装置，让参观者身临其境地感受新能源汽车的未来魅力。

2. 绿色出行嘉年华

五、宣传推广

（一）前期预热（4 月 20 日—4 月 30 日）

1. 线上宣传

在微信、微博、抖音、小红书等平台发布活动预热海报、倒计时视频，邀请汽车领域、环保领域的 KOL 进行活动预告，发起"绿色出行小知识"有奖问答活动，吸引用户关注。同时，在品牌官方网站、APP 首页设置活动专题页面，详细介绍活动内容和参与方式。

2. 线下宣传

在上海地铁、公交、商圈、写字楼等场所投放活动海报、灯箱广告；与上海本地的社区、学校、企业合作，发放活动传单和邀请函；在加油站、汽车 4S 店等场所张贴活动海报，放置活动宣传展架。

（二）活动期间（5 月 1 日—5 月 17 日）

1. 实时动态更新

安排专业的内容团队，每日在各社交媒体平台发布活动现场的精彩照片、视频、花絮，及时报道活动进展和亮点。邀请现场参与者进行直播分享，扩大活动影响力。

2. KOL 深度合作

邀请 10 位百万粉丝级别的汽车博主、旅游博主、生活方式博主到活动现场进行深度体验，并制作高质量的短视频、图文内容进行传播。同时，与 50 位腰部 KOL 进行合作，进行活动话题的扩散和互动。

3. 广告精准投放

在抖音、微信朋友圈、微博等平台进行精准广告投放，根据用户的年龄、性别、地域、兴趣爱好等标签，定向推送活动信息。同时，在搜索引擎平台（百度、搜狗等）进行关键词竞价排名，提高活动的搜索曝光量。

图 8-12　豆包优化完善后的公益活动策划方案

营销者可以根据实际情况对活动内容等进一步优化，还可以将通过其他 AIGC 工具制作

的视觉素材（如产品宣传图、活动海报等）填充到策划书中，为策划书增添视觉吸引力与说服力，使策划内容更生动形象地展现在受众面前。

最后，营销者还要对 AIGC 工具生成的内容认真审核，严格把关，确保逻辑清晰、语言规范、数据准确、结构完整、符合要求。

任务实施：使用 AIGC 工具撰写关于糖画的公益活动策划方案

1. 任务目标

通过实施本任务，掌握 AIGC 工具在公益活动策划中的应用，能够运用 AIGC 工具撰写活动文案、生成创意图片和视频等，提升数字化策划能力。同时，深入了解糖画这一非物质文化遗产的历史、技艺与文化内涵，增强对传统文化的保护与传承意识，并通过活动推广让更多人认识和喜爱糖画。

2. 实施步骤

（1）前期准备

知识储备：通过查阅资料、观看纪录片等方式，学习糖画的历史渊源、制作工艺、文化价值等知识，同时了解公益活动策划的基本要素和流程。

AIGC 工具选择：挑选合适的 AIGC 工具，如 DeepSeek、豆包、Kimi、文心一言、可灵 AI、即梦 AI 等，熟悉其功能和使用方法。

（2）方案策划

确定活动主题与目标：在 AIGC 工具的对话框中输入提示词，例如，"我要策划一项有关糖画文化的公益活动，请帮我拟定几个活动主题"，AIGC 工具就会生成多个活动主题，如"指尖糖画传薪火，公益匠心暖人间""甜蜜非遗梦，糖画暖童心"等；并明确活动目标，如提升糖画文化的知晓度，吸引更多人参与活动等。

受众分析：借助 AIGC 工具分析活动目标受众，包括年龄层次、兴趣爱好、文化需求等，如确定以青少年、亲子家庭和传统文化爱好者为主要受众。

策划活动内容：让 AIGC 工具生成活动内容创意，如糖画制作体验、糖画艺术展览、糖画故事分享会等，并结合实际情况进行筛选与完善。

制定传播策略：运用 AIGC 工具构思活动宣传方案，如通过社交媒体、合作机构等渠道进行推广，确定宣传文案、推广时间和推广方式。

预算规划：在 AIGC 工具的辅助下，列出活动所需的各项费用，包括物料采购、场地租赁等，制定合理的预算方案。

（3）方案优化

内容整合：对 AIGC 工具生成的内容进行梳理，按照公益活动策划方案的格式进行整合，形成完整的初稿。

方案优化：对初稿进行审核，检查内容的合理性、逻辑性和可行性，补充细节，修正错误，必要时再次借助 AIGC 工具获取建议，完善策划方案。

（4）成果展示与评估

成果展示：以 PPT 的形式展示策划方案，阐述活动创意、流程和预期效果。

评估反馈：由教师、同学组成评审小组，对策划方案进行评价，提出改进意见，根据反馈进一步优化方案，完成任务实施。

任务小结

本任务系统地阐述了公益活动营销的核心实施要点与 AIGC 技术的辅助作用。通过两者的有机结合，企业既能依托 AIGC 的技术优势，让公益活动策划更具针对性与感染力，又能凭借传统营销要点的扎实落地，确保活动实现社会价值与商业价值的双重提升，为新时代的网络营销提供创新范本与实践指引。

综合实训：使用 AIGC 工具撰写"华夏记忆"网络营销策划方案

一、实训目标

本实训旨在让同学们熟练掌握 AIGC 工具在网络营销策划中的应用，提升数字化营销策划能力；结合"华夏记忆"非遗传承与创新的品牌定位，制定包含目标受众分析、传播策略、执行计划的完整的网络营销方案，增强对传统工艺品牌营销的理解；培养创新思维，能够利用 AIGC 工具生成差异化、高吸引力的营销内容与创意。

二、实训思路

（1）前期准备

工具选择：选择 DeepSeek、豆包、文心一言等文本生成类 AIGC 工具，以及 Midjourney、即梦 AI、可灵 AI 等图像视频生成类 AIGC 工具，通过官方教程熟悉并掌握它们的使用方法。

品牌研究：利用 AIGC 工具收集"华夏记忆"的品牌故事、产品特色（如龙山黑陶、景泰蓝掐丝等工艺）、市场定位等信息，并结合行业报告分析传统工艺品牌的网络营销现状。

（2）策划实施

市场分析：在 AIGC 工具中输入提示词，分析目标受众画像（如传统文化爱好者、年轻消费群体）、竞争对手营销策略，生成市场调研报告。

策略制定：借助 AIGC 工具确定营销目标，如 3 个月内品牌线上曝光量达 500 万次；策划传播策略，包括抖音或小红书发布非遗工艺短视频、微博发起话题互动，电商平台（淘宝、京东等）优化产品页面；设计促销活动，如使用 AIGC 工具生成"非遗体验官"招募方案。

内容创作：使用 AIGC 工具生成图文文案、短视频脚本、海报及产品宣传图，突出品牌文化底蕴与产品工艺细节。

（3）方案完善

小组成员共同审核策划方案，利用 AIGC 工具优化逻辑与表述，补充数据支撑，确保方案具有切实可行性。

三、实训总结与反思

经验总结：梳理 AIGC 工具在网络营销策划各环节的应用优势，如快速生成大量创意、精准分析数据；总结传统工艺品牌网络营销的要点，如文化价值传递、受众兴趣挖掘。

问题反思：分析实训中遇到的问题，如 AIGC 原创性不足、营销策略与品牌定位契合度需提升等，并提出改进方法。

未来展望：探讨 AIGC 技术发展对传统工艺品牌网络营销的新机遇，如虚拟数字人代言、沉浸式营销场景构建。

四、实训评估

方案质量：评估策划方案的完整性、创新性、可行性，包括目标设定合理性、策略规划有效性、内容创作吸引力。

AIGC 应用能力：考察 AIGC 工具使用的熟练程度，如指令输入准确性、功能应用多样性等。

团队协作：评价小组成员在方案策划过程中的沟通协作、分工执行情况。

总结反思：根据实训中总结与反思的深度、实用性进行评分。

思考题

1. 如何借助 AIGC 工具撰写网络营销策划书？
2. 在进行新品营销时，营销者需要掌握哪些实施要点？
3. 假设你是一位网络营销者，需要为某服装企业策划公益活动项目，请借助 AIGC 工具撰写一份公益活动策划方案。